JN004810

サティ
気づけば変わる

●釈迦の精神療法

十島空我
Kuuga Toshima

ナカニシヤ出版

サティ　気づけば変わる

釈迦の精神療法

十島 空我

今年恙く結婚六十周年を迎えた
妻・文子に捧げる

はじめに

人類最初の精神療法家は釈迦であった、という。

さすが、なだいなだは熟達の精神科医であり作家である。『手塚治虫の「ブッダ」読本』の中で、精神療法家としての釈迦像を見事に描き出している。彼によれば、釈迦の苦悩は、現代の精神医学からみれば、実存不安の典型的な例である。釈迦は、人並み外れて感受性が強かったために、王子として何不自由ない安楽な生活を送っていたにもかかわらず、人の何倍も激しい実存的苦悩に悩まされた。たとえ世界が平和になり、人類が幸福になったとしても（そんなことは現実にはありえないが）、人間が人間として生きている限り、生老病死を中核とする実存的不安を避けることはできない。人間のもっとも根源的な苦悩である。彼は、二千五百年以上も前に、まさにこのきわめて今日的な実存的苦悩に真っ正面から立ち向かったのである。

釈迦の悟りを得る過程は、まさしく自らの苦悩から解放される自己治療の過程であった。自らを最初の患者として精神療法を試みた彼は、そこで得た精神療法の理論と技法を人々の救済のために役立てようとしたのである。それが釈迦の教えである。

釈迦の教えの根本は、言うまでもなく、縁起説である。縁起なるがゆえに現実は「一切不定《いっさいふじょう》」なのである。不定《ふじょう》なる現実とは、「これはこうではないかもしれないし、こうではないのではないかもしれない」というわけのわからない状態のことである。これが「あるがまま」である。あらかじめ定まったものは何ひとつない。それを「これはこうだ」、「こうあるべきだ」、「こうなければならない」と決めつけて思い込むことを「決定《けつじょう》の邪見」という。「決定の邪見」へのとらわれが苦を生む。それゆえ、苦から解放される道は、「不定の真理」に気づき、決定の邪見を打破することである。道はそこから開ける。この真理に自覚的に気づくことを「サティ」という。サティは釈迦の悟りへ至る唯一の道であるとされている。簡単に言葉でいえば、こういうことである。これが釈迦の治療原理なのである。

　これに関連して、書名の「気づけば変わる」に一言言及しておく。むろん、気づかなくても変わる。諸行無常・パンタレイ（万物は流転する）なのだから。しかし、気づけば実存それ自体が劇的に、質的に変わるのである。何に気づくのかといえば、言葉を換えれば、一切のものごとのあり方が「非有非無にして、またこれ有なり」という真理に気づくことである。「有るのでもなく無いのでもないが、現象としては確かに有る」ということである。サティとは、こういう気づきのあり方のことなのである。詳しくは本文で述べる。

　本書が主な拠り所とした経典は、原始仏教の三大聖典とみなされる『マハーサティパターナスッタ（大念処経）』、『ダンマパダ（法句経）』、『スッタニパータ（経集）』である。『大念処経』の「念」は、パーリ語 sati（サティ：気づき）の漢訳である。現象学的にいえば、気づき（ノエシス）は必ず何ものか（ノエマ）についての気づきである。その何ものか（ノエマ）、つまり気づきの対象を「処」という。『大念処経』はサティの実践方法を四対象領域の随観に分けて詳細に説いた経典である。それゆえ、『四念処経』とも呼ばれる。

　今日、アメリカを中心に精神療法の世界でマインドフルネス療法が一大ブームになっている。実はこのマインドフルネスはパーリ語のサティの英語訳なのである。釈迦のヴィパッサナー瞑想は、今風にいえば、マインドフルネス瞑想のことである。アメリカでマインドフルネス・ブームの火付け役を果たしたのは、「マインドフルネスストレス低減法」の創始者Ｊ・カバットジンであり、その影響の下に「マインドフルネス認知療法」の開発を主導したＪ・Ｄ・ティーズデールらである。彼ら自身は、タイ、ミヤンマー、スリランカなど東南アジアに伝わる原始仏教・テーラワーダ（上座部）仏教の知識に精通し、ヴィパッサナー瞑想の実践経験も豊富である。元を辿れば紛れもなく釈迦のヴィパッサナー瞑想をルーツにしながら、マインドフルネス療法を八週間プログラムにマニュアル化する際に、サティ（四念処）のよいとこ取りをした上で、一見エビデンス・ベイストな科学を装い、仏教色を完全に払拭した。しかし、キリスト教を中心とした多宗教社会のアメリカにおいて臨床技法としてマインドフルネスを普及させるためには、脱仏教化はやむを得ないことだったと理解できる。大谷　彰（二〇一六）は言っている。「マインドフルネスが（アメリカにおいて）大衆化されることになった最大の要因は何と言っても脱仏教化である」と。日本独自の精神療法として名高い、禅思想を背景とする「森田療法」の森田正馬や浄土真宗の身調べを骨格とする「内観療法」の吉本伊信の両創始者ですら禅や仏教との直接的な関連性を明確に否定している。精神療法界はなぜこれほどまで宗教色を毛嫌いして科学万能主義にこだわるのであろうか。物質世界はいざ知らず、精神世界は矛盾と逆説に充ちており、必ずしも二元論的な科学的合理主義だけでは割り切れないものを含んでいる。その国や民族の伝統文化と宗教を抜きにして精神療法は語り得ないのである。

マインドフルネスの母体である仏教瞑想をアメリカから逆輸入せざるを得なかった事情について、大谷は「仏教国日本の心理学者や精神医学者が、これまで一握りの例外を除いて、瞑想という東洋独自の英知と実践を臨床手段として積極的に海外に発信してこなかったことが一つの原因ではなかろうか？」と重要な指摘を行っている。だが、発信するどころか、筆者の見解では、大半の心理学者や精神医学者は海外からの輸入と模倣に明け暮れて、自らの貴重な伝統的財産である仏教にあまりにも無関心であったがゆえに、発信する気すらなかったのではないか。日本においては逆輸入されたマインドフルネスの再仏教化が必要なのではないかと切に思う。いやしくも日本において「マインドフルネス」を口にするからには、その淵源である「釈迦」について基礎的な知識ぐらい身に付けておくことが日本の臨床家としての矜持ではないか、という思いが本書執筆の影の動機であった。

わが国の心理臨床家でマインドフルネスを知らない人はいないと思うが、サティを知っている人はほとんどいないのではないだろうか。しかし、二千数百年の歴史の中で育まれたサティは、マインドフルネスよりもはるかに滋味豊かで深遠な内容をもっている。釈迦の教えを一言で平ったくいえば、「Be Mindful !」。何をするにも、つねに今やっていることに気づきと正知をもって行動しなさい。「ボーッとマインドレスに生きてんじゃねーよ」ということである。

そのことをもっと深く知りたくて、心理臨床に足場をおきながら、サティを中核概念として釈迦の教説を真摯に探究してきた。その過程を著わしたのが本書である。本書には、釈迦はいうまでもなく、阿闍世に提婆達多、イエスとユダ、ソクラテやソフィストなど多彩な歴史上の人物が登場する。それは、釈迦を縦糸に、彼らを横糸にして一つの織物を織り上げることを意図したからに他ならない。

むろん、宗教学者でも哲学者でもない一介の心理臨床学徒に過ぎない筆者には、手に余る無謀な試みであることぐらい百も承知である。しかしながら、やむにやまれぬ知的衝動に駆られてあえて挑戦した。農業の基本は土作りだという。精神療法の土壌作りにでもなればという気持ちからの企てである。最初から本書の全体構想があったわけでは決してない。興味にまかせて少しずつ書き進めているうちに次々と関心が広がって結果としてこういう形になってしまった。織り上がった織物にどのような模様が浮かび上がるかは読者の方々の読み方次第である。もし何らかの模様を感じ取っていただけるとすれば、筆者の望外の喜びである。

専門外の領域に足を踏み入れてしまったので、必要な織糸はすべてそれぞれの分野の専門家の方々の貴重なご著書から利用させていただいた。先輩諸氏の学恩に深甚の謝意を表する。

最後になるが、編集長の宍倉由髙氏には、三十数年にわたり筆者の著書の大半を手がけていただいた。氏の存在なしには筆者の執筆人生はありえなかった。おそらく人生最後になるであろう本書もまた氏のご指導・ご助言の賜であった。感謝の申し上げようもない。ただ筆者の非才ゆえに、長年のご厚情に報いることができず、あまつさえ多大なご迷惑をおかけしてしまったことを心からお詫び申し上げる。

令和元年初夏

著　者

目次

第一章　釈迦の基本思想と臨床実践

「ブッダ伝」についてはおびただしい著書が出版されている。もっとも権威のある中村　元の『ゴータマ・ブッダ』を中心にその他の関連文献を参考にして、まず歴史上の人物としての人間釈迦の生い立ちから成道に至るまでの人生前半の歩みを簡単に辿っておく。釈迦の思索の起源を押さえておくためである。

釈迦の俗名はパーリ語でゴータマ・シッダッタ（漢訳は悉達多）といい、その名は「目的を成就したもの」という意味である。悟りを得た人としては、ゴータマ・ブッダあるいは単にブッダ、釈尊などと呼ばれる。釈迦は出身のシャカ族の族名であり、釈尊はそのシャカ族の偉大な人物であることを意味する。しかし、一般的に釈迦は、ゴータマ・シッダッタ個人を指す固有名詞になっている。本章では、以後、誕生から出家するまでの王子時代は悉達多太子、または、単に太子、出家して悟るまでの修行時代は一修行者として悉達多、悟りを得た後は釈迦の呼び名を使用することにする。

第一節　釈迦の生い立ち

一　釈迦の誕生と母の死

今からほぼ二千五百年前（紀元前五世紀頃）、ネパール南部のインド国境付近にシャカ族の小国があった。その首都はカピラ城である。巨大な隣国のコーサラ国に従属してはいたが、とても誇り高い民族であったという。悲運にも、シャカ族は釈迦在世中にコーサラ国に滅されてしまう。そのコーサラ国もマガダ国の阿闍世王によって滅ぼされる。当時は大国が小国を制覇してインドに統一国家を樹立する過渡的な時代だったのである。紀元前三世紀に、マウリヤ王朝の第三代の王であるアショーカ王（漢訳では阿育王）によって、インド亜大陸がほぼ統一された。アショーカ王は、仏教を守護し普及させた大王として知られている。日本でいえば、聖徳太子に相当する仏教界にとっては偉大な功労者であった。

　釈迦誕生時にシャカ国を治めていたのは、スッドーダナ王（浄飯王《じょうぼんのう》）であった。その妻をマーヤー（摩耶《まや》）妃という。二人は、長い間子宝に恵まれなかった。摩耶妃が身ごもったのは結婚後十年目だったという。その子が悉達多太子だったのである。一説によれば、摩耶妃は、出産のために実家に里帰りしている途中で産気づき、カピラ城にほど遠からぬルンビーニ園で悉達多太子を出産した。諸説あるが、誕生は紀元前四六三年（死亡は紀元前三八三年）とする説がもっとも有力である。なお、父母はともに三十五歳前後であったというから、高齢出産であったと考えられる。難産で産後の肥立ちが悪く生母摩耶妃は出産七日後に亡くなった。このことは釈迦の生涯においてもっとも衝撃的な出来事だったに違いない。「自分の生が母の死である」というこの事実が、悉達多太子をして死の視点から人生を深く見つめつづけさせる重大な契機になったと考えられる。このことは、精神分析との関係で、第三章「釈迦コンプレックス」で詳しく触れる。

　母の死後、母の妹であるマハーパジャーパティー（摩訶波闍波提）が浄飯王の後添えとなり、幼くして母を失った太子をわが子のように豊かな愛情をそそいで養育した。彼女と浄飯王との間には後にナンダという異母弟が生まれている。養母マハーパジャーパティーは、夫浄飯王の死後、釈迦の教えに深く帰依して、仏教教団における最初の尼僧となった。

　悉達多太子は、エディプスや阿闍世と同じ王子として生まれたのである。ただ異なるのは、二人が「父殺し」を宿命づけられて不吉な子として誕生し、あやうく「子殺し」の憂き目に遭おうとしたのに対し、太子は両親はじめみんなから祝福されてこの世に誕生した。子が安穏に生まれてくることを願って、父浄飯王は、天下に大赦を施して一切の罪人を許し、カピラ城で大施会《だいせえ》を催して貧しい人々に夜食を施したと伝えられている。

二　アシタ仙人の予言

釈迦の言動をもっともよく伝えている最古の原始経典、阿含経の中に珠玉の双璧といわれる『ダンマパダ（法句経）』と『スッタニパータ（経集）』がある。その『スッタニパータ』の伝説に、誕生したばかりの赤ん坊の悉達多太子の特相を見て、アシタ仙人が、「この方は人類でもっとも優れた人です。将来必ず悟りを得て、偉大な宗教家になり多くの人々を救われるでしょう」と予言したことが記されている。エディプスが神託で、阿闍世が占い師の予言で「父親殺し」を運命づけられたのとなんたる違いであろうか。

この伝説が後の仏典では誇張されて、生まれてすぐに七歩歩き、右手で天を、左手で地を指さして「天上天下唯我独尊」と高らかに宣言したというあの有名なブッダの誕生伝説に作り変えられたのである。

アシタ仙人は「偉大な宗教家になられる」と予言しただけであったが、後の仏典（『ジャータカ序』）では、八人のバラモンが特相を占って、そのうち七人が指を二本あげて「このみどり児は長じては出家して大宗教家になるか、あるいは世俗のうちにとどまるならば、転輪聖王《てんりんじょうおう》となられましょう」と予言している。転輪聖王とは、武力を用いずに、徳をもって世界を征服する優れた王という意味である。

これに対し、彼らのうちでもっとも若いバラモン青年は、「この方が世俗にとどまっておられるわけがない。かならずや迷いの覆いを開く仏となられるでありましょう」と一本の指を立てて予言した。

悉達多太子はアシタ仙人と若いバラモンの予言どおりに出家して仏になった。しかしこの話は、後出しジャンケンみたいなもので、釈迦の死後つくられた事後的予言である。父の浄飯王は、新しく生まれた嬰児が将来出家してブッダになることを極度に恐れた。

三　少年時代の宮廷での生活

誕生のいきさつはともかく、その後はエディプスも阿闍世も両親から慈しみ育てられている。もっとも、エディプスの場合は養父母からではあったが。

悉達多太子については、後に釈迦が自分の若いころを追想したいくつかの言葉が仏典に残されている。それによれば、「まだ出家していないころの私は、苦しみというものを知らなかった。幸せな生活をほしいままにしていた。父の屋敷には池があり、青い蓮華、赤い蓮華、白い蓮華が美しく咲いていた。それらはすべて私のために設けられていたものであった。身につける衣服はすべてカーシー産の最上の絹製品で仕立てられていた。寒さ、暑さ、塵、草、露が私に触れることがないように私のために昼夜とも白い傘蓋《さんがい》がかざされていた。私には冬用、夏用、雨季用の三つの別邸があり、私は雨季の四ヶ月は伎女の舞楽にとりまかれ、決して外に下りたことはなかった」。

悉達多太子は宮廷で何不自由なく、歓楽の生活をほしいままにし、優雅に暮らしていた。仏典（「ジャータカ序」）によれば、悉達多太子がヤショーダラー（耶輸陀羅《やしゅだら》）妃と結婚したのは十六歳のときだった。二人の間には一子ラーフラが生まれている。この子は後にブッダに帰依して出家することになる。太子はその子が生まれたのを聞いて「ラーフラが生まれた。束縛が生じた」と言ったと伝えられている。その子の誕生は太子にとって出家を妨げ、世俗につなぎとめる束縛に感じられたのであろう。

悉達多が王子として文字どおり花よ蝶よと不自然なほど異常に過保護に育てられたのには理由がある。アシタ仙人の予言どおりに世継ぎの太子に出家されることは国の存亡にかかわる重大問題である。父王にしてみれば、なんとしても世俗につなぎとめておかなければならないという切羽詰まった事情があったのである。

四　若き日の悩み

こうした王宮における華美で豪奢な生活も太子を満足させることはなく、彼の憂うつを消し去ることはできなかった。何をしても喜びを感じることができず、享楽の虚しさはつのるばかりであった。欲望には楽しみが少なく、苦しみが多いことに気づいていた。太子は生来聡明でかつ内省的な子であった。幼い頃より感受性の強い、繊細な心と孤高の精神をもつ、物静かな性格であったという。思いのままの生活を送りながら、心は満たされず、鬱々とした日々を送っていたのである。

生死の悩み：若い頃から彼は命あるものの生死にかかわる問題に深く思い悩んでいた。生きている限り、老い・病み・死ぬという出来事を避けることはできない。このことが一大事として太子の心を捉えて放さなかったのである。おそらく、誕生時における母との死別体験が深い影を落としていたであろうことは容易に察しがつく。中村　元は言っている。「それ（物思いにふけるの）は彼の天性もあずかって力があってであろうが、早くに母を亡くした淋しさの憂うつが大きな原因であったと思われる」と。東郷日出男も同様に「生母がいない孤独感から、生きとし生けるものの儚さを本能的に察知していたのかもしれない」と述べている。まさに、「メメントモリ（死を忘れるな）」というラテン語の警句がそのまま幼い太子の心の奥深くに刻み込まれていたのであろう。

禅定を好む：太子は物心つく頃から物思いにふけりがちな子であった。折りがあれば、大樹の根もとに坐って静かに瞑想にふけることを好んだ。釈迦は、後年、若い頃を追想して語っている。

「またわたくしは、父なる浄飯王が政務を行っているときに、畦道のジャンブ樹蔭に坐って、欲望を離れ、不善のことがらを離れて、粗なる思慮あり微細なる思慮ある、遠離から生じた喜楽である初禅（四段階の禅定のうち最初のもの）を成就していたのを覚えている。――これが実にさとりに至る道であろう、と思って」。

　父王が主催した「種まき祭り」のとき、太子は、樹陰に端坐して、農夫が田を耕すのを眺めていた。鋤き返された土から這い出てきた虫を小鳥が啄み、その小鳥を猛禽が襲うのを見て生命の悲惨さと無常を観じたという。

三つのおごり：また、回想録には次のような言葉も残されている。要約すれば、
「およそ迷っているわれわれ凡夫はみずから老衰の運命を免れないのに、他人の老衰した姿を見ては嫌悪の情を抱くとはなんというあさましいことであろう。病気や死についてもまた同様である」。

太子は、この老・病・死を他人事としてではなく、我が身にひきあててそれを真っ正面から見つめようとしていたのである。この反省を「三つのおごり」という。それは「若さの驕り」と「健康の驕り」と「いのちの驕り」とである。このおごりは人間存在に本質的なものであって、人は誰でも、他人はいざ知らず、自分だけは老いることも、病むことも、死ぬこともないと、気にもせず日々を送っている。しかし、自分もいつかは老い、病み、死ぬ運命にあることは必然である。おごりは無常で空虚なものである。太子は瞑想の中でこのことに気づき、おごりがまったく消えて生老病死に対して謙虚になれたという。

この話が後世に定型化されて、四門出遊の伝説が生まれた。

五　四門出遊

太子が十四歳のとき、城の東門から外に出て老人に会い、南門から外に出て病人に会い、そして西門から外に出て死人を見た。その度に太子は城に引き返し「生まれてくることはなんと厭わしいことか」、しかもやがては自分がこうなることに気づいて苦悩し、無常を観じた。最後に北門から外に出たとき、出家修行僧に出会いその姿の気高さ清らかさに深く感動して出家を決意したという話である。

この逸話は、エディプスが悲劇の発端になる自分の出生の秘密を知ったこと、同じように阿闍世が提婆達多に唆された逸話に相当する。いずれも、その出来事を契機として物語が大きく展開する。

六　出家

宮殿内の享楽に満ちた生活も、耶輸陀羅妃との結婚も、愛し子ラーフラの誕生も彼を世俗に引きとめることはできなかった。太子はみずからの生死にかかわる根源的な問題を解決する求道の念やみがたく、父母が泣いて悲しむのを振り切り、王位も財産も家族も捨てて、一修行者として乞食放浪の旅へ出たのである。二十九歳のときであった。

多くのブッダ伝で、出家の動機は、生・老・病・死に対する自分の実存的苦悩とその解決であるとされている。生死の無常を観じて出家したのである。初期の原始経典に関する限り、一般にいわれているような衆生済度を願ってのことではない。

第二節　修行への道

出家した悉達多は、カピラ城を出て七日後に、当時インドで最大の強国であったマガダ国の首都王舎城にやって来た。王舎城は新しい文化や思想の中心地だったのである。そこで、この国を治めていた頻婆沙羅王との運命的な出会いがあり、二人の間に深いきずながができた。しかし、この時はまだ四十年後にあの「王舎城の悲劇」が起こることなど知る由もなかった。

その頃、出家者の修行法には、禅定を修することによって解脱に至ろうとする修定《しゅじょう》主義と、肉体を苦しめることによって精神的解放を得ようとする苦行主義の二つの方法があった。つまり、瞑想と苦行の二種である。悉達多の修行は三段階に分けられる。最初は修定主義の修行法を志し、次に苦行主義を試み、いずれも捨てて最後に無師独悟の道を歩んだのである。

一　瞑想の修行

その当時、最も権威のある二人の著明な瞑想の大家がいた。アーラーラ・カーラーマ仙人とウッダカ・ラーマブッタ仙人とである。教えを請うて、悉達多はまず、アーラーラ仙人を訪れた。そこで「なにものにも執着しない無一物の境地（無《む》所《しょ》有《う》処《しょ》）」を学び、次にウッダカ仙人のところで「想うのでもなく、想わないのでもない境地（非《ひ》想《そう》非《ひ》非《ひ》想《そう》処《しょ》）」の教えを受けた。

二人の仙人が教えた瞑想法は、インド古来より実践されてきた集中型の「サマタ瞑想」であった。サマタ瞑想では、一つの瞑想対象に意識を集中して禅定に入り、サマーディ（主客融合した究極の意識状態）に到達することを目指す。悉達多は、子どもの頃から禅定に親しんでいたので、二人の師の境地をすみやかに体得した。

しかし、この精神統一法に満足することはできなかった。自分が魂の根底から希求する「生死の実存的苦悩」を解決する正しい道ではないと気づいたからである。彼が求めた道とは、羽矢辰夫の表現を借りれば、「実存の深淵からたち現れてくる不安、恐怖、虚無（これらを総称して「苦しみ」という）の根源を見抜き、その根本的転換によって苦しみを終わらせる解放（解脱）を得ること」であった。

二人の仙人の思想、ことにアーラーラの「非想非非想処（想うのでもなく、想わないのでもない境地）」（四句分別の根本）が悉達多に深い精神的影響を与えたことは間違いない。しかし、いずれの師とも袂を分かって師のもとを立ち去った。

二　苦行の実践

修定主義をあきらめた悉達多は、もう一つの苦行主義に専念することを決意した。ネーランジャラー河（尼《に》連《れん》禅《ぜん》河《が》）のほとりにあるウルヴェーラのセーナ村に行き、そこの苦行林に入ってタパス（苦行の原語）を行じた。苦行主義は、霊肉二元論の立場で、肉体を苦しめる苦行を徹底的に積めば、その分精神が清浄になり、天に生れ変わることができるという思想である。

悉達多の言語に絶する厳しい修行のありさまは仏典によって種々に記《しる》されている。共通してみられるのは、次の三点である。

第一にヨーガの修行によって精神統一を行った。

第二に止息禅（呼吸を止める禅定）で呼吸の制止に努めた。

第三に減食・断食の苦行を行った。

このような荒行によって肉体は骨と皮ばかりに衰えて生死の境をさまよった。時には気絶したり、仮死状態に陥ったりすることもあった。修行者たちは「修行者ブッダは死んだ」とうわさするほどであったという。

このようなすざましい難行苦行にもかかわらず、求める境地に達することはなかった。悉達多は「苦行が無意味である」ことを知って、これも捨てた。当時の二つの修行法である瞑想と苦行の両方をみずから実践してみたが、いずれも自分の求める修行の道ではないと気づいたのである。

三　**釈迦の瞑想法**

悉達多は、ひとり苦行林を出て、村長《むらおさ》の娘スジャーターから供養を受けた乳粥を食べて、体力と気力を回復した。それから、ネーランジャラー河で沐浴して身体を清め、その岸辺にある一本のニグローダ樹（後に菩提樹と呼ばれる）の下に座を定めて結跏趺坐した。「正しい悟りを得ないかぎり、この組み合わせた両足を解かない」という不退転の決意で深い禅定瞑想に入ったのである。

ヴィパッサナー瞑想：この時の瞑想は、アーラーラやウッダカらが実践していた集中型のサマタ瞑想とは異なる。悉達多は、深い瞑想のなかで苦悩が起こる原因を真っ正面から見据え、思惟観察した。この観察瞑想の方法は彼が独自に開発したもので「ヴィパッサナー瞑想」と呼ばれている。伝統的な坐禅‐瞑想に思索を加えて坐禅‐瞑想‐思索の三段階過程に変更したのである。悉達多が求める悟りに至るためには、単なる瞑想だけでなく、深い思索と鋭い洞察が不可欠だったのである。ちなみに、ヴィパッサナーは、ヴィ（分析的、直観的、明確に）という接頭辞とパッサナー（見る、観察する）という語幹を結びつけたもので、平たく言えば「よく観《み》る」という意味のパーリ語である。「よく観る」とはものごとの本質をあるがままに観て洞察する（如実知見する）ということである。ヴィパッサナーは如実知見の同義語である。

前述のように、悉達多は出家して最初にアーラーラ・カーラーマとウッダカ・ラーマプッタに師事してサマタ瞑想を修行した。だが、これでは自分の求めるものが得られず、苦心して独自のヴィパッサナー瞑想を体得したのである。このいきさつは、フロイトが精神分析を創設した経緯とよく似ている。彼は、最初、当時催眠療法界の二大巨頭であったパリ学派のシャルコーとナンシー学派のベルネームに催眠療法を学び、この方法で神経症の治療を試みたが、思うような治療効果を上げることができなかった。そこで、彼は、催眠という特殊な変性意識状態ではなく、ふつうの状態の中で何のはからいもなく心に思い浮かぶままを自由に患者に観察させそれを言葉で語らせるという独創的な自由連想法を開発したのである。治療者は自由連想に「平等に漂う注意」を向けて聴きその意味を解釈する。フロイトの最大の功績は、それまでの催眠療法を捨てて独自の自由連想法を開発したことにあるといわれる。

自由連想法とヴィパッサナー瞑想とは共通する面が多い。だが、自由連想法はあくまで患者と治療者との二者関係を前提として成立するものであり、そのため、内観の言語化を不可欠の要因としている。それに対して、ヴィパッサナー瞑想法は一人称の自己探究法であり、言語化以前の自己の内奥の観想である点は異なっている。

サティ（自覚的気づき）：ヴィパッサナー瞑想の方法論的核心は、今この一瞬一瞬に起きている出来事に注意を向けて気づき、一切の判断を交えずに詳しく観察して、その本質（無常・苦・無我の三法印）を洞察するというサティの技法を基本とする。それによって、思い込みや先入観、あるいは固定観念に基づく偏った見方や考え方へのとらわれから解放され、ものごとをあるがままに見る如実知見を目指すのである。如実知見とは、すべてのものごとが時々刻々と生滅変化していることをそのまま生滅変化していると知ることである。絶え間なく生滅変化しているものごとを、いつまでも変化することなく存在し続けていると邪見することを「無知」という。原始仏教ではこの無知が苦を生むと教える。サティの本来の機能は「捨」であり、執着から離れてそのことに巻き込まれず平静に観じ切ることである。何らかの因縁によって不安、恐れ、怒りなどの〈苦〉が生じたならば、ただ「〈苦〉が生じた」と気づく（サティが入る）だけで、消えるものは消えるべくして消える。それを無理矢理消そうとすれば、逆に〈苦〉は強まるばかりである。そこで、サティによる如実知見が、フロイトの「無意識の意識化・言語化」に相当する、釈迦の治療原理なのである。サティは、過去や未来のことではなく、ただ今の一瞬を捉える心の働きであるから、極めて現在志向的である。

　ただし、集中瞑想であるサマタと観察瞑想であるヴィパッサナーは対照的ではあるが、まったく独立した別々のものと捉えてはならない。サティの過程が深まるためには、サマーディの集中力が不可欠なのである。ヴィパッサナー瞑想は、気づきのサティにサマーディの集中を組み込んだ「サマーディを伴うサティ」の実践を重視する。「サマタ・ヴィパッサナー」という複合語で表現される。サマタ・ヴィパッサナーの漢訳が「止観」である。つまり、サマタ（止）とヴィパッサナー（観）の結合である。心を止めて（注意を集中して）観察対象を見つめ、見極め、「ああ、そうだったのか」と真理に気づくことである。

　サティは、釈迦の技法（瞑想）の中核であり、悟りへ至る唯一の道だとされている。

マインドフルネス：今日、アメリカを中心に心理療法界や精神療法界で「マインドフルネス療法」が一大ブームになっている。実は、この「マインドフルネス（mindfulness）」の語は一八八一年にイギリスのリース・デービズがパーリ語の「サティ（sati）」を英語訳したものなのである。ちなみにその漢訳が「念」である。釈迦のヴィパッサナー瞑想は、今風にいえば、マインドフルネス瞑想のことである。なんと二千五百年以上も前に、それよりももっと深淵で精緻な精神療法の技法の原型があったことに驚きを禁じえない。

瞑想というとなにか非現実的で特殊な超常体験のように敬遠されがちであるが、マインドフルネス瞑想はいろいろ工夫されて治療現場で広く実践されるようになった。気づきをはじめ自覚、洞察、認知構造の転換、実存的覚醒などの言葉は心理療法の世界ではごくふつうに使用されているキーワードであり、それに至るための技法の一つと気軽に考えておけばよい。われわれ日本人は日常の会話の中でそれとは知らずによくサティの語を何気なく使っている。別れの挨拶では「お気をつけて」、仕事をするときは「念を入れて」。これは紛れもなく日常における「サティ」のことである。

われわれは、日頃、いま自分に起こっている考えや感情、行動に気づかないまま習慣的、自動的、無自覚に実行している。マインドレスなのである。日常起こるさまざまな問題の大半は「気づかなかった」ことから起こる。その行為に気づかない限り、いつまでも変わることなく同じことが繰り返される。そこで、もし変化が必要なのであれば、現に今この一瞬に体験している行為に意識を向けて気づき、自覚的に行為することが要請される。これがサティであり、マインドフルネスなのである。

四　降魔成道

出家以来、悉達多の修行は悪魔との戦いであった。悉達多がニグローダ樹を背に悟りを開く前の最後の禅定に入ったときも、悪魔ナムチの軍団が現れて、修行を妨げようと、あの手この手で誘惑や脅迫を仕掛けてきた。「悪魔の誘惑」である。いうまでもなく、悪魔とは、悉達多自身の煩悩のことである。経典に、「悪魔の第一の軍団は欲望であり、第二の軍団は嫌悪であり、第三の軍団は飢渇であり、第四の軍団は妄執といわれる」と記されおり、このあと第八の軍団まで続いて、最後に「ナムチよ、これらは汝の軍団である」という言葉で結ばれている。副島正光の指摘によれば、この悪魔との戦いの伝説には、二つのことが主要な問題として出てくる。一つは愛欲、もう一つは世俗的権力との戦いである。この愛欲を母なるもの、社会的権力を父なるものとの戦いと置き換えるならば、フロイトのエディプス・コンプレックスとの関連が浮かび上がる。

『スッタニパータ』には、「わたくしは、敗れて生きながらえるよりは、戦って死ぬほうがましだ。……わたくしは智慧の力で汝の軍団を打ち破る」という記述がある。迷い抜き、苦しみ抜いた悉達多は、智慧の力と強い信念で悪魔の誘惑や脅迫を退け、それを克服したのである。これは「降魔成道」と呼ばれている。経典に描かれる悪魔説話と梵天説話は悉達多の心の消極的側面と積極的側面の葛藤を象徴的に表現したものと解釈されている。梵天説話とは、いわゆる梵天勧奨のことを指し、成道後、躊躇する釈迦に梵天が説法を奨めることをいう。

第三節　サティの原始経典

原始仏教におけるサティの根本経典は『サティパッターナ・スッタ（四念処経《しねんじょきょう》）』と『アーナパーナサティ・スッタ（呼吸による気づきの教え）』である。いずれも阿含経典群に属する。いうまでもなく「サティ（念）」は「気づき」のことであるが、パッターナはふつう「確立」と訳され「実践法」を意味する。スッタは「経」のことである。また「アーナ」は「出息（吐く息）」、パーナは「入息（吸う息）」を意味する。四念処経は止観の「観」（ヴィパッサナー）を中心に、また「呼吸による気づきの教え」は文字通り呼吸に焦点を当ててほぼ同じ内容の教えを説いた経典である。文言も共通した部分が多い。サティの実践は、如実知見のための訓練であり、妄想や邪念を払って心を清らかにする唯一の「清浄道」だとされている。ただこれらの経典は、釈迦が自分の弟子、つまり出家修行者に向けて説いたものであり、あまりにも多岐にわたって詳細すぎ、そのとおりに実践することはわれわれ在家者にはとうてい不可能である。

『四念処経』：気づきとは、何かについての気づきである。気づきには必然的に何らかの対象がある。四念処経はそれを四種の対象領域に区分する。つまり、まさにいま起こっている身（身体や動作）・受（感覚）・心（感情や思考）・法（心の対象）の四つの過程を順に随観（余念なく起こるがままに観る）するのである。四念処はヴィパッサナー瞑想の骨格である。

身念処：呼吸や四威儀（行住坐臥）、体の各局部などをそれと観じる
受念処：五感に伴う苦・楽・不苦不楽の三種の感覚をそれと観じる
心念処：貪欲、怒り、迷妄、憎悪、落ち着きなどの感情をそれと観じる
法念処：五蓋・五蘊・十二処・七覚支・四聖諦をそれと観じる

ここで、「法」とは「現象と法則性」のことである。これらの四種の随観によってそれらがすべて無常・苦・無我なるものであると自覚し、執着をなくして、悲しみや苦しみを乗り越えていく。それが解脱への一道、サティ（四念処）ということである。以下、主として片山一良訳によるが、アルボムッレ・スマナサーラやティク・ナット・ハンらを参考にした。

『四念処経』の総説には、「身において身を観《み》つづけ」、「受において受を観つづけ」、「心において心を観つづけ」、「法において法を観つづけ」という各文言の後にすぐつづけて「熱心に、正知をそえ、念をそえ、世界における貪欲と憂いを除いて住みます」という同じ文章が述べられている。「住む」の原語は「生きる」とも「生活する」とも訳される。「XにおいてXを観る」というのは、非二元の原理にもとづいて「Xそのものに成りきって観る」ということであり、そこに余計な価値判断などの入る余裕はない。「成りきって観る」ことによってXに自ずからなる変化がもたらされると同時に今のこの自分を取り戻すことになる。「正知をそえて」とは、心を過去や未来に飛ばしたり、妄想や雑念にふ

けることなく、今この瞬間に起こっていることにフォーカスしてありのまま正しく知ろうとする態度である。「念をそえて」は念を入れることであるが、気づきをより自覚的にするために、一瞬一瞬の感覚を言葉（内言）で確認することもある。ラベリングという。たとえば、歩くという身体動作の場合、心の中で、足が「上がる、進む、下りる」と実況中継するのである。ただあまりラベリングに気がいきすぎると、観察の障害になるので注意を要する。

前述の四念処はすべて同じ文章で結ばれている。たとえば、身念処の場合、

㈠　内の身において身を観つづけて住みます
㈡　外の身において身を観つづけて住みます
㈢　内と外の身において身を観つづけて住みます

受念処、心念処、法念処においてはこの身の箇所に受・心・法が入る。内とは自己、外とは他者のことを意味する。
井上ウィマラはこれを気づきの三つのモードとしている。

㈠　自分の中にある対象
㈡　他者の中にある対象
㈢　自分と他者の間や場にある対象

という三つの視点から対象を観るのである。これは、自分の中で起こることだけでなく、他者や他者との関係性の中で起こることを観察することの重要性を説いたものである。現に今、自分が何を言い、何をしたかを現行犯で即事的に把握すると同時に、それが相手にどのような影響を及ぼしたか、場の雰囲気がどのように変わったかに敏感に気づ

くことである。釈迦が人間関係の機微にいかに長けていたかを如実に示す何よりの証である。この釈迦の教えは縁起説との関連で看過すべきではない。結びではこの言葉に「身（受・心・法）において生起と滅尽の法を観つづけて住みます」という文章がつづく。すべての対象において生滅の法を観察するのである。

坐禅の解説書には、正身端坐して深く静かに呼吸する、と書かれている。ただし、姿勢や呼吸は意図的にコントロールするものではない。「身の随観」の出息・入息の部には、

㈠ 長く息を吐いているときは長く息を吐いていると知り
長く息を吸っているときは長く息を吸っていると知る
㈡ 短く息を吐いているときは短く息を吐いていると知り
短く息を吸っているときは短く息を吸っていると知る
㈢ 全身を感知して入息し、全身を感知して出息しようと学ぶ
㈣ 身行《しんぎょう》を静めつつ入息し、身行を静めつつ出息しようと学ぶ

と記されている。「学ぶ」とは、「精進する」という意味である。息に注意を向けて「身において身に気づく」ことに努めるのである。すると、乱れていた身行が自ずから静まり調う。四威儀や他の念処についてもまったく同様である。「出息・入息」につづく「四威儀」の実践についてはこう述べられている。

㈠ 歩いているときは歩いていると知る
㈡ 立っているときは立っていると知る
㈢ 坐っているときは坐っていると知る

（四）臥しているときは臥していると知る

その身が存するとおりにそれを随観するのである。坐していることに気づけば自ずから坐相が調い正身端坐になる。禅では、「調身・調息・調心」という言葉を使う。「身を調え、息を調え、そして心を調える」という意味と誤解してはならない。「身が調い、息が調えば、自然に心が調う」のである。「調」は他動詞（何かを調える）ではなく、自動詞（何かが調う）と理解すべきである。気づけばはからわずとも自ずからそうなる。サティ（気づき）には「調う」働きが随伴しているのである。

「受の随観」では、

（一）楽を感受すれば楽を感受すると知る
（二）苦を感受すれば苦を感受すると知る
（三）非苦非楽を感受すれば非苦非楽を感受すると知る

これに欲と無欲に関わる楽・苦・非苦非楽の随観が加わる。

また、「心の随観」では、

（一）貪りのある心を貪りのある心であると知り
　　貪りを離れた心を貪りを離れた心であると知る
（二）怒りのある心を怒りのある心であると知り
　　怒りを離れた心を怒りの離れた心であると知る

㈢　愚痴のある心を愚痴のある心であると知り
　　愚痴を離れた心を愚痴を離れた心であると知る

心の中に怒りが存在することに気づけば、怒りは自然に消える。その他にも緊張や散漫、安らぎ、解放などの有無の随観がある。たとえば、「心に安らぎがあれば、心に安らぎがある」と気づき、「心に安らぎがなければ、心に安らぎがない」と気づくなどである。「ある」と「離れた」を分けて全部で十六種の心を随観することになっている。

最後の「法の随観」には、五蓋《ごがい》（貪欲、瞋恚、沈鬱・眠気、動揺・後悔、疑い）、五蘊《ごうん》（色・受・想・行・識）、十二処（眼・色、耳・声、鼻・香、舌・味、身・触、意・法）、七覚支《しちかくし》（念・法・精進・喜び・安らぎ・禅定・平静）などの随観が述べられている。五蓋とは、心に蓋《ふた》をして禅定を妨げる五つの障害のことであり、七覚支とは七つの目覚めの要因ということである。ただ、この七つの要因は出家者が解脱を完成するための随観法であるから、在家者にはとうてい及びもつかないことなので、せいぜい第一段階の「念」、すなわちサティをしっかりと身につけることができればそれでよしとしなければ。ここで何より注目すべきは、第五節で述べる四聖諦の随観が詳述されていることである。たとえば、

㈠　これが苦であると如実に知る
㈡　これが苦の生起であると如実に知る
㈢　これが苦の滅尽であると如実に知る
㈣　これが苦の滅尽に至る行道《ぎょうどう》であると如実に知る

ここで、「如実に知る」とは、無常を無常として、苦を苦として、無我を無我として顚倒することなくあるがままに

知ることである。如実知見のことである。

以上、四念処経を必要最少限度にかいつまんで紹介した。実際は過剰なほど分析的で詳細を究め膨大な内容を誇っていることだけ付言して大部分は割愛する。

『呼吸による気づきの教え』：この経典は、四念処経に依拠しながら、とてもよく洗練され簡略化されている。呼吸瞑想を土台に四つの対象領域の各々について四項目ずつ全部で十六の考察法に手際よくまとめて提案されている。なぜ呼吸を中心にするのかといえば、気づきは現在の一瞬においてのみ生じる直感的現象であり、ローゼンバーグによれば、呼吸が心を現在の瞬間につなぎとめておく錨として機能するからである。

呼吸による気づきの十六考察法を説くにあたって、前文でその成果が述べられている。呼吸による気づきの修行に努め励むと、四つの気づき（四念処）が確立される。四つの気づきの修行に努め励むと、目覚めを支える七つの要素（七覚支）が完成される。目覚めを支える七つの要素の修行に努め励むと、明知による解脱が達成される。こう諭《さと》したあと、足を組んで坐り、身体をまっすぐに保ち、気づきを対象に満遍なく向け、つねに気をつけて息を吸い、息を吐く、と次の十六の考察法が説かれる。以下、ローゼンバーグの訳を中心に、ティク・ナット・ハンや井上ウィマラを参考にした。

［身体に関する組］

(一) 長く息を吸っているときには「長く息を吸っている」と知り
長く息を吐いているときには「長く息を吐いている」と知る

(二) 短く息を吸っているときには「短く息を吸っている」と知り
短く息を吐いているときには「短く息を吐いている」と知る

㈢「全身を感じながら息を吸い全身を感じながら息を吐こう」と訓練する
㈣「全身の動きを静めながら息を吸い全身の動きを静めながら息を吐こう」と訓練する

〔感受に関する組〕

㈤「喜びを感じながら息を吸い喜びを感じながら息を吐こう」と訓練する
㈥「楽を感じながら息を吸い楽を感じながら息を吐こう」と訓練する
㈦「心の動きを感じながら息を吸い心の動きを感じながら息を吐こう」と訓練する
㈧「心の動きを静めながら息を吸い心の動きを静めながら息を吐こう」と訓練する

〔心に関する組〕

㈨「心を感じながら息を吸い心を感じながら息を吐こう」と訓練する
㈩「心を喜ばせながら息を吸い心を喜ばせながら息を吐こう」と訓練する
(十一)「心を安定させながら息を吸い心を安定させながら息を吐こう」と訓練する
(十二)「心を解き放ちながら息を吸い心を解き放ちながら息を吐こう」と訓練する

〔法（現象と法則性）に関する組〕

(十三)「無常であることに意識を集中させながら息を吸い無常であることに意識を集中させながら息を吐こう」と訓練する
(十四)「色あせてゆくことに意識を集中させながら息を吸い色あせてゆくことに意識を集中させながら息を吐こう」と訓練する

（十五）「消滅に意識を集中させながら息を吸い消滅に意識を集中させながら息を吐こう」と訓練する
（十六）「手放すことに意識を集中させながら息を吸い手放すことに意識を集中させながら息を吐こう」と訓練する

おわかりのように、「身体に関する組」の㈠〜㈣は四念処経における身随観の「出息・入息の部」とまったく同じである。この考察法の特徴は、呼吸瞑想を基本にしながら、ただ呼吸を随観するだけでなく、それに具体的な訓練法が組み込まれていることである。

このように、身体において身体を、感受において感受を、心において心を、そして法において法を、熱心に、正知をもって、気をつけながら、繰り返し注意を向け続けて見つめていると、貪欲と苦悩とが克服される。そして、呼吸にしっかりと注意を向け続けることによって、四つの気づきの確立が達成され、四つの気づきの修行に努め励んだならば、目覚めを支える七つの要素が完成され、さらに七つの要素の修行が習熟されたとき、明知による解脱が実現される、とはじめにで述べられたことがふたたび結びで詳しく繰り返えされている。

この経典においても、呼吸による気づきの確立によって安定した瞑想が可能となり、四念処や七覚支の修行が深まり、心の解放に至ることが明記されている。

二種類の気づき：現代のサティ（マインドフルネス）については、藤田一照と山下良道の興味深い対話がある。両氏は、たとえば、車を運転していて赤信号に気づくような、ごくふつうの日常の出来事の気づきと、瞑想による気づきとを明確に区別し、後者こそが本格的なサティであるとしている。その気づきの主体が、主客二分の二元的分別知によるか、主客未分の非二元的無分別智によるかの違いである。むろん両者は質的に異なる。一方は、単なる出来事の変化への気づきであり、他方は、出来事の本質への気づきである。しかし、その区別は相対的なものであって、この二種類の気づきは互いに働き合って螺旋的に差異化が深まるものと考えられる。

アルボムッレ・スマナサーラも『小さな「悟り」を積み重ねる』ことの重要性を説いている。それゆえ、筆者は、心理面接のときには、必ず最初に「いかがですか、お変わりございませんか？」という言葉ではじめる。諸行無常なのだから何かが変わっているはずなのに、クライエントはたいていそれに気づいていない。それにさり気なくどう気づかせるかが面接のポイントなのである。自験例を紹介する。中二の非行を犯した少年が両親と面接に来た。何回目かの面接のとき、いつもどおり「お変わりはございませんか？」と尋ねると、「別に何も」という素っ気ない返事が返ってきた。そこで、「前回の面接はちょうどお昼どきに終わりましたよね。お帰りは？」と問うと、「帰りはファミリーレストランで三人で食事をしました」と答えて、ハッと気づかれた。「こんなことって、何年ぶりだったでしょうか」。「気づけば変わる」のである。

両氏のような出家者ならいざ知らず、日常の煩わしさを気ぜわしく生きているわれわれ在家の者にとっては、究極の解脱に達することは不可能だし、またその必要もない。現に今自分や自分のまわりに起こっている日常生活上の何でもないささいな出来事に注意を向け、その一つひとつの小さな変化にほどよく気づき、自分のやっていることに念を入れて自覚的に行為すること、それができればそれで十分である。今思い煩い問題だと悩んでいる事柄が問題ではなくなり、そのことから一時的にもせよ離れることができるなら、それはそれでよしとしなければ。われわれに必要なのは、そうした世俗的な小さな気づきの積み重ねなのである。大悟ではない。四念処や呼吸瞑想によるサティは日常生活に生かされなければ何の意味もない。

先の例でいえば、車の運転中に何か物思いに耽っていたり、考え事をしてそちらに気が取られていると、信号機の変化を見落として事故を起こす。運転するときは、気をつけてただ運転すること。思いと気づきとは二律背反なのである。サティとは、余念を交えることなく今起こっていることをあるがままに観《み》、今していることをただすることに意識を集中することである。

『四念処経』は、四種の念処の各々がさらに幾種にも細分化され、その一つひとつの随観が事細かに記述されているため、煩瑣を極め、多種多様な内容をもっている。それゆえ、これを臨床的に実践するためには、そのうちのいくつかを厳選して適切にバッテリーを組む必要がある。呼吸の瞑想（アーナパーナ・サティ）を利用するのが一般的であるが、どれに焦点を当てて技法化するかによって種々のマインドフルネス療法が作られる。カバットジンの『マインドフルネス・ストレス低減法』をはじめシーガルらの『マインドフルネス認知療法』、あるいはロームの『マインドフル・フォーカシング』などがその例である。この意味で四念処経は精神療法にとって豊かな潜在的可能性を秘めているといえる。

不忘念《ふもうねん》：釈迦が入滅直前に弟子たちに諭した最後の言葉を集めた経典に『仏遺教経』がある。そこに弟子たちが覚りを得るために心得ておくべき八つの法が説かれている。「八大人覚《はちだいにんがく》」と呼ばれている。大人とは、大きな力量をもつ修行者を指す。それは小欲、知足にはじまり、寂静、精進を経て第五番目に「不忘念」が出てくる。その中の一文である。

　是故《このゆえ》に汝等《なんだち》常《つね》に当《まさ》に念《ねん》を摂《おさ》めて心《むね》に在《お》くべし。
　若《も》し念を失《しっ》する者は則《すなわ》ち諸《もろもろ》の功徳《くどく》を失す。

「念を忘れず、いつもサティでいなさい」という「八代人覚」の中核をなす教えである。ボケーッとマインドレスに時を過ごしていると碌《ろく》なことにはならない。いつも清明な意識で刻一刻今起こっている出来事が無常・無我であることをあるがままに気づいていなさいということである。「サティ（念）を忘れるな」ということは、釈迦にとって、遺言として残しておかなければならないほどとてつもなく大切なことだったのである。このことは、現代を生きるわれわれも常に深く肝に銘じておかなければならない。

第四節　悟りの本質と教え

定説では、釈迦が出家前に太子として豪奢で快楽的な生活に明け暮れ、出家後六年間の苦行の果てに、ネーランジャラー河のほとりの菩提樹下で瞑想した結果悟りを得たということになっている。つまり出家後の苦行と瞑想で成道がなったというのである。それは事実だとしても果たしてそれだけだったのであろうか。何かが欠けているのではないかと長年疑念を持っていた。

ところが、朴《バク》光駿《クワンジュン》が悟りの条件として「出家以前に蓄積していた多方面にわたる学問的知識」（『ブッダの福祉思想』）をあげているのを知って目から鱗が落ちた。悉達多は出家前にただ快楽主義的な生活に溺れていただけではなかった。彼は、帝王学によってバラモン教の聖典ヴェーダに精通し、当代の自由思想や哲学などにことごとく通暁していた超一流の知識人であり、教養人だったのである。このことは人口にあまり膾炙《かいしゃ》されていない。

しかし、バラモンたちとの対論の内容、他の教説と対比しながら自らの教説の独自性を説く、朴の言葉でいえば「比較思想的説法方式」、あるいは説法における譬喩の巧妙さなどから悉達多の知識水準の高さを十分に窺い知ることができる。ただこれらの知識だけでは、彼の深淵な人生の根本問題を解決することはできなかった。そこで彼は自分で納得できる新しい知識と智慧を探し求めざるをえなかった。これが彼の出家の大きな動機だったのである。

水蒸気が一しずくの水滴に結晶化されるためには、そこに水蒸気が充満していなければならない。水蒸気なしに水滴はできない。これと同じで、出家前のはち切れんばかりの豊富な宗教的・哲学的知識の機が熟し、それが樹下のサマタ・ヴィパッサナー（止観）瞑想を機縁として縁起とか中道、四聖諦・八正道といったワンセットの思想に結実したのであろう。これが釈迦の悟りの真相ではなかったかと今では得心している。

一　無明の自覚

釈迦が成道によって得た深い宗教体験がどのようなものであったかは本人以外誰も知ることができない。彼はいったい何を悟ったのか、悟りによって達した涅槃（ニルヴァーナ）とはどのような境地なのか、このことについて釈迦自身一言も書き残していない。彼の悟りは不可知である。

釈迦の悟りは、おそらく言葉では表現できない高邁なものであったに違いない。言葉にできない体験を、釈迦が人を見、状況に応じて説いたものだから、それを聞いた弟子たちによって「如是我聞（わたしはこのように聞いた）」と、種々異なって経典に書き残されることになった。釈迦自身晩年に「一語不中」と語ったそうである。成道後長い間いろいろと説法してきたが、一語としてずばりと的を射た言葉はなかったというのである。中村　元によると、釈迦自身自分の悟りの内容を「こういうものだ」と定型化して説くことを望まなかったという。

原始経典の記述から推測すれば、釈迦の悟りとは、一言で言えば、心のあり方が「苦しみの境地から安らぎの境地へ」と転換することである。それは何によってかというと、すべてのものごとの成り立ちが縁起によると気づくことによってである。

この世のあらゆる存在は、縁起なるが故に無常・無我である。本来、無常・無我である実体なきものをあたかも実体であるかのごとく錯覚してその幻に執着している。実体とは、他に縁《よ》ることなくそれ自体で、いつまでも変わることなく存在するもののことである。この実体視は、われわれの認識が基本的に言語（ロゴス）によって営まれることに起因している。幻に過ぎないものに実体を措定することは、「現象と本質」を分別する二元論的世界観を生むことになる。

縁起の法に無自覚であることを仏教では「無明（無知）」という。この「無明」から「苦」が生じる。それゆえ逆に、「無明の自覚」（幻を実体と思い違いしていることへの気づき）によって「苦しみから安らぎ」への境地の転換がもたらされる。これが釈迦の悟りの内実である。煎じ詰めればこれだけのことである。すこぶる単純なのである。南　直哉は、釈迦の悟りを「無明の発見」であると言っている。

二　三法印

前述のように、「無明」による「執着」が「苦」を生む原因であるから、「無明」を自覚すれば、「執着」も「苦」もなくなることになる。これが釈迦の根本的な考え方であった。『ダンマパダ』（今枝由郎訳）に次のような偈がある。

「世のもろもろのことはすべて、無常である」と
叡知によって理解したならば
苦しみはなくなる
これが清浄に至る道である（二七七）

「世のもろもろのことはすべて、苦しみである」と
叡知によって理解したならば
苦しみはなくなる
これが清浄に至る道である（二七八）

「世のもろもろのことはすべて、我ではない」と
叡知によって理解したならば
苦しみはなくなる
これが清浄に至る道である（二七九）

これが、後の仏教で「三法印」、つまり「諸行無常」、「一切皆苦」、「諸法無我」と呼ばれるようになった原型である。このことを明知によってはっきりと自覚したならば、苦はなくなるというのである。

三　縁起説

釈迦の悟りの根本は縁起説である。縁起とは、「一切の存在は、他に縁《よ》って生じ、互いにそれぞれの存在根拠となり合う関係のこと」である。「諸縁が、今この一瞬、この一点に結集《けつじゅう》して一つの出来事が生起する」のである。すべての事柄は関係性おいて成立する。縁起説は「この世のすべての現象はあらゆる因と縁とのダイナミックな和合離散によって生滅するものであるから、永遠不滅の実体という存在はない」と説く。つまり、一切のものは、縁起によって生じ、縁滅によって滅するがゆえに「無常」であり、実体なき「無我」である。絶えず生成、変化、消滅を繰り返している。

縁起の公式：縁起の理《ことわり》のもっとも素朴な表現を公式で表わせば、

　縁起の公式＝これに縁《よ》ってかれ生じ、かれに縁ってこれ生ず
　縁滅の公式＝これ滅すればかれ滅し、かれ滅すればこれ滅す

となる。生滅で変化を表現しているのであるから、これで十分であるが、あえて蛇足を加える。

　縁変の公式＝これ変ずればかれ変じ、かれ変ずればこれ変ず

この縁変の公式は、現代のシステム療法の基本的考え方である円環的因果論の謂いである。心理療法が扱う問題はすべて縁起生のものであるから、縁が滅すれば問題は消滅する。縁起の公式はすべて双方向的な二重記述になっている。この二重記述は、『般若心経』のよく知られた「色即是空　空即是色」に代表されるように仏教的表現の独擅場である。

即の論理：しかし、この公式の表現では、これとかれとが縁起以前に実体として存在することを前提としている。すべてのもの・ことは縁起によって生ずるということは、縁起以前には何も存在しないということであるから、この表現は矛盾している。では、

縁《よ》ってこれ生じ、かれ生ず

と表現すればいいかというと、そうもいかない。なぜなら、これとかれという関係項（依止《えし》）なしにどうして縁《よ》ることができるのか、つまり関係が成立しうるのかという問題が生ずるからである。二つのものがあって関係が生じるというのが普通のものの考え方である。ところが、縁起説では、縁（関係）があって二つのものが生じるという。どちらが先でどちらが後かという問いは成立しない。なぜなら、これは時系列的にしか表現できない言語機能のしからしめるところであって、しかもわれわれの認識は言語による以外にないからである。言語以前の事象においては、縁とこれ・かれは即の論理に従う。即とは、縁起説に特有の関係性に基づくもので、互いに異なるもの・ことがその間の相違性を残しつつ一体化することである。

同じことは、近代哲学の父デカルトの有名な「我思う、故に我あり」でもいえる。ラテン語の「コギト　エルゴ　スム」（cogito ergo sum）の訳である。「我思う」という言語表現では、「思う」という行為以前に我が存在してしまう。

もともと「コギト（cogito）」は〈考える〉とか〈意識する〉という意味のラテン語の一人称単数形である。だから、そのまま訳せば、

　思う、故に我あり

とすべきであるという説を何かの本で読んで、すごく納得したことがあった。そもそも「我思う」の〈我〉と「故に我あり」の〈我〉とは同じ〈我〉であろうか。「我思う」の〈我〉は現在ただ今何かを思っている実存的な〈我〉である。それに対して「故に我あり」と言い切ってしまうと、その〈我〉は一般化された超越的な本質的実体としての〈我〉になってしまう。〈故に〉には論理的飛躍があるのである。そこで、デカルトの基本命題を活かすとすれば、

　我思う、故に思う我あり

とした方が、後述の「行為存在論」の立場からもいいのではないかと思うが、このようなことは哲学者でもない私如きの考えることではない。実は、デカルトの二千年以上も前に、釈迦がこれと同じようなことを言っているのである。南　直哉は『スッタニパータ』から次の句を紹介している。

　〈われは考えて、有る〉という〈迷わせる不当な思惟〉の根本をすべて制止せよ。内に存するいかなる妄執をもよく導くために、常に心して学べ

〈われは考えて、有る〉は、デカルトの定理そのものを彷彿とさせるが、釈迦のいう考えは、〈迷わせる不当な思惟〉

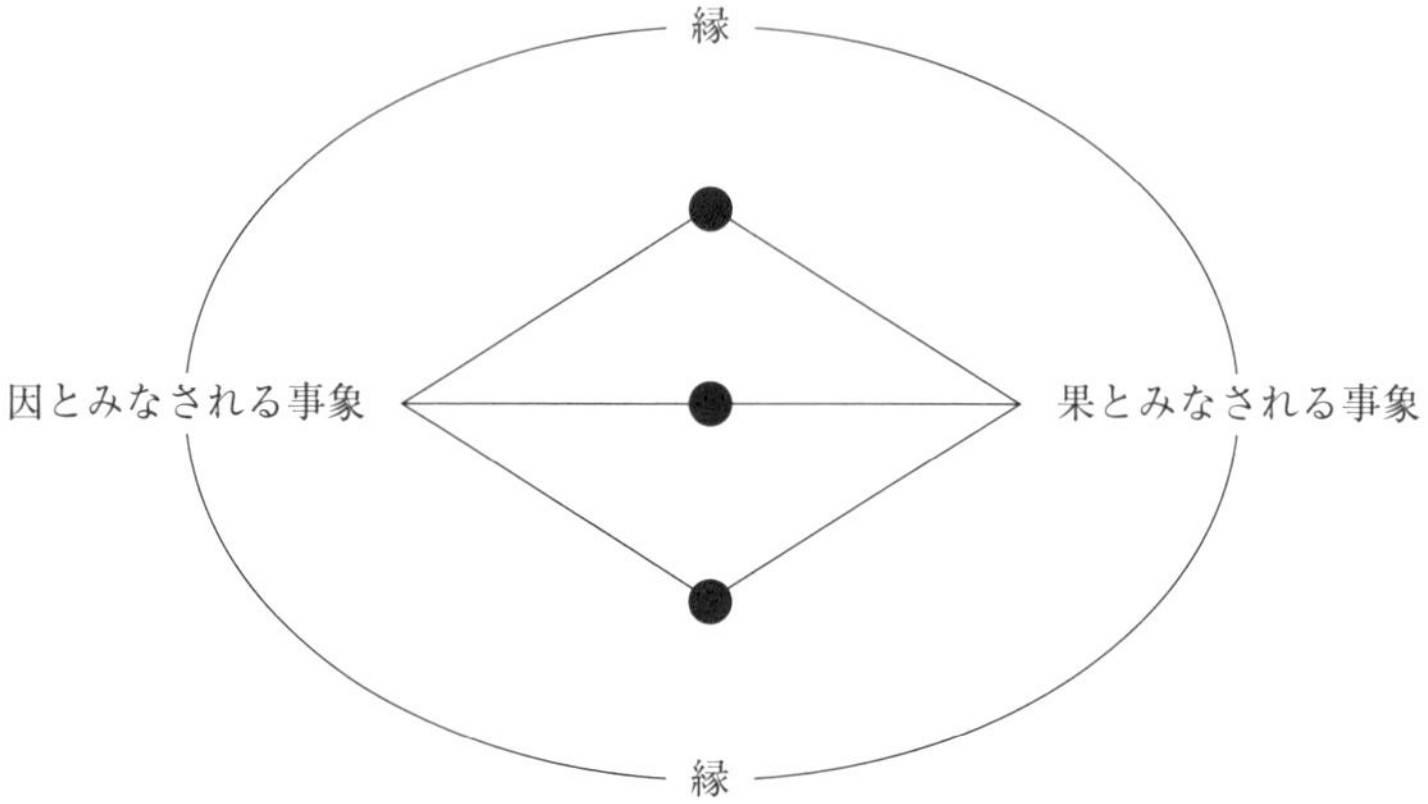

縁を起点として二つの事象が共時共存する

縁起のダイナミックス

のことであり、それは、実体なきものをあたかも実体あるがごとく妄執することである。だから、その根本をすべて制止せよと諭すのである。デカルトの思想とはまったく似て非なるものである。

縁による因果の同時成立：縁とは、あるものごとを成立させる無量の条件のことである。縁には、そのものごととのかかわりの程度に深浅の差がある。そのうちもっとも深いかかわりのある縁を仮に〈因〉とみなす。だから、因と縁とは分けないで〈因縁〉と一括される。因は直接原因、縁は間接原因と呼ばれることもある。縁起説では、因と果の二分ではなく、必ずその間に縁を介在させる。因縁果の三項を立てるのである。縁結びのせいで因と果が同時成立するのである。

「本来、原因でも結果でもない無記のある出来事が、遇縁によって、現に今ここにこうして縁起している、と同時に縁次第で別様にも縁起しうる」というのが縁起説の基本的考え方である。「現に縁起しているある出来事」は現実態であり、「縁次第で別様にも縁起しうる」というのは可能態である。「現に縁起している」ということは「別様には縁起しえていない」ということである。多くの可能性の中から現に今ここにこうして一つの事柄が現実態として現象している。「非有非無にして、またこれ有なり」と表現される。本来縁起生であるが故に、「ある」のでもなければ、「ない」のでもない。だが、現象としては現に存在している。この厳然たる事実はとてもありえない不思議なことで、ただごとではないのである。縁次第でいかようにも縁起しうる可能性があるから、「一切不定《いっさいふじょう》」なのである。そうでなければならない必然性はどこにもない。それを「こうである」と決めつけることを仏教では「決定《けつじょう》の邪見」という。

世間一般では、「親が子を生む」、「教師が生徒を教える」、「医者が患者を治す」という一方的で実体論的な言い方をする。これが「決定の邪見」である。だが、「親が子を生む」ことはない。子のいない親は親ではないからである。〈出産〉を縁として同時に一方が親となり、他方が子となるのである。出産しなければ、親も存在しなければ子も存在しない。だが、出産よりもっと重要な縁は、出産に必然的に伴う〈育児〉という相互行為の継続である。この二人に固有な唯一の相互行為パターンのあり方が親と子の実存を規定するのである。相互行為パターンの繰り返しが停止すれば、親でも子でもなくなる。「教師が生徒を教える」、「医者が患者を治す」についてもまったく同じことがいえる。教育する、治療するという相互行為の反復を縁として、教師と生徒、医者と患者が同時に成立するのである。因と果についても同様である。因が果を生むというが、果なしに因は存在しえない。あることを縁として時間的に先のものを因といい、後のものを果というのである。禅では、「子をあやす。母と子とは相即相入する」と表現する。

四　中道の論理

アリストテレスの三法則：西洋合理主義の思考方式は、命題は「肯定」か「否定」かの二価値の論理に従う。しかもこれは、アリストテレス以来、「肯定（A）は肯定（A）であり、否定（非A）は否定（非A）である」という同一律、「肯定（A）であり、かつ否定（非A）であるという命題は成り立たない」という矛盾律、および「命題は肯定（A）か否定（非A）かのいずれかであってその中間はない」という排中律の三原則に厳然と支配されている。

山内得立によれば、長い西洋の思想史をつうじて画期的な哲学の創設は、このアリストテレスの論理法則の打破、変革によるという。カントの認識論の成立は、自明な同一律「AはAである」という分析判断を批判し、「AはBである」という綜合判断によってはじめて可能となる。AとBではわかり辛いかもしれないが、「アリステテレスはアリストテレスである」ではなく、「アリストテレスは人間である」と置き換えれば理解しやすい。第二原則の矛盾律を逆転させたのがよく知られたヘーゲルの弁証法的論理である。これは矛盾を排除するのではなく、むしろそれを許容し、正・反・合の動的発展を論理の根底に据えたものである。

四句分別（テトラ・レンマ）：カントの論理学は同一律の批判であり、ヘーゲルの弁証法は矛盾律の逆転であった。ところが、「第三の排中律の逆転はヨーロッパにおいて見出すことができない」と山内得立はいう。それが見出せるのは、東洋思想、なかんずく古来よりのインド哲学においてである。そこには、肯定か否定の他にもう二つの論理、つまり「肯定でもなく否定でもない」と「肯定でもあれば否定でもある」が存在している。前者を「両否のレンマ」、後者を「両是のレンマ」とよび、あわせてテトラ・レンマ（四句分別）という。

㈠　肯定
㈡　否定
㈢　肯定でもなく否定でもない
㈣　肯定でもあり否定でもある

第一と第二はロゴス（世俗）の二価値の論理であり、第三と第四はレンマ（世俗を超越した勝義）の論理である。レンマとは、ロゴスの言語による概念的な分別思考とは異なり、言語以前の直接的で具体的、直感的なものごとの把握の仕方のことである。テトラ・レンマの中核は第三の両否のレンマである。いったんすべてを否定しご破算にするところから、新たに第四の両是のレンマが立ち上がるのである。この両否と両是のレンマが容中律の論理的根拠である。

両否のレンマは、釈迦の中道思想の根本をなしており、経典の言葉にはよくこの表現がみられる。釈迦の思想は極めて合理的・論理的であるが、その論理はロゴスの論理ではなくレンマの論理なのである。山内得立に言わせれば、「ロゴスの論理は存在の論理であるが、レンマの論理は非存在についての、無に関しての、空に即しての論理である」。空とは、「ものが無い」ことをではなく、「有るのでもなく無いのでもない」両否のレンマのことを意味する。

メビウスの輪：両否・両是の論理は少し納得し難いかもしれない。しかし、決して非現実的でも非論理的でもない。相矛盾するものの同時併立の例は日常ふつうにみられる現象である。細長い紙の両端をそのまま貼り合わせるとふつうの輪ができる。表は表、裏は裏。決して表が裏になることも、裏が表になることもない。これが、アリストテレスの同一律、矛盾律、排中律にもとづく西洋の二価値の論理の具体例である。ところが同じ紙の両端をひとひねりして貼り合わせるとメビウスの輪ができる。表は裏であり裏は表である。言い換えれば、表でもなければ裏でもない。どちらかに決めつけることはできない。表裏の区別が無意味となる。これが両否・両是の論理の実際の例である。二つの輪を合わせればテトラ・レンマとなる。ただあたりまえのことを言っているだけのことである。メビウスの輪の場合、決定不能なものを、こちらが表である、いやこちらは裏であると決めつけると「決定《けつじょう》の邪見《じゃけん》」を犯すことになる。

現実の生活は、有無、真偽、正邪、善悪、愛憎などの二分法的価値基準を前提に営まれる。図はそれをわかりやすく左右の区別で例示したものである。点の存在には本来左右の区別はない。ただそこにあるだけである。どこかに基準点（0点）をおくと、左か右の位置が定まる。そこで、点は右にあるとか左にあると固定的に見ることになる。「決定の邪見」である。基準点をどこにおくかは任意である。点の上におくと、点の位置は右でも左でもどちらでもなくなる。これがものごとをあるがままに見る（如実知見）ということであろうが、これがなかなか難しい。

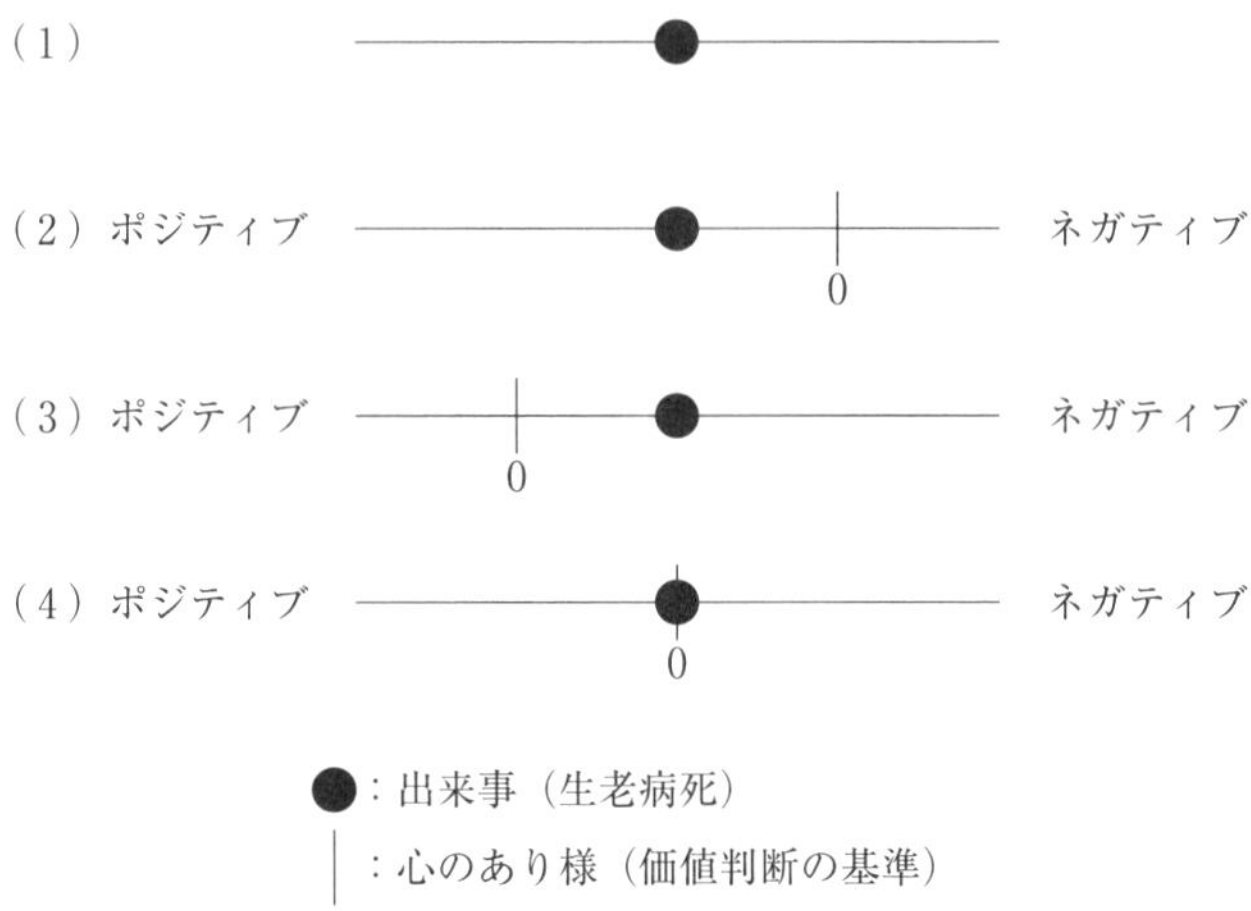

右か左か／右でもなければ左でもない

これは決して特殊な例ではない。これがわれわれの生きている現実である。現実は「決定の邪見」に満ちている。これを現代風にいえば、「現実構成」とか「社会構成」とかいうことになる。気づかないまま羅生門的現実を生きているのである。

二辺を離れる：われわれは、前述のように、現実の生活において、有無、善悪、正邪、愛憎、好悪など、ものごとを二分法的に両極に分けて考えるのをあたりまえのこととしている。しかし、たとえば、「有る」といえば、有の一辺にかたよりそれにとらわれることになる。逆に「無い」といえば、無の一辺にかたよってそれにとらわれることになる。仏教では、このかたよりへのとらわれが苦を生むと教える。それゆえ、苦から解放されるためには、「有でもなければ、無でもない」という両否のレンマの立場から、二見にとらわれない、あるいは「二辺（両極）を離れる」ことが要請される。これが仏教の中核思想である「無記」、あるいは「中」の立場の論理的根拠である。

この中の論理は、伝統的な心理療法の諸理論が拠り所としている西洋合理主義の論理とはまったく異なっている。よく東洋思想は不合理だと非難されるが、それは、西洋思想が狭い二価値の論理に縛られ、テトラ・レンマを知らないだけのことであって、不合理どころか超合理なのである。

釈迦の教説を理解するためにはこの容中律のことをよく承知しておかなければならない。釈迦の教えは、非聖非俗、言い換えれば、在家の常識的な知恵と出家の超常識的な智慧のダブル・スタンダードになっていることを理解しておかなければ、その真意を誤解してしまう。

増谷文雄は『知恵と慈悲』の中で『雑阿含経』から次のようなエピソードを紹介している。

コーサラ国のパセーナディ王が諸王たちを招待して宴を催した。宴たけなわになって王たちは「この世で一番楽しいものはなんだろうか」と議論をはじめた。ある王は「色は欲愛の第一なり」、またある王は「声は欲愛の第一なり」と、経典であるから色・声・香・味・触の五官の欲望の対象を侃侃諤諤《かんかんがくがく》と主張し合って止むことがなかった。そこでパセーナディ王がひとつこの裁断を釈迦に仰いでみようではないかと提案した。みんなで精舎に釈迦を訪ねてことのいきさつを申し上げると、釈迦はずばり裁断を下して言った。

「王たちよ、わたしは、心にかなう適度をもって欲愛の第一とする」。

どんな欲望であれ適度、つまり、ほどのよさ（good enough）が一番大事である、と諭したのである。何事も度が過ぎると嫌悪の対象になる。そのあたりまえのことを王たちは経験的によく知っていたので、ことごとく承服せしめられた、という話である。「適度を第一とする」とは、「中道」のことに他ならない。

五　決定《けつじょう》の邪見と不定《ふじょう》の論理

釈迦の治療原理は、簡単にいうと「不定《ふじょう》の真理」へのサティ（気づき）によって「決定《けつじょう》の邪見」を打破し、人生の苦悩から解放することである。

決定の邪見：釈迦の出家の動機となった人生の根本苦は、生老病死である。人間生きている限り、老い、病み、死ぬのはごく当然の不可避の事実である。縁起の考え方の起こりは、なにゆえ「老・病・死」があるかという問いであった。その答えは「生」があるゆえである。すなわち、「生あるがゆえに、老・病・死がある」。これが縁起の法則である。それゆえ、縁滅の法則は「生がなければ、老・病・死はない」ということになる。

本来、生老病死それ自体に不安や恐怖、苦という性質があるわけではない。感情的に中性であって別に悲しむべきことでも苦しむべきことでもない。にもかかわらず、われわれは、それに不安、恐怖、憂愁、嫌悪の感情を抱く。心の仕業である。生死の事実を生の側面からみて、自分だけはいつまでも若く元気で死ぬことはないと思い込んでいる。この思い込みが「決定《けつじょう》の邪見《じゃけん》」である。真理とは異なる見方だからである。この自分勝手な「決定の邪見」へのとらわれが生死の苦悩の起こる根本原因なのである。

一方、生死を死の視点からみると、まったく異なった世界が展開される。死ということは、個としての〈わたし〉の存在が消滅して、〈わたし〉がそこから生まれた大自然へ帰り、大自然そのものになることである。死んでしまえば、もはや老いることも、病むことも、死ぬこともない。当然、それに伴う不安、恐怖、憂愁、嫌悪の感情も雲散霧消してしまう。

不定の論理：この死の視点を生の老病死へ適用することによって、「決定の邪見」へのとらわれから離れることができる。それにとらわれなければおのずと苦悩から解放される。これを釈迦は「不死を得た」と言うのである。これが釈迦の治療原理である。その中核をなす思想が、「不定《ふじょう》の論理」である。不定の論理は、先に述べたように、「非有非無にして、またこれ有なり」という言葉で表現される。「人生は苦である」という定理で考えると、釈迦の苦悩は、悉達多太子の生来の気質を因とし、「母の死」や四門出遊、苦行中の仮死体験、その他のさまざまな出来事を縁として起こったものである。逆にいえば、そのような因と縁が働かなければ、起こりえなかったことなのである。縁起説にもとづけば、「生死の苦は〈有る〉のでもなく（非有）、〈無い〉のでもない（非無）。でも現象としてはたしか有る（有）」。いうなれば「苦不定」なのである。釈迦は縁起説にもとづくこの「不定の論理」を用いて「一切は不定なるがゆえに、苦もまた不定である」と悟って「決定の邪見」を解脱したのである。

以上をまとめると、

㈠生死の出来事それ自体は本来苦でも楽でもない。評価以前の無記の事柄である。

㈡その出来事に苦楽の評価を下す。これが普通の心のあり様《よう》である。たとえば、「人生は苦である」と決めつけて、そう思い込む（決定の邪見）

㈢苦楽の二辺（両極）を離れて、中の立場で生死をあるがままに如実知見し、あるがままに受け入れる。「非苦非楽にして、またこれ苦なり」と苦を観じるのである（不定の論理）。

これが苦楽二元を超越する釈迦の治療原則である。その基本がサティである。

六　自己の自覚

『阿含経』に出てくる話である。

釈迦がコーサラ国の舎衛城にいたある日のこと、この国の王パセーナディは、マッリカー王妃と二人で城の高楼にのぼり、夕暮れ時の街を眺めていた。そのときふと、王が、「マッリカーよ、この世で一番愛おしい者は誰か？」と尋ねた。おそらく王としては、「大王様、なんでそんなことをお尋ねになられるのでしょうか。私は悲しゅうございます。それはあなた様に決まっているではありませんか」という返事を期待してのことであったろう。ところが、こともあろうことか、王妃は、「大王様、この世で一番愛おしいのは私自身でございます。自分の他に考えることはできません」と答え、つづけて、「大王様、あなた様もそうでございましょう。自分よりももっと愛おしい者が他におありでしょうか」と反問したのである。

王はウッと詰まったが、考えてみると、王妃の言うとおりだと納得した。でも、この考えは、二人が深く帰依している釈迦のいつもの教えとはちょっと違うように思える。そこで、都の郊外の祇園精舎に釈迦を訪ね、ことの次第の一部始終を語って教えを乞うた。

釈迦は微笑んでうなずいた。二人の意見に同意したのである。「そのとおり、この世で自分より愛おしい者は他にはいない。だが、同じように他の人も自分が一番愛おしいことに気づくべきである。だから、自分への愛おしさを知るものは、他の人を害してはならない」と慈悲の心を諭した。

釈迦のいう慈悲は決して自己犠牲的な利他行のことを言っているのではない。仏道は「己事究明《こじきゅうめい》」（自己の大事を明める）の道であるといわれる。原始経典の『ダンマパダ』の第十二「自己の章」に次のような偈がある。松友圓諦の訳による。

おのれこそ　おのれのよるべ
おのれを措きて　誰によるべぞ
よくととのえし　おのれこそ
まことにえがたき　よるべをぞ獲《え》ん（一六〇）

ただのおのれではない。三行目の「よくととのえし　おのれ」こそがよるべとなるのである。

弟子たちに世間の人々に仏法を説くために遍歴せよと勧めるなかで、釈迦は次のようなことも言っている。中村元『ブッダ伝』による。

一つの途を二人で行くな。修行僧たちよ、始めもみごとであり、中間もみごとであり、終わりもみごとであり、意義があり、文句も立派である教えを説け。（『サンユッタ・ニカーヤ』）

「二つの途を二人で行くな」という釈迦の諭しは、『マルコによる福音書』と好対照をなしている。第六章に伝道の心得を述べた一節がある。「また十二弟子を呼び寄せ、ふたりずつつかわすことにして、彼らにけがれた霊を制する権威を与え（七）、また旅のために、つえ一本のほかには何も持たないように、パンも、袋も、帯の中に銭も持たず（八）、ただわらじをはくだけで、下着も二枚は着ないように命じられた（九）」。

釈迦の教えは至極厳しいのである。「おのれを措きて、誰によるべぞ」で、自分の人生は、結局は犀の角のように一人で歩む以外にない。一人で歩いてこそ自分の道を自分で啓くことができる。自分を救えるのは他でもない自分自身以外にないのである。

釈迦の死に際に、従者の阿難が「尊師亡き後、何をたよればよいのでしょうか」と涙ながらに窺いを立てたとき、釈迦が答えた「自灯明、法灯明」の教えはブッダ最後の説法として特に有名である。

> この世で自らを島とし、自らをたよりとして、他をたよりとせず、法を島とし、法をよりどころとして、他のものをよりどころとせずにあれ

島とか洲というのは、ガンジス河の急流から突き出ている小高い地面のことで、世間の荒波を渡る時のたよりになる安全地帯の具体な喩えとしてよく用いられる。島は漢訳で灯明と訳されることもある。真っ暗な夜道を迷いながら一人淋しく歩いているとき、遠くに一つの灯火が見えるとどんなに心強いだろうか。自灯明とはその灯火が自己だというのである。

「自己にたよる」とはどういうことかというと、中村　元の解釈によれば、人間の為すべき理《ことわり》、実践すべき理法（ダルマ＝法）に従って行動すること、これがすなわち「自己にたよれ」ということである。それゆえ、「自己にたよる」ことは同時に「法にたよる」ことで、二つの言葉は同じことを言っているのである。「よくととのえし　おのれ」とは

法（為すべき理法）を身につけたおのれのことである。それ以外のものに目がくらんではならないという戒めである。

人間は「私はいったい何者か」と問わずにはいられない存在である。「あなたは何者か」と問われたら、「私は私である」と答えるしかないが、その私はいったい何者か？「何者でもない、ただの人。ただただならぬ、ただの人」。この自覚がなにより重要なのである。不定の縁起的人格論とでも言おうか。現実にはありえない非有非無の私が、でも今ここに不思議にも現に現成しているのである。「ただならぬ」とはそういう意味である。

七　霊魂と業

釈迦在世当時、インドの自由思想家や修行者たちの間では、「世界は有限か無限か、永遠か永遠でないか」、あるいは「肉体と霊魂は同一のものか別のものか」など、二律背反的な形而上学的議論が盛んに行われていた。

断常二見：死後の世界については二つの考え方があった。「断常二見」という。一つは霊魂不滅説である。人間は死ねば肉体は滅びるが、霊魂は永久に不滅であるとする考え方である。この死後も霊魂は常住であるという見方を仏教では「常見」と呼ぶ。もう一つは、霊魂断滅説である。不滅説とはまったく逆の立場で、人間は死ねば肉体も霊魂も自己のすべてが消滅すると主張する。死後の世界をいっさい認めず、すべては断滅して無に帰すると主張するのである。この見方を「断見」と呼ぶ。小山一行によれば、当時のインドでは、常見の立場の方が圧倒的に多かったという。

不常不断：この断常二見の対立に対して、釈迦は、常見でもなければ断見でもない「中」の立場をとる。「不常不断」である。彼の根本思想は、すべてのものは一瞬一瞬生滅を繰り返しながら移り変わっていくという「諸行無常」・「諸法無我」であるから、霊魂のような永久不変の実体の存在は認め難い。小山一行はこれを「無霊魂説」と呼び、霊魂は「自己の永遠性を希望する私たちの執着が生み出した幻影である」と言っている。

では、断見の立場かというとそうでもない。「死後の世界はない」という見解も「決定の邪見」だからである。「ある」のか「ない」のか、死んでみなければわからないのであるから、まったく「無」とも言い切れない。確かに実体としての霊魂は否定するが、それでは、それに代わる死後にも残るものとはいったい何なのか。それは〈業報〉である。業報とは、文字通り、業の報いのことである。

業の思想：仏教でいう業とは行為のことである。ただ業は、単なる行為のことではなく、その結果が行為を拘束する行為のことである。行為は、一瞬一瞬生まれては消え、消えては生まれる。その行為の結果が次々と蓄積されて、次の行為とその結果を生む。こうして過去に行った行為の結果が現在の自己を形成し、現在の行為の結果が次の自己存在のあり方を決定するのである。これが業の思想である。業報という形で善因善果・悪因悪果の因果応報説が成立する。しかも、業報は現世のみで完結するのではなく、現世で行った行為の結果は何らかの形で死後も受け継がれていく、というのが仏教の因果説である。

　これはちょっと納得し難いかもしれない。現代は断見説が支配的だからである。しかし、釈迦は二千数百年の時空を越えて現在もなお生き続けている。霊魂としてではなく、教えとして。教えとは、釈迦の思想であり業である。このことは何も釈迦に限ったことではない。誰であろうとすべての人にとって、業報は個体の死を越えて何らかの形で継続するのである。子や孫に受け継がれるだけではなく、文学や芸術作品、財産や社会的貢献など形は何であれ、意図しようとしまいと、自分が行った行為の結果は必ず死後にも影響する。ラマルクの「用不用説」と「獲得形質の遺伝」を認めなければ、ダーウインの進化論も成り立たないのと同じである。自分の生きた証を後世にも残したいという欲求は、霊魂を希求する気持ちとどこか通じるところがある。これは人間の性《さが》、それこそ業としか言いようがない。

　死後にも生まれ変わり死に変わる主体が霊魂ではなく、業報であると考えたところに釈迦の思想の斬新性がある。

八　実存主義

釈迦は、考えてもわからない答えのない無益な形而上学的問題には関心がなく、沈黙を通した。「死後の世界があるかどうか」は死んでから考えればいいことで、そのような思弁的で抽象的な論争は、現に今、憂い悶えている人の実存的苦悩の解決には何の役にも立たない。

一般に釈迦は死後の世界に救いを求めたと信じられているが、釈迦は死後の世界など説いてはいない。ただし、説いていないということは、そのような超越的世界が「ない」といっているのではない。だが、「ある」という断定には断固反対する。決定の邪見だからである。人間の認識能力を超えた事柄については、「ある」とも言えないし「ない」とも言えない中の立場を貫く以外にない。これが釈迦の教説の根底をなす「無記」の立場である。無記とは、形而上学的問題に対する判断停止（現象学でいう「エポケー」）の態度である。

要するに、「ある」か「ない」かわからないのである。わからないことはわからないまま安らっていればいいものを、わからないことに強い不安を感じて、あえてわかろうともがいて超越的存在を措定し、それに説明を求めようとするのである。釈迦にとって唯一絶対の神など必要なかった。彼の関心事は、ただ、「現世での救いであり、この人生を人間としていかに生きるべきか」という人生の道理を明らかにし、いま目の前で起こっている心の問題を解決することであった。この意味で、釈迦はすぐれて現実主義者であり、かつ実践的な臨床家であった。このことを如実に示す逸話が有名な「毒矢の喩え」である。経典によっていろいろのバリエーションがあるが趣意はみな同じである。

> ある人が、毒矢に射られて苦しんでいる。まわりの人たちが医者を呼んで治療してもらおうとした。そのとき、毒矢にあたったその当人が、「ちょっと待ってくれ。矢を射たのは誰か、何の目的で射たのか、どこから射たのか、毒の性質はどういったものか。それがわからない間は、この矢を抜いてはならない」と語った。そうこうするうちにその人は死んでしまった。

要約すればこういう話である。今なすべきことは何か。それは、何はさておき矢を抜き取ることである。傷の手当てをして消毒薬を塗ることである。余計な議論などする暇《ひま》はない。犯人捜しは治療が済んだ後ですればよい。一人のバラモン僧が矢を抜くのを止めたという経典もある。議論好きのバラモンを揶揄しているのである。釈迦は、この巧妙な譬喩を用いて、いま何をなすべきかを見極めそれを実践することの重要性を弟子たちに説いているのである。真理の験証を実践的行為の成果によって証するという合理的な思想的立場は、釈迦が伝道開始以後一貫して取り続けてきた態度である。この態度は次の行為存在論にも反映されている。

九　行為存在論

よく引用される釈迦の説話を一つ紹介する。これは後世の作り話であろうが、よくできている。

釈迦が、ある村を通りかかったとき、死んだ子どもを抱いた若い母親と出会う。母親はまだ子どもの死を受け入れることができないでいる。村人が何と言っても聞き入れる耳はなく、ただ子どもは眠っているだけだと言い張る。釈迦が、「かわいい子だ、よく眠っているね」と語りかけると、母親はうれしそうにうなずいて、「でも、この子がなかなか目を覚まさないので困っているんです。何かいい知恵を授けてください」と懇願する。それを聞き入れて釈迦は教えて言う。「ひとつだけいい方法がある。三日以内にこの村でまだ一度も弔いを出したことのない家を見つけて、その家から芥子の実を三粒もらってくるがよい」。この釈迦の言葉を聞いて喜んだ母親は勇んで村中の家を一軒一軒尋ねて回るが、そんな家などあろうはずがない。母親は我が子の死を悟り、深く釈迦に帰依した、という話である。

母親の思いに逆らうことなく、適切な行為の指示によって、それを内側から自然に転換している。見事なブリーフ・セラピー（短期療法）という他はない。死者を出した一軒一軒の家を訪ねるという行為は、一軒一軒に起こっている「生と死」にサティを入れるということである。やがて母親は「人は死ぬものだ」というあたりまえのことに気づいた。この逸話は釈迦の説法の特徴をうまく捉えている。相手によっては、言葉で言い聞かせるのではなく、行為で実存的覚醒を得させるところが釈迦の真骨頂である。

釈迦の教説は行為存在論である。業（行為）の応報によっておのずからその人の人となりが形成される。釈迦の行為存在論が原始経典の『スッタニパータ』に次のように記載されている。

釈迦がコーサラ国のバラモンたちが住む大富豪の村に滞在していたときのことである。二人の青年バラモンが議論をはじめた。バーラドヴァージャは「生まれによってバラモンである」と主張し、ヴァーセッタは「行ない（行為）によってバラモンとなる」と反論した。互いに譲ることなく議論に決着がつかなかった。そこで二人は釈迦の意見を求めることにした。釈迦は答えた。以下、今枝由郎訳による。

生まれによってバラモンなのではなく
生まれによってバラモンでない者なのではない
行ないによってバラモンとなり
行ないによってバラモンでない者となるのである（一九七）

行ないによって農夫となり
行ないによって職人となり
行ないによって商人となり
行ないによって雇われ人となる（一九八）

行ないによって盗賊ともなり

行ないによって武士ともなり
行ないによって司祭ともなり
行ないによって国王ともなる（一九九）

賢者は、このように
行ないをあるがままに見
行ないとその結果（との関係、すなわち）
縁起（＝因果関係）を理解する（二〇〇）

世の中は行ないによって成り立ち
人は行ないによって形成される
車輪が轄《くさび》によって［車軸］に結ばれているように
生きとし生けるものは、行ないによって結ばれている

この偈の最初の四行（一九七）が四句分別の両否と両是の論理で表現されていることに注目して欲しい。ここに釈迦の行為存在論の立場が明確に表明されている。生まれによってではなく、行為によって賤しい人ともなりバラモンともなるという主張は、生まれによってすべての身分が決定されていた当時のインドのカースト制の中にあって、革命的な宣言だったのである。

また、同じ原始経典の『ダンマパダ』（今枝由郎訳）では、

すべきことを行わず
すべきではないことを行い
傲慢にして、怠惰な人には
汚れがます（二九二）

つねに身体［の本性］を思索し
なすべきでないことをなさず
なすべきことをなし
注意深く、思慮深い人には
汚れがなくなる（二九三）

以上で、釈迦の思想の根本はほぼ尽くされている。次に臨床的実践において重要な四聖諦・八正道について論考する。

第五節　釈迦の臨床実践（四聖諦・八正道）

一　臨床的四聖諦

成道後、釈迦は、ベナレスの鹿野園においてかつての苦行仲間であった五人の修行者に対して最初の説法を行った。「初転法輪」である。このとき、説かれたのが、中道と四聖諦・八正道であったと伝えられている。これは釈迦の教えの中核をなすものであり、伝道人生を通じて変わることなく説き続けられた。釈迦自身「わたしの説いたことはこれだけである」と言っているぐらいである。四聖諦・八正道については、『大念処経』（『四念処経』）の「法随観」の「諦の部」で詳細に説明されている。

四聖諦の〈諦〉とは、「厳粛なる断言（真理）」という意味であり、「すべてのものは変化する（無常）」や「すべてのものには実体がない（無我）」などの断言的命題は〈諦〉である。

一切皆苦の「苦」の原語である「デュッカ（dukkha）」は本来「思い通りにならない」という意味である。思い通りにならないこと（苦）を思い通りにしようとはからい執着すること（集）から苦が生じる。それゆえ、思い通りにしようというはからいがなければ苦は生じない（滅）。しかし、人間が生きている限り、思い通りにしようとするはからい（煩悩）がなくなることはない。だから修行（八正道）が必要なのである。

四聖諦とは、次の四つの断言的命題のことである。

㈠これは苦しみである（苦諦）

㈡これは苦しみの生起《しょうき》（原因）である（集諦《じったい》）

㈢これは苦しみの消滅である（滅諦）

㈣これは苦しみの消滅に導く道（八正道）である（道諦）

『ダンマパダ』（今枝由郎訳）の中に四聖諦・八正道を説いた偈《げ》がある。

目覚めた人（ブッダ）、真理の道理（ダルマ＝法）
聖者の集い（サンガ＝僧団）を拠りどころとする人は
正しい叡知をもって

四つの真理を見る（一九〇）
すなわち、苦しみと、苦しみの生起（の原因）と
苦しみの消滅と
苦しみの消滅に至る
八支の道とを見る（一九一）

苦の消滅に導く道諦は八支に分けられるので、八正道と呼ばれる。八正道は、いわば実践的な治療技法である。これについては項を改める。

四聖諦は、古来より医者が行っていた四段階の医療モデルを釈迦が取り入れたものと解釈されている。医療は大きく〈診断〉と〈治療〉に分けられる。心理療法では〈見立て〉と〈手立て〉という。『スッタニパータ』には、「二種の観察」を釈迦に語らせている。中村　元訳による。

修行僧たちよ、（さとりに導く）二種の真理がある。「これは苦しみである。これは苦しみの原因である」というのが、一つの観察（法）である。「これは苦しみの消滅である。これは苦しみの消滅に至る道である」というのが、第二の観察（法）である。

修行僧たちよ、このように二種の観察法をただしく観察して、怠らず、つとめ励んで、専心せよ。

このように「二種の観察」では、四聖諦が前半の〈診断〉過程と後半の〈治療〉過程の二つに明確に分けられている。まず、病状を的確に観察してどういう病気であるかを診察する。これが「苦諦」である。次にその病因を正確に

突きとめて診断する。これが「集諦」である。この前半のアセスメントを行ってから、後半の治療段階に入る。病因を取り除く治療目標を定めて処方する。これが「滅諦」である。そして最後に、その処方に従って実際の処置を行う。その治療実践が「道諦」の八正道である。「応病与薬」といわれる。

この四つの断言的命題は、縁起と因果関係によって互いに密接に関連している。「これは苦しみである」という第一命題をいかに解決するか、いかにしてこの「苦しみ」を滅尽するか。これが全過程を貫く基本課題である。その苦しみを生起する因と縁を明らかにして、課題解決のための方策を立てて、それを実践するのである。このように、四聖諦・八正道は、現代の医療でも通用する「医方の四分法」を説いたものなのである。釈迦が医王と呼ばれるゆえんである。増谷文雄によれば、「初転法輪」が記載されていることで重視される『相応部経典（サンユッタ）』において、苦諦がいわゆる「四苦八苦」として次のように述べられている。なお、『大念処経』の苦諦の説明もこれとほぼ同じである。

> 比丘たちよ、苦の聖諦とはこれである。いわく、生は苦である。老は苦である。病は苦である。死は苦である。憎むものに会うのは苦である（怨憎会苦）。愛するものと別れるのは苦である（愛別離苦）。求めるものを得られないのは苦である（求不得苦）。総じていえば、この人生のありようは苦である（五蘊盛苦）。

第一諦の苦諦でいう〈苦〉というのは、釈迦の場合、概念的な苦ではなく、現実存在としての苦のことである。死には、一人称の死、二人称の死、三人称の死とが区別される。一人称の死とはまさにこの自分の死である。二人称の死とは自分に身近な家族の死、そして三人称の死は自分とは無関係な人の死のことである。三人称の死はひとごとである。同じことは、生・老・病についてもいえる。この私の生であり、この私の老いであり、この私の病いなのである。釈迦のいう生老病死の苦はまさに一人称の苦である。けっしてひとごとではない。すべてはわがことなのである。

ここでいわれている「苦しみ」はそういった意味で臨床的な真実である。こう理解してはじめて、釈迦の教えが腑に落ちて理解できる。

第二諦の集諦とは、「この苦が何によって、どこから生起してきたのか」、その苦の原因を探求することである。その探求の結果、釈迦が見出したのは、渇愛、妄執、無知である。渇愛というのは、喉が渇いたとき水を求めてやまないような激しい欲望のたかぶりのことである。妄執というのは、文字どおり、盲目的な執着のことである。そして、渇愛の対象への妄執が苦を生むのであるが、なぜ妄執するかといえば、その対象が無常・無我であるという理《ことわり》に無知無明であるからである。

第三諦の滅諦では、渇愛のたかぶりを静め、妄執と無知の働きを自覚し、迷妄から目覚めることができるならば、苦から離脱することができると説かれている。このように、「無知」が苦しみの原因となっていることを、釈迦は鋭く洞察したのである。彼は言っている。「どんな苦しみが生じる場合でも、すべて、無知（無明）が機縁となっている」（スッタニパータ）。滅諦の苦の〈消滅〉は、苦が楽になることではない。そうではなく、無知を離れて明知を得ることによって、苦しみは苦しみとしてありながらそれから離脱することができると言っているのである。

第四諦は道諦である。「苦しみ」という実体はない。このことへの〈気づき〉がすべての治療のはじまりなのである。苦の消滅へ至る実践の道が道諦の八正道なのである。

二　八正道

四聖諦の最後の道諦は、正見・正思・正語・正業・正命・正精進・正念・正定の八支に分けられる。八正道である。八正道は釈迦の教えの要であり、苦しみを止滅させる優れた道である。正道の〈正〉は、正邪の正のことではない。正邪善悪の二分を超えた中の立場のことである。つまり、正道は中道のことなのである。

『大念処経』では、正道の八支を戒定慧の三学で説明されているが、筆者は、前半の「見る」「思う」「語る」「行う」

「生きる（生活する）」の五つの実践徳目と後半三つの「精進する」「念ずる」「禅定に至る」に分けて理解している。八正道は最後の「正定」に至るプロセスであり、「正精進」ははじめの五つの実践徳目を一心にやり続けること、そして、「正念」の〈念〉は、本書の中心概念である〈サティ〉の実践のことである。メタレベルから、実践徳目の一つ一つに注意を集中して観察し、〈気づき〉を深めることである。気づかなければ、これまでの邪見や邪思惟《しゆい》を習慣的に繰り返すだけで、正道を行うことはできない。このサティ（自覚的気づき）の積み重ねが、やがて苦を解脱する最後の「正定（サマーディ）」をもたらすのである。正定は「安らか、清らか、慈しみ」の落着いた心の状態のことである。

ただし、八正道は、もともと一つの道を八支の側面から説かれたものであるから、それぞれは密接に関連し合っていることはいうまでもない。たとえば、最後の「正定」にあってはじめて、ものごとをあるがままに見（正見）、かたよりなくものを考える（正思）ことができるのである。「正語」、「正業」、「正命」などの他の正道についても同じことがいえる。『ダンマパダ』に次のような偈がある。今枝由郎訳による。

正しい叡知によって解放された
安らかな人
かれは、心静かにして
言葉も、行いも静かである（九六）

八正道のなかでもっとも中心的な働きをするのは、「正念」である。正しい〈気づき〉なしには何事もはじまらない。女性で史上はじめて究極のサマーディに達したシッダー・マスターのヨグダマ相川圭子もこの〈気づき〉を基本において八正道を説明している。このような視点から、八正道の一つひとつに簡単に触れておく。

正見：正見とは、ものごとの実相を智慧をもって「あるがままに見る」ことである。「幽霊の正体みたり枯れ尾花」という言葉がある。枯れ尾花が幽霊に見えると、その瞬間、不安や恐怖に襲われて立ちすくむ。というよりも、逆に不安や恐怖がバイアスとなってその時枯れ尾花が幽霊に見えたのである。正見とは枯れ尾花を枯れ尾花として見ることである。換言すると、幽霊を現実と見るのではなく幽霊（幻想）として見るのである。ところがこれが思われるほど容易なことではない。われわれが普段見る世界は〈識〉による錯覚であるが、幻を幻と見るのは、自分の目を自分で見ることができないのと同じである。しかし、現実には幻想を生きる以外にないが、今自分に見えているのが正見ではないことに気づくことが重要である。そのためには、見る行為に絶えずサティを入れつづけることである。

前述の行為存在論のところで挙げた『スッタニパータ』の偈に次の句があった。

賢者は、このように
行いをあるがままに見
行いとその結果（との関係、すなわち）
縁起（＝因果関係）を理解する（二〇〇）

気づきを伴う正しい見方、これが苦へのとらわれから解放される第一歩であり、八つの道の基本である。

正思：正思とは、「一辺に偏らない考え」のことである。両極を離れて自由にものごとを考えるということである。これも「言うは易し、行うは難し」である。われわれの普段の考えは、貪欲・瞋恚《しんい》・痴愚（貪り・瞋《いか》り・愚かさ）の三毒に犯されている。しかし、そのことに気づかないまま、つい自分の考えこそが唯一絶対に正しいと思い込み、それにこだわっている。それは、独りよがりの偏った思い込み（邪思惟《じゃしゆい》）かもしれないが、現実にはそうとしか生きようはないのである。ある考えをもつということは、必然的に一辺に偏るということであるが、そのことを自覚しさえすれば、中の立場から是々非々の態度をとることができる。

『ダンマパダ』（今枝由郎訳）の偈は次のとおりである。

正しくないものを、正しいと見なし
正しいものを、正しくないと見なす人は
誤った思いにとらわれて
真理に達しない（一一）

正しいものを、正しいと知り
正しくないものを、正しくないと知る人は
正しい思いに従って
真理に達する（一二）

それゆえ、自分の偏った思い込みにサティを入れてよく観察し自覚することが大切なのである。気づけば思いはおのずから変化する。

正語：自分を偽らない正直な言葉であって、しかもそれがおのずから相手を思いやる愛語になっている。そういう言葉を正語という。いくら相手に心地よく響いたとしても甘言や虚言、綺語などは正語ではない。ましてや妄語、両舌、悪口《あっく》などは邪語としかいいようがない。しかし、自分の思いのままの言葉が、そのまま相手のための言葉となるということは、よほど修練によって正定にでも達していない限り困難なことである。われわれは、日常の言葉使いのなかで、つい気づかないまま相手を不快にさせたり、心を傷つけたりしていることがいかに多いことか。

心理療法の臨床場面で使う言葉の用法に関する理論を臨床語用論という。その中でもっとも重視されるのが、自分の使った言葉が相手を和ませたか、納得させたか、気づきをもたらしたかなど、その効果に気を配ることである。正語においても、〈念〉を入れることが基本なのである。

『スッタニパータ』（今枝由郎訳）に次のような偈がある。

広い学識と技術を身につけ
よく自制し
言葉遣いが美しいこと
これがこよなき幸せである（一二六）

荒々しい言葉を語り
他人《ひと》を苦しませ、悩ますことを好み
獣のようにふるまうなら
生活は悪くなり、汚れが増す（一四〇）

「セラピストは会話の芸術家である」と言ったのは、ナラティヴ・セラピストのグーリシャンであった。原始仏教の『スッタニパータ』や『ダンマパダ』などを読むと、しみじみ釈迦は「会話の芸術家」であったと感服させられる。

正業：正業とは、自利利他の自制的な業（カルマ）のことである。『大念処経』には、殺生や偸盗、邪婬から離れることとある。仏教では、業を身・口・意の三業に分類する。身の業とは、体で行う行為のことであり、口の業とは口で語る言葉、そして意の業とは、心に思う考えのことである。身口意三業の自制を説いた偈が『ダンマパダ』（今枝由郎訳）に見られる。

身体のいらだちを静め
身体を自制し
身体による悪い行いを捨て
身体による善い行いをなせ（二三一）

言葉のいらだちを静め
言葉を自制し
言葉による悪い行いを捨て
言葉による善い行いをなせ（二三二）

心のいらだちを静め
心を自制し
心による悪い行いを捨て
心による善い行いをなせ（二三三）

賢者は身体を自制し
言葉を自制し
心を自制する
じつに賢者はよく自制する（二三四）

「思い」と「言葉」については、正思と正語で述べたので、ここでは体で行う行為が中心となる。善悪の行為は因果の道理によって、必ず苦楽の果報を生む、というのが仏教の考え方である。因果応報という。

簡単に言えば、善行とは、自・他を益する行為、悪行とは、自・他を害する行為のことである。ここで注意すべきことは、業報は他人だけでなく、自分自身に向いているということである。自業自得である。善因善果・悪因悪果の因果応報について諭した『ダンマパダ』（今枝由郎訳）の偈に次のようなものがある。

悪い行いの果報（報い）が熟す（形になる）までは
悪人でも好い目に遭うことがある
しかし悪い行いの果報が熟したときには
悪人は災いに遭う（一一九）

善い行いの果報が熟すまでは
善人でも災いに遭うことがある
しかし善い行いの果報が熟したときには
善人は幸いに遭う（一二〇）

悪い行いをするよりは、何もしないほうがよい
悪い行いは、後悔する
善い行いは、（しないよりは）したほうがよい
善い行いは、後悔することがない（三一四）

正業には自制心が不可欠である。その自制心には自省心が伴うことを必須の条件としている。自分の行っている行為に絶えずサティを入れ、その結果を自省しなければ、自覚的に善行をすることはできない。福音書には「己の欲する所を人に施せ」とあり、論語には「己の欲せざる所は人に施す勿《なか》れ」とある。後述するソクラテスもそうであるように、洋の東西を問わず聖人たちはみな徳を説くのを習いとしている。

正命：ここでいう〈命〉は、生きる営み、つまり、生活のことを意味している。生活は、これまでの「見る」「思う」「語る」「行う」を統合したところで営まれる。正命とは、邪《よこしま》な生活を捨てて、正しい生活を営むことである。換言すれば、自分を偽ることなくあるがままに生きることであり、しかもそれがおのずから人生の道理に叶っているということである。論語の「心の欲する所に従って矩《のり》を超えず」と同じである。それがいかに困難なことであるかは容易に想像がつく。あの孔子ですら、思うままに生きても人道を踏みはずすことがない、という境地に達するのに七十年間かかっているのである。

生活が乱れると、心も体も人となりも乱れる。このことを釈迦は深く認識していた。それゆえ、規則正しい生活を送るよう厳しく戒めているのである。『スッタニパータ』（今枝由郎訳）に次の偈がある。

足るを知り、多く望まず

雑務少なく、生活を簡素にし
もろもろの感覚器官を静め、聡明で、謙虚で
他人の家で貪らない（七五）

仏教では、守るべき戒律としてよく知られた、一、殺さない、二、盗まない、三、淫《みだ》らなことをしない、四、嘘をつかない、五、酒を飲みすぎない、の五戒の他に、六、咎《とが》めない、七、誉《ほ》めたり貶《けな》したりしない、八、惜《お》しまない、九、瞋《いか》らない、十、謗《そし》らない、の五つを加えて十戒とすることもある。もちろん、出家者と在家者との間では、これらの徳目を守る厳しさに違いがある。要するに、正しい生活とは、貪り、瞋り・迷妄の三毒を離れて生きることである。そのためには、つねに自省に努めて、自分の生活全般に気をつけ、自覚的に生きることが肝心なのである。

正精進：「比丘たちよ、この世のことはすべて移ろいゆく。怠ることなく精進するがよい」。これは、沙羅双樹の死の床に横たわって、釈迦が弟子たちに向って語たった最後の言葉である。

精進を行うためには何らかの精進すべき対象が必要である。精進とは、何かについて精進することである。何もないところで精進することはできない。その対象が、「正見」「正思」「正語」「正業」「正命」の五つの実践徳目なのである。これまでこれらの実践に努め励み精進することの重要性を述べてきたが、正精進の究極の目的は、苦しみを解脱した安らぎの境地である〈正定〉に達することである。『スッタニパータ』（今枝由郎訳）の偈である。

至高の目的のために励み
心怯むことなく、怠らず
体力と知力とを具えて堅固に

犀の角のようにただ独り歩め（四四）

激しい執着をなくすために、注意深く、賢明に
学び、考え、教えを理解し
自制し努力して
犀の角のようにただ独り歩め（四六）

また、『ダンマパダ』（今枝由郎訳）にも同じような偈が詠われている。

励みつとめよ
修行を完成した人（ブッダ）は、ただ道を説いただけである
この道を歩み、心を修養する人は
悪魔の束縛から逃れる（二七六）

ここで、悪魔とは、煩悩のことである。正精進とは、中道の道理に従って、「見る」「思う」「語る」「行う」「生活する」行為の一つ一つに注意を集中して、過度の偏りやとらわれが起こらないように努めることである。飽くことなく繰り返し継続することが精進の基本である。一心に精進することによって、もののあり方のあるがままの姿を把握することができ、諸行無常・諸法無我の真理が会得される。それが〈正定〉に至る道なのである。

正念：これまでも実践徳目の一つ一つを正しく行うために〈正精進〉に努めると共に〈サティ（気づき）〉を入れる

ことの大切さに言及してきた。ここでは、正念の〈念（サティ）〉そのものに特化した〈行〉が問題である。身受心法の四念処の各々を念と正知をそなえて熱心に観つづける瞑想である。『ダンマパダ』（今枝由郎訳）の偈をあげる。

　叡知のない人には、精神集中は生まれない
　精神集中のない人には、叡知は生まれない
　精神集中と叡知がそなわっている人は
　安らぎに近づいている（三七二）

［精神集中と観察の］二種の瞑想によって
向こう岸に渡った、行い清き人
かれは、ものごとをよく知った人であり
すべての束縛は消え失せる（三八四）

ここで、二種の瞑想とは、いうまでもなく、心を対象に集中する「サマタ」と、対象をあるがままに観察する「ヴィパッサナー」のことである。サティを深めることによって「自分はいったい何者なのか」という自己の本質に対する体験的な気づきが起こる。相川圭子は、「正念とは、真の自己に気づくことである」と簡潔に定義している。『ダンマパダ』（今枝由郎訳）の偈はこうなっている。

　みずから進んで自己を励まし
　みずから進んで自己を省察せよ

出家修行者よ、自己を護り、正しい念《おも》いを保てば
安らぎに生きられる（三七九）

二種の瞑想によって、正しい念を保ちつづければ、やがて真の自己に気づき、安らぎの心境〈正定〉に到達することができる、というのである。

正定：八正道の最後は正定である。すべてはここに収斂される。〈念〉はサティの漢訳であり、定はサマーディの漢訳である。究極のサマーディを正定というのである。正しく定に入るとは、止観の瞑想による深い自己省察の結果到達される安定した精神統一の状態である。苦もなく楽もない非苦非楽の平静（捨）という仏陀（覚者）の悟りの境地である。『ダンマパダ』（今枝由郎訳）の偈にはこうある。

深い湖が
澄みきって、ざわめかないように
賢者は真理を聞いて
心安らかである（八二）

正しい目覚めに至り、思慮深く
瞑想に専念し
執着を離れ、静けさを楽しむブッダ
神々さえもかれを羨む（一八一）

人は多いが
向こうの［安らぎの］岸に渡る人は少ない
多くの人は
こちらの［苦しみの］岸でさまよっている（八五）

仏教においては、現実の苦しみの世界とそれを超えた安らぎの世界が、それぞれ河の両岸、つまり、此岸《しがん》と彼岸《ひがん》に譬えて表現される。仏教の目的は、こちらの岸から向こう岸に渡ることである。こちらの迷いの此岸にいる人は、心がいつも不安、恐れ、焦り、苛立ち、卑下、奢り、落ち込みでざわつき、右往左往している。これに対して彼岸に渡った人は、心が安らいで静かに落着いている。八正道は気づき（サティ）のプロセスであり、その究極の段階がこの正定（サマーディ）なのである。

前に述べた『仏遺教経』「八大人覚」には、五「不忘念」の次に六「禅定」が置かれている。その中の一文である。

若《も》し念《ねん》を摂《おさ》むる者は心則《こころすなわ》ち定《じょう》に在り
心定《こころじょう》に在るが故に能《よ》く世間生滅の法相《ほっそう》を知る

ここに、「正念」と「正定」の関係が簡潔に述べられている。釈迦の遺言である。

以上、『大念処経』や、『ダンマパダ』と『スッタニパータ』の偈を拠り所にしながら、四聖諦・八正道を概観してきた。これが釈迦の臨床実践である精神療法の骨子なのである。きわめて合理的で実践的で、かつ実用的な理論であることがわかる。

第二章　王舎城の悲劇

本章では、『王舎城の悲劇』を読む。前章で述べた釈迦の臨床的理論と技法が王舎城の悲劇でどのように活かされているかに焦点がある。主人公の阿闍世を中心に、母韋提希、父頻婆沙羅王の救済を吟味することによって、釈迦の精神療法の実像（虚像？）に迫りたい。彼らの苦悩に対する釈迦の対応は三者三様である。その違いがとても興味深い。しかし、何といっても阿闍世王物語がもっとも重要なのでそれにかなりの頁数を割くことになる。

第一節　阿闍世の救い

その昔、インドのガンジス河支流のほとりに、四大都市国家の一つマガダ国があった。その首都が「王舎城」である。

紀元前五世紀、釈迦在世の頃、マガダ国を治めていたのは、頻婆沙羅《びんばしゃら》王であった。その王妃の名を韋提希《いだいけ》という。一説によれば、頻婆沙羅王は釈迦より五歳年下で、若い頃（三十歳前後）に釈迦と出会い熱烈な帰依者となった。王は、釈迦の最初の有力な外護者であり、王舎城の近郊にある霊鷲山《りょうじゅせん》や竹林精舎を寄進した。竹林精舎はよく知られたコーサラ国の祇園精舎とともに、仏教興隆のもっとも重要な拠点であった。

釈迦入滅八年前、マガダ国でその事件は起こった。いわゆる「王舎城の悲劇」と呼ばれる阿闍世《あじゃせ》による「殺父と王位簒奪」事件である。阿闍世王物語の伝説のなかで、この事件だけはおおかた歴史的事実と認められている。

「王舎城の悲劇」は、釈迦八十年の生涯のうちでもっとも心痛な出来事の一つであったろう。死後編纂された仏教の原始経典から大乗経典に至るまで、さまざまなヴァリエーションを伴いながら、多くの経典に語り継がれている。経典の内容は、この事件をネタに、釈迦とその教えがいかに偉大であるかを宣揚するものであり、史実にとらわれない経典作者の自由な創作物語である。殊に大乗経典では、巧妙なレトリックスや比喩を駆使し、過剰に誇張した表現で、釈迦は神格化され、神通力や超能力、奇跡的なエピソードで色彩豊かに潤色されている。経典がつくられた当時の民衆には説得力があったのかもしれないが、科学の時代を生きる現代人にとっては眉唾ものといった話も多い。この点は、新約聖書の福音書に描かれるイエスの奇跡物語でも同じである。ただそれはあくまで表現上のことであって、虚飾の枝葉を切り捨てて、幹の部分、つまり、作者の伝えたい真意、表現の裏を読み取ることが重要である。

　経典の文献的研究については、永原智行の『阿闍世のすべて——悪人成仏の思想史』に詳しい。詳細は氏に譲るとして、阿闍世王物語の全貌は、『王舎城の悲劇』三部経ともいえる原始経典の『沙門果経』、および大乗経典の『大般《だいはつ》涅槃経』と『観無量寿経』）にほぼ網羅されている。『沙門果経』のストーリーが、その後の「王舎城の悲劇」物語の原型になっている。

一　悲劇のあらすじ

　阿闍世王物語の起承転結は次のように展開する。まず、〈起〉は、阿闍世が病《やまい》に至るまでの「悲劇のあらすじ」、〈承〉は、予診ともいうべき「六大臣の見舞いと耆婆《ぎば》の説得」、〈転〉は、本格的な治療である「釈迦による救済」、〈結〉は、治療結果としての「阿闍世王の回心」である。主要登場人物の一覧を示す。

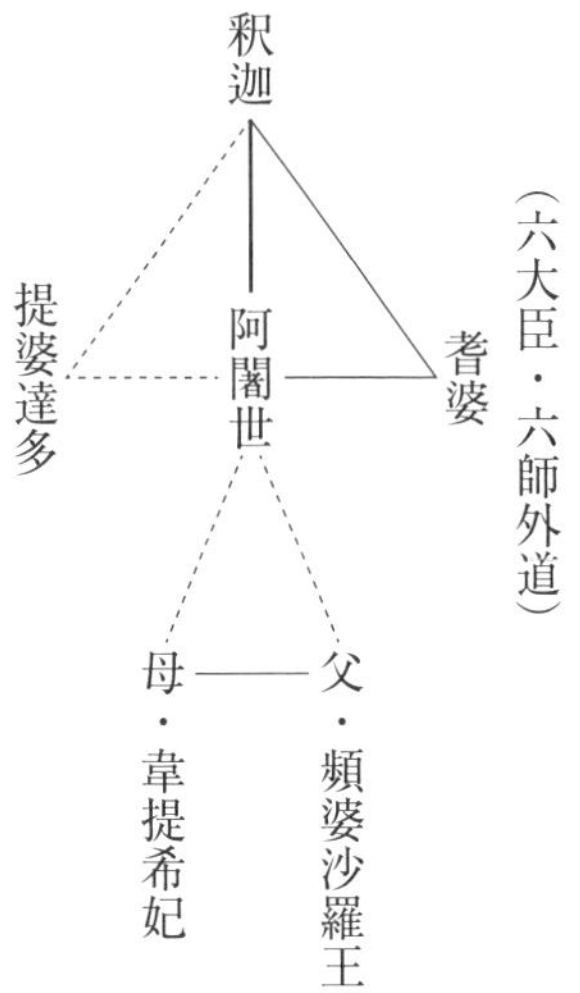

阿闍世誕生の因縁譚：頻婆沙羅王夫妻は長いこと跡取りの子宝に恵まれなかった。王が年老いて子のないことを嘆くと、占い師が「山中に住んでいる一人の仙人が三年後に死んで王子に生まれ変わる」と予言した。だが王はその三年間が待てなかった。家臣に命じて仙人を殺害してしまう。仙人は死に際に「王はまだ三年の寿命のある私を家臣に命じて殺させた。私も王の子に生まれ変わって同じように家臣に命じて王を殺すであろう」と、呪いの言葉を残す。予言どおり、その夜、韋提希妃は懐妊する。頻婆沙羅王五十三歳のときだったとされている。喜びも束の間、占い師から「お腹の子はやがて父王を殺すことになるだろう」と告げられる。不吉な子を産むことを恐れた王は、妃と共謀して、高楼から産み落として子殺しを企てる。幸運にも、赤ん坊は小指一本折っただけで死をまぬがれた。

この子が阿闍世である。阿闍世は未生怨を宿命づけられてこの世に出生したのである。父殺しという宿業を埋め込んだのは、外ならぬ父の頻婆沙羅王であり、母の韋提希妃であった。阿闍世は両親の共同謀議による子殺しというトラウマ（心的外傷体験）を生まれながらに背負っていたのである。

提婆達多《だいばだった》の唆《そそのか》し：提婆達多は、釈迦の従弟で、十大弟子の一人である阿難の兄弟とされている人物である。いろいろの経典で提婆達多は極悪人として取り上げられており、彼の存在は、キリスト教におけるユダに相当する。二人の悪人については、第四章で取り上げる。

彼は、近親憎悪のせいか、釈迦の教団が隆盛を誇るのに深い嫉みと嫉妬に身を焦《こが》し、いつかは釈迦を殺して教団を乗っ取ろうと悪心を抱いていた。彼には、釈迦の庇護者である頻婆沙羅王の存在が邪魔であった。そこで、太子の阿闍世に取り入って、「あなたは父王を殺して新王になられよ。わたしは釈迦を殺して新仏となりましょう。二人で国を治めようではありませんか」と逆罪をもちかけた。これを聞いて驚きためらう太子の耳元に、例の出生の因縁譚をまことしやかに囁いて、父王殺しと王位簒奪を唆したのである。

この因縁譚は、実は、太子の指が折れていることから思いついた提婆達多の巧みな作り話だとされている。三明智彰によれば、阿闍世の命名の由来についても、本来の不生怨（怨みを生まない者）という意味から「不」を「未」にすり替えて未生怨（生まれる前から怨みをもつ者）と狡猾に言い換えたのである。

何も知らないまま育った阿闍世太子は雨行大臣にことの真偽を確かめた。大臣の答えは提婆達多の因縁話と異なるものではなかった。二人の悪者は結託して口裏を合わせていたのである。この出生の秘密の暴露が「王舎城の悲劇」の発端となったのである。

父王の死と阿闍世の苦悩：提婆達多の唆しを真に受け、その気になった阿闍世太子は、無道にも雨行大臣に命じて父王を七重の牢獄に閉じ込め、誰も近寄らせず、食事も断った。そして父王幽閉後、みずから王位についた。父王は七日後に命尽きた。頻婆沙羅王六十七歳、阿闍世十六歳の時だったという。

阿闍世は父王の死を知って、今更ながら、自分の所行の罪深さにおののき、後悔の念に苛まれた。そのせいで、悔《げ》熱《ねっ》（後悔の熱）を生じ、身体中腫れ物ができた。その腫れ物は穢《きたな》く、誰も近寄れないほどの悪臭を放った。阿闍世は、「自分は、現世で今このような報いを受けている。これはおそらく地獄堕ちの予兆であるに違いない」と罪の報いに怯え、地獄に堕ちることを怖れた。

母の韋提希は、心配して阿闍世の体にさまざまな薬を塗ってやったが、その介抱の甲斐もなく、腫れ物の瘡《かさ》は治るどころかますます増えてひどくなった。阿闍世は母に語った。「私のこの瘡は、心から生じたもので、体からできたものではない。どんな名医でもこの病を治せる人は誰もいない」と。阿闍世は、自分の体にできた腫れ物が心因性の皮膚病であることを自覚していたのである。

二　六大臣の見舞いと耆婆《ぎば》の説得

ここまでの悲劇のあらすじは、阿闍世の発病の経過を示す「阿闍世王物語」の序文に相当する。これからの治療過程が経典でどのように語られているかが本節の関心事である。

『大般涅槃経』は、まず、六人の大臣が病に苦しむ阿闍世王を見舞い、慰めの言葉に合わせて、それぞれが支持する六師外道の説を紹介するという筋立てになっている。そこには、釈迦による阿闍世救済の見事さを対比的に際立たせようとする経典作者の思惑がある。

六師とは、釈迦在世当時有力であった六人の著明な自由思想家のことであり、外道とは、仏教以外の説という仏教の側からみた蔑称である。六師は、伝統的なバラモン教とは一線を画していた。カースト制の頂点に立つバラモンたちの形骸化した儀式や権威主義を否定し、呪術的道徳的拘束から民衆を開放しようとした。実は、釈迦もこうした宗教改革者の一人だったのである。

六大臣の見舞い

登場する六大臣と六師の名前を表に示す。

【大臣】	【六師】	【教説】
月称	プーラナ・カッサパ	（虚無論者：善悪道徳・因果応報の否定）
蔵徳	マッカリ・ゴーサーラ	（宿命論者：決定論・王法至上主義）
実徳	サンジャヤ・ヴェーラティプッタ	（不可知論者・懐疑論者）
悉知義	アジタ・ケーサカンバリ	（唯物論者：断滅論・身体即霊魂）
吉徳	パクダ・カッチャーヤナ	（唯物論者：霊魂不滅・殺害不在）
無所畏	ニガンタ・ナータプッタ	（ジャイナ教の開祖：戒律の厳守）

六大臣と阿闍世王のかかわりはすべて同じ四段階構成になっている。重複する部分が多いので、それぞれの段階を簡潔にまとめて紹介する。

㈠　大臣たちの見舞いの言葉

六大臣たちは、父王殺害の事情をよく知っており、あまつさえ事件に加担していたかも知れないはずである。それなのに、阿闍世王の悲惨な有様を見かねて見舞いに訪れ、異口同音に「身痛とやせん、心痛とやせん」と尋ねて申し上げる。

「大王、どうかなさいましたか。なぜそのようにおやつれになり、顔色がすぐれないのですか。王たるもの威厳がなくてはなりません。それなのに、そのみすぼらしいお姿はなんですか。まったく王らしくありません。体に痛みがあるのですか、それとも心の痛みですか」。

㈡ 阿闍世王の懺悔の告白

大臣たちの見舞いの問いに、阿闍世王が答えて言う。

「大臣、どうして身も心も苦しまずにおれよう。慈しみ深い無罪の父を私は無道にも殺《あや》めてしまった。その報いで今、心に悔熱《げねつ》を生じ、それが原因で身体に瘡病《そうびょう》が生じたのである。私は愚かであった。悪友とばかり親しんで悪行を重ね、あの提婆達多の唆しに乗ってしまった。私はかつて智者が『五逆を犯した者の報いは堕地獄である』と言うのを聞いたことがある。罪深い私が地獄に堕ちることから免れるはずはない。堕地獄は必定である。だから、心は恐怖にとらわれ、苦悩にうちひしがれているのだ。この身心の苦痛を癒してくれる名医などこの世に誰もいないだろう」。

㈢ 大臣たちの慰めの言葉と六師の説

六人の大臣たちは、王の嘆きを聞いて「大王、どうかそのように愁い沈まないでください。愁い苦しんでいると、愁い苦しみはますます増すばかりです」と慰め、「大王は、この世の中に自分の身心の病を治せる医者はいないとおっしゃいましたが、いま王舎城に名医がいます。彼はこう説いて人々の病を癒しています」とそれぞれ六師の思想を紹介する。それらはいずれも、仏教の基本教義である因果応報や縁起の道理を否定することによって、阿闍世王無罪説と地獄不在説を説いたものである。そして最後に「このように考えれば、なにも愁い悲しむことはありません」という言葉で結ばれる。

大臣が語る六師の説は、経典では、華美に装飾され、論拠も詳しく説明されているが、冗長で重複も多いので骨子を整理すると、およそ次のようにまとめられる。

善悪道徳否定説：「悪業といわれるものはない。したがって悪業の報いもない。また善業というものもない。したがって善業の報いもない。善悪の行為などというものも、善悪の報いなどといわれるものもない」。行為そのものに善悪の区別はなくその報いもない、と善悪の道徳を否定し、因果の道理も否定するのである（月称・プーラナ）。この説は非業論と呼ばれる。

因果応報否定説：前述の道徳否定説に似ているが、ここでは善悪の否定よりも、因縁の否定に重点がある。あらゆる存在は、因も縁もなく生滅するという考え方である。悉知義は言う。「この世に因縁によるものなどない。ただ偶然によるのだ。すべては自然に生まれ、自然に死んでいく。因縁がないのだから、善因善果、悪因悪果といった因果応報などもない。善悪の価値そのものがないのだから、罪の報いを怖れることはない」。この思想は無因無縁説・自然決定論と呼ばれる。

宿命論：人間は誰でもみんなその人特有の宿業を背負っている。その業が原因となって生死の苦しみを受けるのである。苦楽の果報は、現世における業（行為）によるのではなく、過去世の業が原因である。現在はその結果に過ぎない。父王にも何らかの罪業があったから、それが縁で殺害されるハメになったのであり、それは自業自得であるから、王には何の罪もない、という蔵徳や実徳の論理である。この宿命論の意味するところは、すべてはただ定められたパターンで動いているだけであるから、人間の意志や努力の介入する余地はないということである。

殺害非存在説：この世に殺害などというものはない。それゆえ、殺害の罪もない、というアジタやパクダらの唯物論者の説である。いくつかの説明の仕方があるが、ゼノンの「アキレスと亀の逆説」を思わせる詭弁である。たとえば、もし不滅の実体（要素・霊魂）があるなら、それは永遠に不滅なのであるから、殺害することはできない。逆に不滅の実体がないのであれば、すべてのものは無常で一瞬一瞬消滅するから、殺害のしようがない。殺す者も殺される者もいないし、罪を背負う者もいない。

王法至上主義：蔵徳、実徳、無所畏らの諸大臣は王法至上主義の阿闍世王無罪説を説く。「世間の法には、出家の法と王法の二種類がある。出家の法においては蚊や蟻を殺しても罪になるが、王法にしたがえば、国や人民を公平に安んじるために、政治上の理由で父や兄を殺しても王は無罪である。また、王が法であるから、自由に、思うままに善悪の基準を作ることができる。世間から見てどんな悪を行っても罪を受けることはない」。

地獄不在説：「大王は、五逆罪を犯した者は地獄入りを免れない、と聞かれたそうですが、『地獄がある』などと誰がたぶらかしたのですか。実際に見てきた人がいるのですか。地獄などと言っても、それはただ世間の知恵者の創造物にすぎません。存在しないものを怖れることはありません」（月称、悉知義、吉徳）。

また、悉知義は、「昔も今も、父を殺して王位についた者は大勢います。でも、悩み苦しんでいる王はひとりもおりませんし、一人として地獄に堕ちた王がいるなどという話を聞いたことがありません」とも言っている。

パクダ（吉徳）は、地獄を心のあり方の問題として捉えている。「もし人が衆生を殺しても、心に慚愧の念を起こさなければ、決して地獄には堕ちない。これに反して、心に慚愧の念が生じれば、地獄に堕ちる」。地獄は人の心の中にあり、慚愧の有無で決まる。言い換えると、地獄とは死んで堕ちる先ではなく、生きて味わう塗炭の苦しみのことであるというのである。この考え方にしたがえば、阿闍世王はすでに地獄に堕ちている。それゆえ、慚愧の念を捨てさえすれば、堕地獄の苦しみを脱することができると説くのである。

以上が大般涅槃経に記述されている大臣たちの話の概要である。六師の説は完璧な合理主義によって罪に対する苦悩を無意味化しようとするものであった。彼らの思想は、当時の堕落したバラモン僧たちの説く呪いや祟りなどによって縛られ苦しめられていた民衆を彼らのエセ道徳から開放する、という意義があった。詭弁を弄してまで極端な善悪道徳否定論を展開したのはそのためだったのである。一方、ジャイナ教の開祖であるニガンダの思想は、道徳否定論の対極にあり、戒律を厳守し極端な禁欲と苦行の実践を求める道徳肯定論である。同じバラモン教批判の立場にありながら、当時の思想界は両極に分裂していた。このような時代思潮のなかで、釈迦は、二辺（両極）を離れる中道を説くのである。

㈣ 王の言葉

大臣たちがそれぞれに、六師のところへ行って直接話を聞いて身心の苦痛を治療してもらうように口をそろえて言上したのに対して、王は答えて言う。

「大臣、君が言うとおり、その師がまことに私の罪をみな取り除いてくれるのなら、彼に帰依しよう」。

だが、大臣や六師にいくら「罪はない、地獄もない、だから悩むことはない」と理論的に説得されても、阿闍世王は心から納得することができず、身心の苦痛が取り除かれることはなかった。

㈤ 総括

阿闍世は、現に今、悩み苦しみ、もだえている。現に縁起しているあらゆる事柄は、可能性としては、縁次第でいかようにも「別様に縁起しうる」。同じ殺父の罪を犯した他の王たちが平気であったように。でも、阿闍世は、現に今は、別様に縁起しえていないのである。罪に怯え、地獄を怖れ、実存的苦悩の最中《さなか》にある。

この事実を六大臣たちはしっかりと受け止めるべきであった。にもかかわらず、大臣たちは、阿闍世の心の微妙な機微にあまりにも鈍感で無頓着であった。そのため、彼らの慰めの言葉はとおり一遍で悉く的外れであった。大臣たちの言葉は、いずれも阿闍世の悔悟の気持ちを無視し、あまつさえ巧妙に拒絶さえしているのである。心理療法家にとって、六大臣と六師は反面教師であった。心理療法の禁じ手を使っているからである。これでは、阿闍世の深い実存的苦悩を解消する業縁となりうるはずがない。背を向けられるのは当然である。

身も心も病に疲れ果てている阿闍世に今必要なことは、まず十分な休養と睡眠をとることであり、気力と体力がある程度回復した後、自分の犯した取り返しのつかない罪と誠実に向き合うことである。それには彼の苦悩をまるごと共感的に分かち合ってくれる善友の存在が必須の条件である。大般涅槃経には、釈迦が弟子に「救いの道として善き友を縁とすることより尊いものはない」と説いて聞かせる記述がある。

考えてみると、大臣たちは政治家であり、六師は思想家である。精神療法の臨床家ではない。共感性に欠けるのもやむをえない。その点、最後に登場する侍医・耆婆《ぎば》の対応はまったく違う。さすが名医の誉れ高い医者である。彼は、阿闍世の信任がもっとも篤く、釈迦の帰依者でもあった。

㈥　耆婆の説得

耆婆は、諸説あるが一説によれば、頻婆沙羅王と娼婦の間に生れた子であった。二年後に阿闍世が正妻の子として誕生し、二人は異母兄弟であるといわれている。耆婆は己をよくわきまえ侍医として頻婆沙羅と阿闍世の二王に献身的に仕えた。それゆえ、二王の信任がとても篤かったという。

安眠されていますか：耆婆が見舞って話しかける第一声は、「大王、近ごろ安眠されていますか」である。病に苦しんでお休みになれないのではないかと気遣っているのである。

この耆婆の会話の入り方は、六大臣の「そんなにおやつれになって、どうなさったのですか」というのと、臨床語用論的な効果は雲泥の差である。臨床語用論とは、心理臨床における言葉の使い方とその効果に関する理論のことである。この一言で、耆婆は、阿闍世王の心を捉え、二人の間に共感的な信頼関係が醸成される。マルチン・ブーバーの実存的関係でいえば、「我と汝」である。六大臣の場合は、「われとそれ」関係でしかなかった。

王は、六大臣へ語ったのと同じ懺悔の言葉を繰り返して最後に「このような罪深い私がなんで愁えずにおれようか、安眠などできるはずがない」と訴える。その後の耆婆の王への語りかけも六大臣とはまったく異なる。

善きかな善きかな：この訴えを受けて耆婆は王を称賛する。「大王、善いことです。善いことです。あなたはたしかに罪をつくられましたが、心に深く悔いて、慚愧の気持ちを持っておられます」と申し上げて、「悪行をしても悔い改めて懺悔すれば、すべての罪は消され、きれいな身心となる」という釈迦の懺悔滅罪説を紹介する。

ここで、「愁いてはなりません。愁うれば愁いはますます増します」という六大臣の言葉を思い出してほしい。しかも、大臣の一人は「慚愧すれば地獄に堕ち、慚愧しなければ地獄に堕ちることはない」とさえ言っているのである。その違いは歴然としている。耆婆は、「それは善いことです」とまず共感的に受容して、「愁い苦しみのなかでこそそれを超えることができる」と慚愧の意味を肯定的に転換しながらさりげなく慚愧の気持ちをもつことの大切さを語っている。この耆婆の言葉のなかに、今日の心理療法のリフレーミング技法が期せずして見事に胚胎されている。

ただ、耆婆は、阿闍世が慚愧していることを称賛しているだけであって、けっして「慚愧せよ」と勧めているわけではない。すでに十分慚愧している阿闍世に、さらに「慚愧せよ」と指示することは、三明智彰の言い方を借りれば、「傷口に塩をすり込むようなこと」になるだけである。「慚愧せよ」と言われたからといって慚愧できるものでもない。懺悔は滅罪であるが、滅罪のために懺悔するのではない。

釈迦の紹介：耆婆は、釈迦の人柄がいかに慈悲深く、その説法がいかに巧であるかということを、十三もの治療例をあげながら言葉を尽くして説明する。さらに、釈迦は時宜をよく心得て真理の言葉で説き、相手の性質や能力に応じて方便を用いて語る、と対機説法にも触れている。それは六師外道の遠く及ぶところではない。この無上の名医である釈迦に救いを求めるよう進言する。

だが、耆婆の話を聞いても、阿闍世王は「自分のような地獄堕ちが定まっている極悪非道の人間を受け入れてくれるはずがない」と釈迦のもとに訪れることを躊躇する。

天の声：その時である。天から亡き父の声が聞える。「今まさに尊い御教えの灯火が消えようとしている。釈尊がこの世を去ったら、お前の地獄堕ちの重罪を救える人はいなくなる。お前を哀れむからこそ言っているのだ。邪見の六大臣の言葉に惑わされることなく、急いで耆婆の言うことに従って釈尊のところに行きなさい」。父の声を聞いて、阿闍世は悶絶して地に倒れる。瘡病はなおいっそう激しくなり、悪臭はますます強まるばかりであった。

天の声とは、いうまでもなく、阿闍世自身の心の内奥に響く葛藤の声である。阿闍世は、殺父の罪悪感に悩まされていたし、その業報として堕地獄を怖れていた。この業病を治せるのは釈迦しかいないと耆婆は言う。しかもその釈迦は高齢であり入滅間際である。今しかない。でも動けない。これを突き破るためには、自分の心の奥底に内在化した父親の権威を借りる以外にない。自分の退路を断ったのが天の声だった。そして、この激しい葛藤が極限に達したとき、阿闍世はヒステリー発作を起こして失神したのである。これは血のにじむような心の葛藤が地獄そのものであるとする考え方からすれば、悶絶は地獄に堕ちたことを象徴的に暗示しているように思われる。

三　釈迦による救済

㈠「阿闍世の為に涅槃に入らず」

阿闍世が悶絶して倒れたのを知って、釈迦は弟子たちに「阿闍世の為に涅槃に入らず」と宣言する。こんなに悩み苦しんでいる者を置き去りにしてこの世を去ることはできないと言ったのである。「私は阿闍世と共にある」という阿闍世の実存への呼びかけであった。

これを聞いた高弟の迦葉が「世尊は、すべての衆生の為に入滅をひかえるべきなのに、なぜ阿闍世の為とおっしゃるのですか」と問う。それに応えて釈迦は「私が『為に』と言っているのは一切凡夫の為を意味し、『阿闍世』というのは五逆罪を犯した一切の衆生を意味しているのである」とその意味を諭す。

この言葉のなかに「一即一切、一切即一の論理」、つまり、「個別と普遍」の関係が率直に述べられている。「阿闍世の為に」というのは、阿闍世一人のことを指しながら、実は深い悩みをもつすべての人びとの為だったのである。しかしここで、「一切衆生の為に」と一般論で言わないで、あくまでも「阿闍世の為に」と言っているところがミソである。釈迦の実存主義者としての面目躍如といったところである。『歎異抄』に「弥陀の五劫思惟《ごこうしゆい》の願をよくよく案ずれば、ひとえに親鸞一人《いちにん》がためなり」という言葉があるのはよく知られている。親鸞は「弥陀の五劫思惟の願」が一切衆生に向けられたものであることぐらい百も承知している。それをその他大勢の一人としてではなく、唯一絶対の存在である「親鸞一人がためである」と主体的に自覚したのである。弥陀と親鸞との絶対的な一対一の実存的関係こそが信心の大前提なのである。釈迦が、あえて「阿闍世の為」と言ったのにはこのような意味があったのである。このことを伝え聞いた阿闍世王は、親鸞がそうであったように、釈迦の慈悲を自分一人《いちにん》のこととして深く受け止めることができたであろう。

(二) 月愛三昧《がつあいざんまい》

「阿闍世の為に涅槃に入らず」と宣告して、釈迦は静かに禅定に入る。これを「月愛三昧」という。「三昧」とは、心の定まった寂静な禅定のことであり、「月愛」とは、釈迦の慈愛の心から放たれる光を月光に譬えたものである。涅槃経の記述によれば、釈迦の月愛三昧によって放たれる清澄ですがすがしい光明に包まれて阿闍世の身体の瘡病がきれいに癒された。

むろんこれは釈迦の超能力による奇跡ではない。いくら偉大であるとはいえ、人間釈迦にそのような力はない。釈迦は、月愛三昧によって、沈黙の中で、阿闍世の苦しみに寄り添った。仏教に「感応道交」という言葉がある。阿闍世の苦悩とそれを救いたいという釈迦の慈悲心とが相呼応して、一つに融合する状態をいう。この感応道交によって、阿闍世は、釈迦の深い慈悲心を感じるとともに、自分自身の深い影に気づき、自らの罪に向き合うことができたのである。

㈢「大王よ」という呼びかけ

耆婆の誘いでようやく決心のついた阿闍世は、やつれてみすぼらしい姿で釈迦のもとを訪れ、大勢の聴衆の片隅におそるおそる坐る。それを見た釈迦は、「大王よ」と呼びかけた。これは、月愛三昧からおのずと口を突いて出た釈迦の慈悲の声である。しかし、阿闍世は、まさか自分が「大王」と呼ばれるはずがない、群衆の中の他の誰かなのだろうと左右を見回した。そのとき、釈迦は、今一度「阿闍世大王」と声をかけた。

それを聞いた阿闍世王は、釈迦が極悪人の自分の存在を認め、受け入れてくれたことを知って、感動し喜びが込み上げてきた。阿闍世は釈迦に向って言った。「世尊よ、今こそ私の疑心はまったく消えました。如来がまことに衆生の至上の師であることを決定的に知りました。……如来にお会いし、ひとこと言葉をかけていただいたこの嬉しさにまさるものはありません」。釈迦の呼びかけのひと言で阿闍世の迷いは消え、心が定まったのである。

㈣身の二十観

釈迦は正法の要を説くにあたって、まず、「身の二十観」を阿闍世に実践させる。二十の側面から我が身を一つひとつ観察するのである。そうすることによって、心にさまざまな事柄が生じ、存在し、そして消えていくあり様に気づくことができる。ものごとはすべて絶えず変化し、実体のない無我であることを自覚することができるならば、心が静まり、不安や怖れから離れることができるのである。

身の二十観を行って、阿闍世王は、これまで一度もこのように我が身を観察したことがなく、それゆえ、悪行を重ね、自分自身で禍を招き、地獄に堕ちることを怖れていたことにはっきりと気づいた。自分の罪悪感や恐怖心に対してメタ認知の視点を得たのである。

いまや、釈迦の説法を受け入れるレディネスは十分整った。

㈤ 釈迦の説法

釈迦の偉大さを際立たせるために、六師外道の説を前座に置いたはずにもかかわらず、釈迦の説法は意外にも六師外道の思想と似ている。釈迦の阿闍世に対する長い説法は、多義的で多面的である。その中には、到底納得できないものや、詭弁としか思えないものもある。経典作者の筆がすべったとしか言いようがない。もし釈迦本人がこの経典を読んだとすれば、びっくり仰天して「これは私でない私です」と嘆いたに違いない。

そのような部分は割愛して、釈迦の説法の中核である縁起説に基づく肝心な個所だけを取り上げる。

一切不定《いっさいふじょう》：釈迦は開口一番こう阿闍世に語りかける。

「云何《いかん》ぞ説《と》きて定《さだ》んで地獄に入《い》ると言わん」。

「すべてのものは無常で、定まったものはなにひとつないのに、なぜ必ず地獄に堕ちると言うのか」と問いただすのである。智者から聞いた話にせよ、「定入地獄」（地獄に入るのは必定である）と自分勝手に思い込むのは「決定《けつじょう》の邪《じゃ》見《けん》」である。この「決定の邪見」へのとらわれが阿闍世の苦悩の原因なのである。それゆえ、そのとらわれから解放されれば、おのずと苦悩を取り除くことができる。これが釈迦の治療原理である。その中核をなす思想が、第一章で述べた「非有《う》非無《む》にして、またこれ有《う》なり」という「不定《ふじょう》の論理」である。

たとえば、はじめの因縁譚を例とするならば、阿闍世の殺父は、父頻婆沙羅王と母韋提希妃の共謀による子殺しを因とし、提婆達多の唆しを縁とする果として起こったことである。逆にいえば、このような因と縁が働かなければ、起こりえなかったことなのである。縁起説にもとづけば、「殺父は、〈有る〉ともいえないし（非有）、〈無い〉ともいえない〈非無〉。でも現象としてはたしかに起こっている〈有〉」。これを「殺不定」という。少しややこしいが、釈迦独特の言い回しである。「殺人は罪である」、「その罪報として地獄に堕ちる」などの言明についても同じ「不定の論理」で説明される。

釈迦は「不定の論理」を用いて、「一切は不定なるがゆえに、殺も罪もまた不定であり、殺も罪も不定ならば、なんで地獄に堕ちるのが必定であると言えるのか」と阿闍世の「決定の邪見」を打破するのである。ここで注意を要することは、六師外道の説く「罪はない、地獄もない」というのも「決定の邪見」であるということである。釈迦は罪があるともないとも、また地獄があるともないとも、どちらとも言っていない。ただ、この世の一切のことは縁起なるがゆえに不定であると説いているのである。

同罪論：不定の論理は、阿闍世の理性に訴える極めて論理的・合理的な説論である。これに対して釈迦の慈悲心がもっともよく現れているのが、次の同罪論である。釈迦は言う。

「もし阿闍世王に罪があるのであれば、私にも同様に罪があることになる。なぜなら、あなたの父、頻婆沙羅王はいつも私に供養し善根を積んでいた。そのせいで王位についたのだ。私が施しを受けなければ、王になることはなかった。王にならなければ、王位簒奪のためにあなたが父王を殺害することもなかったはずだ。それゆえ、あなたが父王を殺して罪を作ったことには、私にも責任がある。そのように考えれば、あなたの罪は私の罪でもある。もし私に罪がないのであれば、どうしてあなた一人にだけに罪があるといえるであろうか」。

「罪あることなかりけん」という言葉は、けっして殺父に罪はないと言っているのではない。阿闍世の殺父は現実に起こった重罪である。しかしそれはさまざまな因縁によって生じたものであり、その縁の一つに自分も関わっている。だから、その罪を阿闍世とともに背負おうとまで言っているのである。その真意は、「もし阿闍世が地獄に堕ちるのであれば、私も一緒に堕ちようではないか」ということである。なんと慈悲心に溢れた言葉であろうか。これは、冒頭の「阿闍世の為に涅槃に入らず」という言葉に劣らず阿闍世の心を打ったはずである。

四　阿闍世の回心

無根の信：阿闍世王は、釈迦の慈悲深い説法を聴聞して回心する。

「世尊、伊蘭の種子からは悪臭を放つ伊蘭樹しか生えないのに、私は今はじめて、伊蘭の種子から芳香の栴檀樹が生えたのを感じました。伊蘭の種子とは身体から悪臭を放つ私のことであり、栴檀樹とは釈尊の教えによって私の心に芽生えた『無根の信』のことです。無根とは、仏・法・僧の三宝に帰依したことがなく、とうてい救われる因縁のないことです。そんな私が信心を得たのですから、『無根の信』というのです」。

この無根の信によって清浄な身心を得ることができた阿闍世は、その感謝の気持ちを告げる。

「世尊、もし世尊にお会いすることがなかったら、おそらく私ははかりしれない長い間地獄に堕ちて苦しむことになったでしょう。ところが今、仏を目の当りに見奉《みたてまつ》ったお陰で、大きな功徳を得ました。それを一切の人びとと分かち合い、煩悩や悪心を取り除きます」。

この言葉を聞いて、釈迦は深くうなずき、微笑みながら、「王よ、よいことである。私にはあなたが煩悩や悪心を取り除くことがわかっている」と讃めたたえた。

堕地獄も辞さず：阿闍世王は言葉をついで言った。

「世尊、もし私が人びとの煩悩や悪心を取り除くことができるのなら、無間地獄に堕ちて人びとに代って限りない苦しみを受けてもけっして苦しみとは思いません」。

これは、つい先刻まであれほど殺父の罪におののき、堕地獄に怯えていた阿闍世の言葉である。堕地獄を怖れていた者が、一転して地獄の衆生のために自分は救われなくていい、と堕地獄を真っ正面から引き受けようというのである。

だが、欲をいえば、冒頭の「阿闍世の為に涅槃に入らず」という釈迦の言葉と対比して、「提婆の為に堕地獄も辞さず」と阿闍世に語らせて欲しかった。その方が、地獄の一切衆生の為というより、物語としての劇的効果があるように思う。悪友だったとはいえ、提婆達多はかつては親しい友だったのである。その友が今地獄に堕ちて塗炭の苦しみを味わっている。その友の苦しみを共にしようと言わせるのである。むろん、「提婆の為」というのは、地獄に住している五逆の大罪を犯した極悪人たちすべての為を意味している。親鸞も、地獄堕ちを不可避とする提婆達多に自分を重ね合わせて、『歎異抄』で「地獄は一定すみかぞかし」と語っている。芹沢俊介の言葉を借りるならば、「自分ひとり救われることを拒み、提婆達多の堕ちた地獄に自分も堕ちるという選択をする阿闍世にこそ真の救われた姿が見出せる」のである。

後日譚《ごじつたん》である。釈迦に救われて帰依した阿闍世王は、釈迦入滅後、その教えが散逸したり歪曲されることなく正しく伝わるように、高弟の迦葉を首座として五百人の仏弟子たちを集め、第一回結集《けつじゅう》（仏典編集会議）を開催し、その大施主となって財政的に援助した。その後も仏教教団を厚く外護して、仏教の発展におおいに貢献した。政治的には、マガダ国王である阿闍世は、釈迦布教の二大拠点の一つであるコーサラ国を平定して北東インドの覇者となった。しかし、その阿闍世王自身もまたのちに息子から殺害される。因果は巡るのである。

五　釈迦の治療法についての考察

最後に、精神療法家としての釈迦の教説と技法に焦点を当てながら、全体の総括と考察を試みる。

まず最初に、釈迦は、「阿闍世の為に涅槃に入らず」と阿闍世の実存に呼びかけて、みずから「月愛三昧」に入る。そして阿闍世には「身の二十観」を実践させるのである。その後、「不定の論理」を中心とした縁起説の説法を行う。

釈迦の治療原理は、阿闍世の「決定の邪見」を打破して、「不定の論理」によって苦悩から解放することであった。釈迦の治療法は、阿闍世の心の琴線に触れるようなきめの細やかさである。情理を尽した釈迦の説法にさしもの阿闍世も心から回心する。これが釈迦による阿闍世の治療の概要である。ここでは「瞑想法」に絞って、少し詳しく検討する。

サマーディ（禅定）：釈迦の瞑想法は、サマタ瞑想とヴィパッサナー瞑想の併用であった。第一章で述べた「サマタ・ヴィパッサナー（止観）」の説明を思い出して欲しい。

月愛三昧の「三昧」をパーリ語でサマーディ（samādhi）という。一つの瞑想対象に意識を集中して禅定に入り、主客融合した究極の意識状態のことである。このような集中瞑想をサマタ瞑想と呼ぶのである。釈迦にとってその瞑想対象は阿闍世の苦悩であったろう。月愛三昧は、これに「幸せでありますように（慈）、苦しみがなくなりますように（悲）、願がかないますように（喜）、安らかでありますように（捨）」の四無量心を念ずる「慈悲の瞑想」を組み合わせたものであると考えられる。

仏教においては、日光は仏の智慧、月光は仏の慈悲のメタファーとしてよく用いられる。日光には、世界を隈無く隅々まで明るく照らし出し、闇をはらって真実に目覚めさせる智慧の働きの意味が込められている。ただし、昼間の太陽がそうであるように、輝きが増すほど影が濃くなる。光と影がくっきりと二分されるのである。これに対して、月光には、夜の暗闇をほのかに照らし、心の闇を柔らかく包み込む慈悲の働きがこもっている。光と闇が共存し、一つに溶け合っている感じである。夜道に迷ってひとり孤独に苦しんでいる阿闍世にとっては、黙して語らぬ静寂な月の光の方が、どんな多くの言葉より、はるかに心強い助けとなったことであろう。

心理療法の治療者のとるべき基本的態度として、doing mode と being mode とが区別される。治療者は症状の改善や問題の解決のために、何か言わなければ何かしなければ、と doing mode に強迫的に駆り立てられる。でも一方で、あれこれ言葉で慰めたり何かをするのではなく、ただ黙ってそばにいて患者の苦しみをありのままに受けとめること（being mode）も重要である。鍋島直樹は、月愛三昧の意義を端的に“Not doing（for you）, But being（with you）”と表現している。（　）は筆者が加えた蛇足である。

奈良の薬師寺金堂には、薬師如来を中尊とし、日光菩薩を左脇侍、月光《がっこう》菩薩を右脇侍とする薬師三尊が祀られている。薬師如来は現世での病苦を取り除く医薬を司る仏である。これをコメディカリストとして脇から支えるのが日光菩薩と月光菩薩である。病気平癒には日光（智慧：doing mode）も月光（慈悲：being mode）もともに必要だということが象徴的に示されている。

サティ（気づき）：釈迦は、みずからが月愛三昧に入るとともに、阿闍世には「身の二十観」を行わせている。これは、「観」の語が示すように、観察瞑想、つまりヴィパッサナー瞑想のことではないかと推察される。第一章で説明したように、ヴィパッサナー瞑想は、気づきのサティにサマーディの集中を組み込んだ「サマーディを伴うサティ」の実践を重視する。

「今、ある考えにとらわれている」。「とらわれている」ということは「かたよっている」ということである。現代の認知療法は、かたよった考え（認知の歪み、あるいは不合理な信念）をソクラテス式反駁的対話法によって積極的に変化させようと試みる。だが、ヴィパッサナー瞑想では、その考えにサティを入れ、自覚的な気づきによって、とらわれから解放されることを目指す。サティの光に照らされることによって、おのずからその考えに変化が起こるのである。

「月愛三昧」や「身の二十観」は、いわば今日のマインドフルネス瞑想の源流ともいうべきものである。

間サティ感応道交：サティは当人の心の中だけに起こるきわめて主観的なものである。だからといって、完全に当人だけに閉ざされたものでもない。『大念処経』においても「内（自己）と外（他者）の身（受・心・法）において身を観《み》つづけること」が随観法の基本とされている。気づきは表情や身振り、話し方など何らかの形で外に現れる。それを共感的に理解し、受容することはできる。また、サティの光を自分の内面だけでなく、相手の心に当てることもできる。慈悲や思いやりがそうである。相手がサティに入りやすくなるためには、釈迦がみずから月愛三昧に入ったように、自分自身がなにがしかのサマーディを体験しておくことが前提条件である。

現代の心理療法において、面接場面で起こるサティの相互性が重視されている。信頼関係のある二者間の相互作用においては、自分の気づきが相手に気づかれ、相手の気づきが自分に気づかれるという感じ、つまり、気づきの共鳴が起こることがある。筆者は、これを「間サティ感応道交」と名づけている。それは三つの側面からなっている。

（一）自分の気づきを深めること
（二）相手に気づきが起こりやすくなるよう配慮すること
（三）相手の気づきに気づくこと

デヴィッド・ロームは興味深い「マインドフル・フォーカシング」の技法を提案している。会話の中で、聞き手は、①黙って相手の話に注意を集中する、②話を傾聴しながら自分自身の内に自然にわき起こる「質問したい」、「助言したい」、「慰めたい」、「自分の経験を話したい」といったその時々の思いに一つひとつサティを入れる、③元に戻って相手の話に注意を集中する、これを繰り返すのである。これに加えて、自分が話し手になったとき、「あなたの話を聴いて私はこういうことに気づいた」と自分のサティをありのままに自己開示すれば、互いに鏡となって、サティを映し出し合うことができる。これによって、「間サティ感応道交」がさらに広がり深まることが期待されるのである。

今、阿闍世の心を独占しているのは、殺父の罪悪感と堕地獄の恐怖心である。月愛三昧のサマタ瞑想によって研ぎ澄まされた釈迦の意識に感応して、阿闍世は、ヴィパッサナー瞑想によってその一つひとつにサティの光を当てることができた。その結果、それらの感情から解放されたのである。経典に、阿闍世が「無根の信」を告げると、釈迦は深くうなずいて、微笑みながら、「王よ、よいことである。私にはあなたが（サティによって）煩悩や悪心を取り除くことがわかっている」という二人の会話が記されている。これが、釈迦と阿闍世の間の「間サティ感応道交」の謂いである。このように解釈してはじめて『王舎城の悲劇』の意義を現代の心理療法に蘇らせることができるのである。

二千数百年前の『阿闍世王物語』には、いつの時代でも起こりうる赤裸々な人間関係の現実の姿が如実に描かれている。これは、現代の私たち自身の物語である。しかも、『大般涅槃経』に記述されている釈迦による阿闍世救済のプロセスは、今日の心理療法家にとってきわめて示唆に富んでおり、看過できない内容を含んでいる。

第二節　韋提希妃の救い

仏教では、救いに至る道として「見仏聞法」が重視される。前節で述べた釈迦による「阿闍世の救い」は、どちらかといえば「聞治」に重点があった。聞治とは、「聞法による治」のことである。これによって阿闍世は「無根の信」を得ることができた。本節の主題である「韋提希の救い」は「観治」、すなわち「見仏による治」ということができる。『観無量寿経（観経）』に「見仏の法」による「韋提希の浄土往生」が具体的に記述されている。

「王舎城の悲劇」を取り上げた多くの経典の中で、端役にすぎない韋提希が主人公として登場するのは、『観経』だけである。観無量寿経は浄土三部経の一つであるにもかかわらず、なぜか親鸞の『教行信証』に引用されているのは涅槃経だけで、観経は引用されていない。観経はその名のとおり、釈迦が韋提希に無量寿（阿弥陀仏）と極楽浄土を観想させて往生させることを眼目とした経典である。

一　韋提希の幽閉

前節で述べたとおり、提婆達多の唆しを真に受け、その気になった阿闍世王子は、無道にも父王を七重の牢獄に閉じ込め、誰も近寄らせず、食事も断った。王妃の韋提希夫人は王の身を案じて秘かに食事を運び、釈迦は、高弟の目連と富楼那《フルナ》を牢に使わして法を説かせて頻婆沙羅王の心を安《やす》んじた。

　このことを知った阿闍世王は激昂して、「敵に加担したわが母は賊であり、妖術を使う沙門は悪人である」と罵り、剣を抜いて、母の韋提希を殺害しようとした。そのとき、近臣の月光《がっこう》と耆婆《ぎば》に「これまでも、王位を奪うために父王を殺した無道の王は大勢いましたが、母親を殺害したものはいませんでした。どうか母親を殺すことだけはおやめ下さい」と強く諫められ、思いとどまって、韋提希を牢に閉じ込めた。

　この母を幽閉するというエピソードは『観経』にしか出てこない。

二　韋提希の懇願

　阿闍世によって宮中奥深くに幽閉された韋提希は、憂い悲しみ憔悴し切って、釈迦のいる霊鷲山に向って救いを求めた。韋提希が礼拝し終わって頭をあげると、なんと釈迦が現前しており、左に目連、右に阿難が侍していた。韋提希は感激のあまり、身の飾りを引きちぎり、全身をなげうって号泣した。そしてこともあろうことか、釈迦に向って「私は過去に何の罪業があって阿闍世のような手に負えない悪い子を生み育てなければならないのでしょうか」と自分の宿業を怨み、また「どのような因縁があって、阿闍世を唆すような悪友・提婆達多が釈尊の御一族なのですか」と愚痴をこぼした。聞きようによっては「あなたの従兄弟なのになんで阿闍世を唆すことを止めてくれなかったのですか」といういやみの声にも聞える。

　もし提婆達多が囁いた阿闍世出生の因縁話が本当のことだったとしたら、頻婆沙羅王と共謀して仙人を殺し、その生まれ代りである阿闍世を高楼から生み落として子殺しをはかった悪業を、韋提希はすっかり忘却してしまっているようだ。

　韋提希の愚痴と不平を釈迦は黙って聞き入れ、ひと言「汝は凡夫なり。心おとれるものである」と言う。この凡夫というのは、だからこそ救いの対象であるという慈悲の言葉である。彼女は釈迦に、「我が為に広く憂悩無き処を説きたまえ。我当に往生すべし」と、苦悩のない清らかな安らぎの世界を観想し、そこに往生させてほしいと切々と懇願した。今ここにいながらにして極楽世界を如実に実感させて欲しいというのである。

釈迦は眉間より神々しい金色の光を放ち、まるでスクリーンに映し出すように、十方諸仏の浄土をくまなく現して見せた。彼女はすべてを見終わって、それらの浄土のうちから、阿弥陀仏の極楽浄土に生まれたいと願った。あたかも韋提希に選び取らせているかのようであるが、すべては釈迦の導くところであった。だから、彼女の選択は釈迦の本意にかなうものであり、彼は微笑で応えた。韋提希はついで、そこに往生するための方法をお授けくださるように請うた。釈迦が告げて言うには、「阿弥陀仏はここを去ること遠くない。あたかも明鏡をとって己の顔を見るように、かの浄土をあきらかに観じせしめよう。心ゆくまで想い観《み》るがいい。浄業が成就できるからである」と。

三　十三観のプロセス

ここまでが『観経』の序分である。これからいよいよ、正宗分（本文）に入り、韋提希と未来の一切衆生が極楽浄土を観想できる十六観の方法の説法が始まる。十六観は、初観から十三観までの雑念を鎮めて思いを凝らすことのできる人（定機）のための観仏三昧の善と、十四観以降十六観までの心鎮まらぬ者（散機）のための念仏三昧の善とに分けられる。

阿闍世の救いを述べた『大般涅槃経』では、釈迦自身が「月愛三昧」に入り、阿闍世には「身の二十観」を実践させている。前節では、これをサマタ瞑想とヴィパッサナー瞑想として考察した。これとの関連で本節では観仏三昧の十三観をサマタ・ヴィパッサナー（止観）瞑想として順を追って見ていく。

『観無量寿経』に描写されている浄土や諸仏は、浮き世離れして、あまりにも豪華絢爛でまばゆいばかりに表現されている。浄土はこの世とは別世界ならば当然のことかもしれない。経典作者は、そのような世界を実際に体験したに違いないし、あるいはまた、経典が作られた当時のその地方の民衆の生活があまりにも苛酷で地獄のようであったために、対極の世界への民衆の憧れをくみ取ったのかもしれない。とはいえ、ある程度の豊かさを享受している現代のわれわれがそのまま信じることは不可能である。しかし、「浄土（望ましい理想状態）を観想する」ことは、現代の心理療法においてもなおその意義を失ってはいない。そこで、華美な装飾の部分は一切省いて、心理臨床の技法に関連すると思われるその骨子の部分だけを抜き出して読み解いてみる。それは次のような観想である。

　釈迦は、韋提希と阿難に向って、よく聞いて信じなさいと言って語り出す。「今ここにいながらにして、韋提希と未来世の一切衆生のために、まるで明鏡で己の顔を見るかのように、西方極楽世界をありのまま実感させるように導こう」。

初観「日想」：西方に向って姿勢を正して坐り、一心に落日を観想しなさい。目を閉じても開いても、落日のイメージがリアルで鮮明であるように。夕日以外のイメージを想い浮かべてはならない。

　これは容易に実践することができる。夕日のイメージは誰もがもっているからである。仏教では、黒雲は煩悩の象徴として用いられるが、夕映えの雲は空一面茜色に染まって、忘我の境になるほど美しい。雲がまったくないと落日の光は発散して夕焼けを見ることができない。煩悩即菩提である。

「親のない子は　夕日を拝む　親は夕日の真ん中に」という句に倣えば、「浄土は夕日の真ん中に」ある。日想観は、後で浄土の光明を観想するための伏線となる。

第二観「水想」：夕日を見終わったら次に、心乱すことなく、清らかに澄んだ水を観想しなさい。日想と水想だけで心が明るく清くなる。さらにその水が透き通った氷に変わるのを観《み》て、それが美しい青色の瑠璃であると想いなさい。これから極楽浄土を観想する段階に入る。

第三観「地想《じそう》」：この瑠璃が大地一面に広がって透き映える有様が、極楽世界の地の想念である。そこに吹く清らかな風が楽器を鳴らし、その音が苦空・無常・無我の教えを伝えるのだという。水想から氷想に入り、瑠璃地観を達成すれば、あらかた極楽の大地を観たことになる。もし三昧に入ることができたなら、この大地の一つひとつの様相を細部にわたって明瞭に観なさい。

第四観「樹想」：地想が成ったなら、次に七宝の葉と華とを具足した宝樹の整然とした並木を想像しなさい。一本一本の樹が具足している根、茎、枝、小枝、葉、華、実の七種がはっきりと目の当たりに見えるように観じなさい。

第五観「八功徳水想」：極楽浄土の樹間には、八つの池があって、その池に八功徳のある水が満ちているのを想い描きなさい。その宝の水が池から溢れて十四の支流となって蓮の花や宝樹の間を流れ注いでいる。

第六観「総観」：池の畔にはたくさんの宝楼閣が建っている。宝楼閣からは仏法僧を賛美する妙なる音楽が流れてくる。こうした有様を観想し終えたならば、極楽世界の宝地・宝樹・宝池をおおかた観たことになるので、これを総観の想という。これで極楽世界の観想を終わり、次には観一仏二菩薩の段階に移る。

第七観「華《け》座《ざ》想」：釈迦が、韋提希（そして阿難）のために苦悩を取り除く法を事細かに順序立てて分かりやすく説き明かそうと言い終わるやいなや、観世音、大勢至二菩薩を左右に侍らせ無量寿仏が空中住立している姿を韋提希は観た。恭しく敬礼した韋提希が釈迦に問う。「世尊よ、私は今、世尊のお力によって無量寿仏と観世音・大勢至の二菩薩にまみえることができました。しかし、未来世の衆生はこの一仏二菩薩を観奉ることができるのでしょうか」。釈迦が応えた。「かの仏を観奉りたいと思うなら、七宝の瑠璃の地の上に咲く蓮華の花を想念しなさい。これは仏が坐り給う座なので「華座の想」という。

第八観「像想」：華座の想が終わったならば、仏を想い描くべきである。心に仏を念じれば、必ず衆生の心想の中に現れる。心が仏を描き出し、その心がそのまま仏なのである。だから、一仏二菩薩の御影が三つの蓮華の花（華座）の上に坐っている様をはっきりと観ずべきである。これを「像想」という。

第九観「徧観一切色身想」：この像想が成ったならば、改めてもう一度よく無量寿仏の姿と光明を観想すべきである。仏身を目の当たりにすれば、仏心も見て取ることができる。仏心とはあらゆる衆生を分け隔てなく救い摂る大慈悲心のことである。無量寿仏は幾多の姿の特徴を具えており、その姿を見ることは、無量の十方諸仏の姿を見たことになる。大乗仏教の一仏即一切仏の思想である。諸仏は必ず「汝は仏になれる（往生成仏）」と予言してくれる。これを「徧観一切色身想」という。「無量寿仏観」である

第十観「観世音菩薩観」：無量寿仏の観想が終わったならば、もう一度観世音菩薩をありありと観るべきである。

第十一観「大勢至菩薩観」：これが終わったら、また大勢至菩薩をはっきりと想うべきである。その身想は観世音菩薩とほぼ同じで異るところはない。観音勢至二菩薩はどこでも同じ背丈で現れる。ただ頭頂部の様子だけがちょっと違う。

第十二観「普観想」：これらのことをなし終わったならば、今度は自分のことについて、自分が極楽浄土に往生して蓮華座の中で両脚を組んで坐っている姿を想い描きなさい。蓮華が開く時、五百色の光が差し込んで自分自身の体を

照らし出し、眼は開けて仏や菩薩が虚空に満ちているのが見えると想え。これを普観想といい、この観が成ると、無量寿仏の数限りない化身が観世音大勢至菩薩をともなってこの行者のもとに現れる。

第十三観「雑想観」：無量寿仏の身の丈は際限なく大きいので凡夫の心力の及ぶところではないが、本気で観想を凝らす気さえあれば、無量寿仏の本願力で極楽の池の蓮華の上におわします一丈六尺の御影を観ずることができる。無量寿仏は、衆生の意をあわれんで、大仏身、小仏身など御意のままに変幻自在なのである。これを想い観るのを雑想観という。

四　無生法忍の悟り

以上が韋提希の苦悩を救済するための釈迦の観仏説法である。この十三観を正観とし、これとは異なる別の他観をなすのは邪観とされる。これらの正観を成し遂げるならば、滅罪と往生の功徳があると約束されている。韋提希は、釈迦の説法を聞いて即座に極楽世界の相と一仏二菩薩の姿を観ることができ、おおいに歓喜して無生法忍の悟りを得た。

五十嵐明宝の解説によれば、この無生法忍とは、正確には「無生無滅の法忍」のことで、一切の物は縁起によって存在することをあらわし、その理法をはっきりと認識することによって阿弥陀仏の浄土に安住できることを知り、無上の歓びと安らぎに身心が満たされたことを意味している。

この後、さらに心定まらない一切凡夫のために三つの観が説かれているのであるが、本節の主旨とは直接関係がないので割愛する。

五　十三観の構造

十三観の構成は、見事な起承転結の四区分になっている。

〈起〉は、初観の「日想」と第二観の「水想」である。落日の美しい光を想うことで心が明るく照り輝かされ、清らかで透明な水を観ずることで心が浄められる。心が曇り濁っていたのでは、明瞭な観想などできるわけがない。これは浄土を観るための準備段階である。水想は氷結されて瑠璃に転ずる。燦然と輝く瑠璃が浄土の大地と思いなされるのである。

〈承〉は、第三観の「地想」から極楽世界の観想が始まって、第四観「樹想」、第五観「八功徳水想」とつづき、第六観の「総観」で終わる。おおまかな全体的観想が次第に細かな部分の具体的観想へと移っている。ここで、最初に韋提希が釈迦から諸仏の浄土を見せられて阿弥陀仏の極楽浄土に往生したいと願ったとき、釈迦が韋提希に「汝は今、分かったかどうか、阿弥陀仏の浄土はここから遠くはない。心を込めてその浄土をはっきりと想い観るがいい。そうすれば、浄業が成就できる」と告げたことを思い出すことが肝心である。

〈転〉では、これまでの想浄土から一仏二菩薩の観仏へ観想が転換し、深化する。第七観「華座想」から第十一「大勢至菩薩観」までである。華座想は空中住立している仏を坐らせる座の設定である。空中住立の姿は不安定でまぼろしのようであるから、それをもっとリアルに観想するために居場所をきちんと固定するのである。観仏も、前の浄土の観想の場合と同じく、華座に坐している仏の全体像を漸次一仏即一切仏から一体一体の仏身を細かく想い浮べるように観想を移行する。ここで注目すべきは第九観で「汝は仏になる」という予言があったことである。

〈結〉は、最後の第十二観「普観想」と第十三観「雑想観」である。いよいよクライマックスである。普想観では、極楽浄土へ往生し、華座に坐っている自分自身を観想するのである。華座は仏の座である。仏に成った自分を想い描くのである。仏は遠くない。最後の雑想観では、衆生には思いも及ばないような偉大で巨大であった仏や菩薩が変幻自在に身を変えて向こうから衆生に近づくのである。

このような起承転結で「定心」の十三観のプロセスを追ってみると、その展開は見事としかいいようがない。逐次的に自分が浄土に往生する姿を具体的に観想するこの方法は、現代のイメージ療法の原型ともいうべきもので、十分に活用することができる。これを偉大なカリスマ的存在である釈迦みずからに説かれたら、韋提希のみならず、どんな人でも救われないわけにはいかないであろう。韋提希は、これまで経験したこともない喜びを感じ、豁然と悟って無生法忍を得たとされている。

六　考　察

『観無量寿経』はここで終わる。つまり、韋提希が浄土を観想し、そこに自分が住して仏の位を得るということで幕が閉じる。しかし、ここでもうひとひねり必要なのではないか。

観想から醒めたとき、はっと、これは今ある自分のことではないか、と気づくことである。今ある自分とは、牢獄に幽閉されて我執に身もだえしている現実の自分のことである。幽閉されている牢獄がそのまま浄土であり、愚痴をこぼして嘆いている凡夫の自分がそのまま仏であると気づくことが本当の救いなのである。臨済宗の禅師・白隠の『坐禅和讃』は「衆生本来仏なり」で始まり、「当処即ち蓮華国、この身即ち仏なり」で結ばれている。当処、即ち「牢獄」がそのまま「蓮華国（浄土）」であり、この身、即ち「囚われ人の身」がそのまま「仏」だというのである。

芹沢俊介は、親鸞の浄土観に関する親鸞仏教センターの研究員の話を紹介している。「親鸞は、浄土を実体的に捉えず、執着する自己を破るはたらき、ありのままの自己に目覚めるはたらきとして『浄土』を見いだしました。換言すれば、どのような自分であろうとも、いま、ここにある自分を受け入れて生きていくことが救いであったのです」。この浄土観は今言った韋提希の「救済物語」にもそのままあてはまるように思う。今ある自分に浄土を観、仏を観る以外に救いはない。蛇足かも知れないが、ここまで語らなければ物語は完結しないのではないか。

その点、同じように牢獄に幽閉され、死を迎えるしかない過酷な状況に置かれていながら、このような悟りを体現している頻婆沙羅王の生き方は見事である。

第三節　頻婆沙羅王の牢獄における境地

「王舎城の悲劇」は、阿闍世王の殺父がテーマであるから、被害者の頻婆沙羅王についても多くの経典に取り上げられている。だが、最初期の仏教の興隆にとって最大の功労者であったにもかかわらず、父の頻婆沙羅王の扱いは、親子三人の登場人物のなかでもっとも軽いように思われる。『大般涅槃経』では阿闍世が、また『観無量寿経』では韋提希が、釈迦によって救われる過程が微に入り細にわたって具体的に描写されている。ところが、もっとも過酷な状況に置かれている頻婆沙羅王の救済については、これといった記述は見当たらない。彼が主人公として取り上げられている経典に『未生怨経』がある。本節では、経典に記載されているエピソードに依りながら、父頻婆沙羅王の最後の境涯に焦点を当てる。

一　釈迦との関係

頻婆沙羅王は、年齢が釈迦より五歳年下で、王位に即位したのは十五歳のときだったとされている。二人が最初に出会ったのは、二十九歳で出家した釈迦が、当時の文化の中心地であったマガダ国の王舎城を訪れて托鉢していたときというから、王がまだ二十代半ばの若い頃であった。その時、静かに坐している釈迦の美しい姿に感動したことが伝えられている。

すぐにお気づきのことと思うが、『大般涅槃経』において（本章第一節「同罪論」の説法で）、釈迦は阿闍世に語っていた。「あなたの父、頻婆沙羅王はいつも私に供養し善根を積んでいた。そのせいで王位についたのだ。私が施しを受けなければ、王になることはなかった」。まるで頻婆沙羅王は釈迦に善根を積んだ功徳で王位につけたかのように語られているが、二人がはじめて出会ったときには、頻婆沙羅王は王位についてすでに十年近く経過していたのである。こうした食い違いは経典ではごくふつうに見られる。目くじら立てることではない。

二人の出会いの六年後、釈迦が成道すると、頻婆沙羅王はすぐに帰依して熱心な在家信者になった。彼が三十歳のときで、阿闍世に殺害されるのが六十七歳であるから、三十数年間の付き合いということになる。二人は同世代であるということもあって、特別の深い親交があったといわれている。釈迦や弟子たちの修行と説法の場として竹林精舎を寄進し、霊鷲山を提供するとともに、山上に通じる石畳の道をつくって、みずからもしばしば釈迦のもとを訪れて説法に親しんだ。その石畳の遺跡は現在も残っているそうである。頻婆沙羅王は、釈迦の最初の有力な外護者であった。

前にも述べたように、四苦八苦の一つに愛別離苦というのがある。愛するものと別れる苦しみである。王舎城の悲劇における頻婆沙羅王との死別は釈迦にとって深いグリーフ（悲嘆）体験であったに違いない。ついでながら、愛別離苦の対極が怨憎会苦である。どんな憎い相手でも出会いを避けることができない苦しみである。釈迦にとってさしずめ従兄弟の提婆達多との葛藤がそうであったろう。

二　頻婆沙羅王の寛大な人柄

頻婆沙羅王の子煩悩ぶりを示す逸話がある。幽閉中のことである。母韋提希が阿闍世に語って聞かせる。阿闍世が子どもの頃、指に腫れ物ができて泣いているので父王は阿闍世の指を口に含み、吸った膿血を吐き出すと、それを見て阿闍世が泣いてはいけないので、そのまま飲み込んだというのである。

韋提希は太子にこうも語っている。「あなたが生まれてからずっと父王はひたすらあなたのことを心にかけ、病弱なあなたの体のことをいつも気にかけておられた。あなたが寝込めば、心配して涙を流し、胸を焦して、身はやせ細り、あなたに代って自分が死にたいとさえ思われたのです。天界の人のようなやさしい養育ぶりのことを忘れてはいけません」。

このように、父王に慈しみ育てられたにもかかわらず、阿闍世は王位簒奪のために殺父を試みる。ある時、頻婆沙羅王が遊園から馬車で帰ってくるのを待ち伏せて剣を投げつけたことがあった。しかし、剣はそれて失敗し、未遂に終わった。阿闍世は捕らえられ、提婆達多に唆されたことを自白する。大臣たちは口々に提婆達多やその弟子たち謀反人を処刑することを主張した。だが、頻婆沙羅王は、結局、誰も処刑しない寛大な処置を提案した大臣の意見を採用して、許した。この寛大な裁定は、釈迦の教えに忠実に従ったものである。

父王は、なぜ殺そうとするのかと阿闍世に問う。阿闍世は「自分には父王のような権力も財産も何もない」と訴える。王は、惜しげもなく属国の一つを与えた。しかし、阿闍世の欲望は尽きることなく、譲位を求めた。頻婆沙羅王は、阿闍世が王位を望んでいることを知って、「国はお前にやろう。私は釈迦のところにいって沙門になる」と気前よく譲位している。父王は、すでに地位や名誉や財産などの世俗の煩悩を離れていたのである。だが、阿闍世は王位につくと家臣に命じて父王を牢獄に幽閉してしまった。

三　幽閉の状況

頻婆沙羅王は求道者であり、獄中にあっても修行の完成を目指す心を失うことはなかった。『観無量寿経』によれば、獄窓からはるか遠くに望むことができる霊鷲山に向って合掌礼拝し、そこにいる釈迦に、「世尊よ、お弟子の目連尊者は私の親しい友でございます。どうぞお慈悲によって、目連尊者をお遣わしになって私に八戒をお授けください」と願った。すると、たちまち目連が現れて、毎日のように八戒を授けた。そればかりか、釈迦は弁舌第一の富楼那を遣わし王のために法を説かせた。

また、釈迦自身も、同じく牢に閉じ込められていた韋提希の安らかな世界に往生したいという願いに応えて、韋提希の牢に姿を現したとき、頻婆沙羅王に微笑みかけて口もとより五色の光を放って、王の頭を照らし、王に平安の境地を与えた。王は、心に何のわだかまりもなく、世俗の煩悩を断ち、迷いの境涯を超えてゆるぎない安泰の世界に救われていた。この境涯を阿那含という。阿那含とは、原始仏教の階位で阿羅漢にいたるもののことであり、来世は天界に生まれて悟りを開くという。

四　父王への無慚な仕打ち

頻婆沙羅王は、獄窓から釈迦や弟子の舎利弗、目連らが霊鷲山で経行《きんひん》（歩行禅）しているのを仰ぎ見て歓喜し、これを何よりの生きる支えとしていた。これを知った阿闍世は家臣に命じて霊鷲山が見えないように獄窓を塞いでしまった。また、釈迦が王舎城に入城するのを気配で感じた頻婆沙羅王が牢の隙間から釈尊を垣間見て心の安らぎと生きる力を得ていた。これを知った阿闍世は、父王の足の裏を剣で削らせ、立てないようにした。王は唯一の生きがいであった見仏もかなわなくなり、やがて息絶えた。王は成道成って、天上界に生まれ変わったという。ここにあらゆる苦が消滅した、と『未生怨経』に記載されている。

韋提希の場合、釈迦に導かれて仏と浄土を心に想い描く観想による救いがテーマであった。頻婆沙羅王においては、直接釈迦たちを見る観仏であるが、彼の成道への願の強さには感服させられる。それにしても阿闍世の父王に対する怨みの執念深さには驚ろかされる。これほどまで残酷になれるものか。

五　父王の到達した境地

頻婆沙羅王は若い頃から自ら修行を積み、釈迦の教えを身に具えていた。そのために、阿闍世と提婆達多の奸計によって禍を招き、牢獄に幽閉されても、これは宿縁の報いのもよおすところだとなんの恐れもなく、自分の置かれた状況を心静かに平然と受け入れた。釈迦の前で取り乱し愚痴った韋提希の振る舞いとは雲泥の差である。

しかも、頻婆沙羅王は、釈迦のいる方に向って稽首礼拝して言っている。「息子は天地ほどの悪をおこなっておりますが、私は髪の毛ほどの怒りもありません。……たとえ手足は切られ、身はこまぎれにされようとも、決して恨みの心はいだきません」と。あれだけむごい残忍な仕打ちを受けたにもかかわらず、阿闍世に怨みも憎しみも怒りも抱いていない。とうてい常人のできることではない。

頻婆沙羅王は、韋提希と異口同音に阿闍世に忠告している。「お前を幼いころから慈しみ育てた。親の愛とは限りなく深いものだ。それなのに、お前はどんな心で平然とこんな悪事をはたらくのか。仏はいつも説かれている。『善の極みとして孝より大きいものはない。悪の大なるものは親を殺すことに尽きる』。親を殺せば、必ず地獄に堕ちて、無限の耐えがたい苦しみを受ける。それなのになんたることか。決して謀反心をおこしてはならない」と。しかし、阿闍世はにべもなく忠告無用と言い放った。

阿闍世や韋提希は釈迦から直接教えを説かれた。これとは逆に、頻婆沙羅王は、幽閉中の身でありながら、大勢の嘆き悲しむ人々に向って仏の教えを説いて聞かせる。「天地も、日月も、須弥山も海も、造られたものはすべて壊れる。栄えるものは必ず衰える。会うものは離れ、生まれるものは死ぬ」、「世に永続する幸せはない。苦しみは長い」、「繁栄や幸福は保ちがたい、幻のようである、夢のようである」と。さらにつづけて言う。「これが定めであるのに、人々はこれを憂いこれに苦しむ」。また、因縁や無常についても語っている。「因縁があいよって有となる。これを生という。因縁が離散して滅となる。これを空という。そもそも身体とは四元素にすぎない。衆生の霊魂はそのなかに宿り、死ねば霊魂は立ち去る。……一切は無常である」と。つまり仏教の根本原理である諸行無常や諸法無我、縁起説を説いているのである。そして、現在起こっている状況は、まさに仏のお諭しどおりである。「この教えをしっかり肝に銘じて、禍の生じるのを防げ」と王妃に諭すのである。

王は、釈迦の慈しみをうけて自己の前世の悪を反省し、怒りの気持ちを消し去った。もはや死も地獄の釜ゆでも怖くはない。ただ心残りなのは、釈迦の教えをじかに聞くことができないことと、弟子の舎利弗、目連、迦葉たちと教えの奥義を語り合うことができないことだけであった。

これが獄中記の要《かなめ》の個所である。頻婆沙羅王は、自らの果報としていかなる過酷な境遇をも心安らかに泰然として受け止め、阿闍世を怨むことも憎むことも怒ることもなく、自ら釈迦の教えを説き、ただ釈迦とその弟子たちを心から崇敬するばかりであった。しかし、『未生怨経』には、この境地がいかにして到達されたのか、その過程については残念ながら詳しい記述がない。

六　考　察

釈迦の対応：頻婆沙羅王の牢獄における言語を絶する苦痛に対する釈迦の対応は、少なくとも経典でみる限り、阿闍世や韋提希に対するほど劇的ではない。たとえば、韋提希夫人が幽閉されて釈迦はあまりにも畏れ多いのでせめて弟子の目連か阿難を遣わして欲しいと願ったときには、釈迦本人が二人を連れて現れている。一方、頻婆沙羅王が霊鷲山にいる釈迦を遙かに拝んで恭しく合掌し、「世尊よ、お弟子の大目連は私の親しい友でございます。どうかご慈悲によって彼を遣わして八戒を授けさせてください」と懇願したときは、願いどおり目連を派遣し、さらに富楼那に法を説かせに行かせたが、釈迦自身は訪れていない。

また、韋提希が牢の中で釈迦に「今ここにいながらにして私に極楽世界をありのまま体感させてください」と願ったとき、釈迦は微笑み口から五色の光を放った。そのひとすじの光がまったく別の場所に幽閉されている頻婆沙羅王の頭上を照らすと、頻婆沙羅王の心眼はなんの障りもなく遙か遠くにいる釈迦の姿を見た。額を地につけて礼拝すると、その功徳によって自ずと悟りが開け、欲界の煩悩を断って、阿那含の境地に達した、と『観経』に記されている。この時、釈迦は韋提希の目前に出現して対話していたのであり、この頻婆沙羅王の話は、文脈からして唐突で、つけ足しの感は否めない。

救済の対象は誰か？：おそらく頻婆沙羅王は自らの長年にわたる修行によって悟りに達していたので、獄中にあっても特別の救済を必要としなかったのかもしれない。

天の声を聞いて阿闍世が悶絶して地に倒れるのを見て、釈迦が「阿闍世の為に涅槃に入らず」と弟子たちに宣言し、迦葉から「阿闍世の為ではなく、一切衆生の為ではないか」と質問された個所で、釈迦が「為に」ということについて縷々説明している。「私が世にとどまるのは、煩悩具足の一切の迷える衆生（有意衆生）の為であって、迷いを離れて真理を悟った衆生（無為衆生）の為ではない。なぜなら、真理を悟ったもの（無為）は、衆生ではないからである。また、私が世にとどまるのは、仏性を知らない衆生の為であって、仏性を知ったものの為ではけっしてない。なぜなら、仏性を知るものは衆生ではないからである」と。

仏性を知れば、怨念という煩悩は生じない。逆に、煩悩が生じれば、仏性を知ることはできない。こういうことからするならば、長年の修行で頻婆沙羅王はすでに煩悩を脱しているから、救済の対象となる衆生ではない、ということであろうか。

頻婆沙羅は善人：一言でいえば、阿闍世は極悪人、韋提希は凡人、そして頻婆沙羅王は善人である。大般涅槃経によれば、「阿闍世王は生来、性格が邪悪で殺生を好み、虚言、悪口、二枚舌、饒舌など悪い言葉を弄し、貪欲、憤怒、無知の心が盛んであった。目先のことしか関心がなくて、現在の快楽に溺れ、未来のことなど思い及ばず、もっぱら悪人とばかり付き合っていた」とある。

また、観無量寿経では、韋提希が「私にどんな罪があって、こんな悪い子を生んだのでしょうか」と愚痴と不平を言ったとき、それを黙って聞いていた釈迦から、「汝は凡夫なり。心おとれるものである」と言われている。

一方、これまで縷々述べてきたように、頻婆沙羅王は経典では善人扱いされることが多い。さらに一例を加えるならば、前章で述べた「天の声」では、わが子から殺害されたにもかかわらず、頻婆沙羅王は、そのことへの恨み言はいっさいいわず、ただお前をあわれんで釈尊に救ってもらうように忠告しているのだと語りかけている。

しかし、例外がないでもない。未生怨経では阿闍世から牢獄に抛り込まれたとき、頻婆沙羅王は「私になんの咎があって、私を投獄するのだろう」と言っている。両親はそろって自分たちには何の罪咎もない、と言っているのである。前節でも述べたように、もし提婆達多が唆した因縁話が事実であれば、そうは言えないはずである。頻婆沙羅王は阿闍世に生まれ変わる仙人を殺害しているし、阿闍世出産のときには、子殺しを企てているのである。

その他にも、『大般涅槃経』で、釈迦は父王の宿業について阿闍世に語って聞かせている。

「頻婆沙羅王は、生前、マガダ国のビプラ山で鹿狩りをしたことがあった。でも獲物を一匹も狩ることができなかった。そこに一人の仙人がいた。王は、この仙人が鹿を逃がしたせいだと邪推して怒り、家臣に命じて殺させてしまった。仙人は死に際に『罪のない私を殺させた悪業によって必ず殺されることになる』と呪いの言葉を残した。先王は自ら罪を作って、その報いを受けたのである。どうしてあなたが罪を受けることになろう」。

まるで死者にむち打つような話である。むろん、これは経典作者の創作である。なぜ釈迦にこのような因縁話を語らせたのか。阿闍世が父王を殺したのか、それとも、父王が阿闍世に殺されたのか。阿闍世が父王を殺したのでもなければ、父王が阿闍世に殺されたのでもないのか。いずれにせよ、阿闍世がこの宿業の実現に巻き込まれたということである。この因縁話は、殺父の罪を阿闍世一人で背負うことはない、という釈迦の慈悲心から出た言葉であると解釈されている。

これらの王が犯した罪業はまだ阿闍世が生まれる前の若い頃の話であった。その後の長年の修行が王に人格的成熟をもたらしたのであろうか。許しがたい親不孝者の阿闍世に対して慈しみの心をもつことができるようになった。それはともかく、経典で見る限り、釈迦による頻婆沙羅王の救済についてのことは残念ながらここで取り上げるほどのことは何もない。

第三章　釈迦コンプレックス

コンプレックスは、精神分析学の基本概念の一つである。無意識に抑圧された観念の複合体のことで、神経症の症状形成の原因と考えられている。ユングによれば、「感情に彩られた観念複合体」と簡潔に定義されている。

フロイトは、人間の基本的衝動として、性衝動（愛）と攻撃衝動（憎）の衝動二元論を提唱し、後にこれを生物学における新陳代謝の同化作用と異化作用との類推から、生の衝動（エロス）と死の衝動（タナトス）の区別に修正している。コンプレックスといえば、愛憎の二元論的欲動をもとにしたフロイトの「エディプス・コンプレックス」が一般によく知られている。わが国においては、日本の精神分析の草分けである古澤平作が師のフロイトへ提出した「阿闍世コンプレックス」が心理臨床に携わる者の間でよく膾炙《かいしゃ》される。

先走っていえば、エディプス・コンプレックスは、幼児期における「母を愛するが故に父を殺害せんとする」欲望傾向のことであり、阿闍世コンプレックスは、乳幼児の「母を愛するが故に母を殺害せんとする」欲望傾向のことをいう。愛する対象であれ、憎む対象であれ、エディプスや阿闍世には父母は存在していた。

だが、釈迦には、自己存在の始原から母親不在という深刻な問題があったのである。「自分の生が母の死である」という事実、その「母の死」に自分の存在が深くかかわっているという事実、これこそが生涯にわたる釈迦の生死に関する実存的苦悩の根源であった。人生最初期における母との死別体験を起源とする深層の心的葛藤を「釈迦コンプレックス」と呼ぶことにする。これは親子間の愛憎二元の欲望傾向を問題にするコンプレックスとはまったく異なる自己の存在根拠そのものの苦悩である。

本論に入る前に、まずフロイトの「エディプス・コンプレックス」と古澤平作の「阿闍世コンプレックス」について触れておこう。

第一節　エディプス・コンプレックス

フロイトによる「エディプス・コンプレックス」の命名は、ソフォクレスの『オイディプス王』物語に由来する。この物語は、釈迦やソクラテスの時代とほぼ重なる紀元前五世紀、古代ギリシアの三大悲劇作家の一人ソフォクレスによって書かれたギリシア悲劇の比類なき傑作である。その筋は、スフィンクスの謎を解いてテバイの王となった主人公のオイディプス（エディプス）が秀でた知力と誇り高い正義感に駆られて、皮肉にも自分が犯人である事件の真相を冷徹なまでに追求し、その結果自ら破滅していくという劇的展開になっている。そこには、「父殺し」、「母との近親相姦」、「子捨て」、「母殺し」、「自分探し」といった物語の重要なテーマが巧に盛り込まれている。劇では、現在から過去に遡って真実がしだいに明らかになっていくという筋立てになっているが、ここでは、阿闍世王物語と対比するために、順序を逆にして誕生譚からはじめることにする。

一　エディプス王物語のあらすじ

その昔、ギリシアの都市国家の一つにテバイという国があった。その国を治めていたのはライオス王、その王妃の名をイオカステといった。王はやがてイオカステとの間に生まれてくる子の手にかかって殺害されるべき運命にある、というデルポイのアポロンの神託を告げられる。

不吉な子を生むことを恐れた王は、生まれたばかりの我が子の足の両踝《くるぶし》を留金で刺し貫いて、羊飼いの男に命じて深い山奥に捨てさせた。子殺しを行おうとしたのである。この子がオイディプスである。オイディプスの名は「腫れ足」という意味である。

このオイディプスの出生譚は、第二章で述べた阿闍世王物語とそっくりである。オイディプスも阿闍世も王家の世継ぎの子として誕生したにもかかわらず、不吉な殺父の予言のために、未遂だったとはいえ子殺しのトラウマ体験をしている。阿闍世は高楼から生み落とされたとき指一本折れた傷跡が残ったので「指折れ太子」とあだ名された。オイディプスの名の意味が「腫れ足」であるのと同じである。ただ、阿闍世物語には、自分に生まれ変わる仙人を父王が殺したという誕生の因縁譚があるが、ソフォクレスの悲劇では理由なしに神託を受けている。その後の物語の展開は阿闍世とはやや異なる。

阿闍世はそのまま実の父母に育てられた。一方、赤ん坊のオイディプスは、山に捨てて殺されるはずのところ、幸いにも、羊飼いの男が不憫に思って別の牧人に預けた。その人の手を経て、オイディプスはコリントスの王ポリュポスに養子としてもらわれ、跡継ぎとして慈しみ育てられた。幼いオイディプスはコリントスの養父母を実の両親と信じて成長した。

何も知らないまま育って十数年が立った頃、自分が「捨て子」だったという噂話を耳にする。悩んだ挙げ句、真偽を確かめるためにデルポイ神殿に赴きアポロンの神託を受けた。そこで「父親を殺し、母親と結ばれて子をつくる」という不吉な予言が告げられた。実の父親ライオスが受けたのとまったく同じ神託であった。若きオイディプスは、予言どおりのことが起こることを恐れて、コリントスをあとに放浪の旅に出る。

阿闍世による「王舎城の悲劇」の発端は、何も知らないまま育った阿闍世が十六歳のとき提婆達多の唆《そそのか》しによって自分の出生の秘密を知ったことであった。同じように、オイディプスも不吉な神託を知ったことが悲劇の始まりとなったのである。真実を知ると言うことはなんと恐ろしいことであろうか。

その旅の途中で三叉路にさしかかったとき、四人の供を連れた老人と鉢合わせした。道をゆずるゆずらないの些細なことで争いになって、実の父とも知らずにお供ともどもその老人を殺してしまう。そのまま旅をつづけて、たまたま故郷のテバイにさしかかった。その時、テバイの人々は、乙女の顔で翼を持つ獅子の姿をした怪物のスフィンクスが丘の上から難問をうたい、それに答えられないと命を奪うという謎かけの呪いに苦しめられていた。その謎を解いてスフィンクスを退治したのが他ならぬオイディプスであった。その功によりライオス亡き後の王位に迎えられ、先王の妃イオカステを母とも知らずに妻とした。その後、十数年の平穏な歳月が流れ、王夫妻には四人の子ども（息子二人、娘二人）が授かった。

実は、オイディプス王の悲劇物語の幕開けはここからはじまる。やがてオイディプス王が治めるテバイに、飢饉や疫病が蔓延し国が荒廃し始めた。アポロンの神殿の神託によれば、その原因は「この国にひとつの汚れが巣くっている」ことにあるという。その汚れとは、先王ライオスを殺害した下手人が今この国にいることであった。その下手人を見つけ出し国から追放しなければ、テバイに平穏は戻らないということであった。

このお告げを聞いて、オイディプス王はこの地を汚す不浄の下手人が自分自身であることも知らず、国の安寧のため断固として勇敢にも先王殺しの真相の解明と下手人探しに邁進する。その過程で妻のイオカステ王妃はことの真実にうすうす気づき、王に自分が何者であるかを知ることがないようにと哀願する。周囲の者も真実から目を背けさせようとするのに、オイディプス王は、自らの破滅を予感しながらも、叡知と強い意志をもって恐るべき真実を追求することを止めようとはしなかった。ニーチェは言う。「見よ。あきらかに見よ。これが汝の生である。これが汝らの生存の時計における針である」（『悲劇の誕生』）。ニーチェは、過酷な運命を己のこととして真っ正面から引き受け、それを乗り越えて主体的に生きようとするオイディプス王のこの自覚的な「実存的生き方」こそ、今に蘇らせるべきであると主張している。

先王殺害の下手人捜しは、過去の事実が少しずつ明らかになるにつれ、自分探しの様相を呈するようになった。まったく自分とは関係のない別人だと思っていた汚れ果てた下手人が外ならぬ自分自身ではないか、これが自分の真の姿なのか。すべての真実を知ったオイディプス王は、妻にして母、自分と自分の子を二重に宿したイオカステを殺そうと剣をもって狂ったように駆け回り、寝室の扉を開けると、そこには首を括って自殺したイオカステの死体《なきがら》があった。それを目にしたオイディプス王は留金で自分の両眼を抉り抜いて、放浪の旅に出る。生まれたとき両足の踝を貫き通されたのも留金、最後に自らの両眼を抉り抜いたのも留金。なにやら因縁めいたものを感じる。

後日譚として、ソフォクレスは最晩年に『コロノスのオイディプス』を著している。放浪の果てに、オイディプスは、アテナイの王に迎えられて、近郊のコロノスの森に安住の地を得た。最後に、なりわたる雷鳴の中で静かに命を終える場面で幕を閉じる。『オイディプス王』という最高傑作をものにしていながら、なぜ死ぬ前にして『コロノスのオイディプス』を書いたのか、その理由は定かでないが、書かずもがなの著作であったように思う。ただ、この本のコロス（古代ギリシア劇の合唱隊）の台詞に印象的な言葉がある。

「この世に生を享《う》けないのが、すべてにまして、いちばんよいこと、生まれたからには、来たところ、そこへ速やかに赴くのが、次にいちばんよいこと」。

釈迦ならこれをどう読むだろうか。ソクラテスは？

オイディプス王は「父を殺し、母と通じる」という自分の運命にあらがい、それを避けるべく最善の努力をした。にもかかわらず、結局は神託どおりに事は運んでしまった。同じ「父親殺し」であったが、阿闍世は怨みから自らの意志で実行したのに対し、オイディプスは何も知らないまま罪を犯してしまった。とても似た物語であるが、主人公の行為が自覚的であるか無自覚的であるかに大きな違いがある。

二　**オイディプス王物語とエディプス・コンプレックス**

以上がソフォクレスの『オイディプス王』の大筋である。

ご承知のとおり、フロイトは、この「エディプス伝説」に仮借して、子どもの両親に対する愛憎の複雑な感情複合を「エディプス・コンプレックス」と名づけた。エディプス・コンプレックスとは、男の子の「母親への性的愛着と父親に対する憎しみあるいは死の願望」という複合感情のことをいう。ほぼ三歳から五歳にかけての時期で、精神分析では、この時期をエディプス期と呼んでいる。子どもの精神世界に最初の他者として父親が登場し、父-母-子の三角関係化が生じることをその基本的特徴としている。男の子がもつ父親に対する攻撃的衝動は、父親に逆照射されて親の処罰として子どもに返ってくる。この恐怖を「去勢不安」という。去勢不安によってエディプス・コンプレックスは無意識へ抑圧されるというのがフロイトの描くストーリーである。

ちなみに、それ以前の乳幼児期は前エディプス期と呼ばれ、三歳前後を基準として、幼児期の精神発達段階が二つに区分される。前エディプス期は、父親なき母子一体の二者関係の時期で、母と子はいわば甘い繭の中に閉ざされているかのようである。

フロイトは、エディプス期におけるエディプス・コンプレックスの克服が子どもの精神発達と人格形成にとって決定的に重要な条件であると考えた。フロイト以後、研究の重点は前エディプス期に移り、愛着と基本的信頼関係の形成が重視されるようになった。いずれにせよ、この時期の親子関係の葛藤が、精神分析で問題とされる無意識の精神世界を形づくり、神経症を中心とする精神病理的諸問題の原因とみなされるのである。

フロイトは、エディプス・コンプレックスこそが人類に共通する普遍的な二大衝動であると主張する。その真偽は措くとして、『オイディプス王』の物語を読めばわかるように、エディプス本人にエディプス願望があったとはどこにも書かれていない。エディプスは、父親に憎しみを抱いたこともなければ、母親に性的愛着を覚えたこともない。ただ運命に翻弄されるまま、それとは知らずに結果として父を殺し、母と通じただけなのである。

いうまでもなく、フロイトは、「エディプス伝説」から「エディプス・コンプレックス」理論の発想を得たのではない。一八九七年、父の死をきっかけに、フリースへの書簡を通じて自己分析した結果、自己の心の内奥に父と母に対してこのような感情複合をもっていたことに気づき、これを一般化したのである。この理論的発想にはフロイト自身の生い立ちが深くかかわっていた。フロイトの母アマリエは、二十歳の若さで四十歳の父ヤコブの三番目の妻として再婚し、そこで生まれたのがフロイトであった。彼は、若い母親と愛情的関係において密着し、その分、年の離れた父親に対しては複雑な感情を抱かざるをえなかったのである。

彼は、この発見を、エディプス伝説をメタファーとして使い、命名するのに利用しただけである。しかし、この仮借には、今述べた理由で問題がある。メタファーとするのであれば、そのものずばりのもっと適切な人物が仏典（大般涅槃経）に記載されている。アジタ（阿逸多）の伝説である。

ペナレスの町にアジタという名の長者の子がいた。父の不在中に秘かに母と邪淫したことで、父と争い、殺害してしまう。ここまではエディプス願望そのものをアジタは意志的に実行している。その後母が他の男と密通したので母をも殺害し、さらに醜事が露見するのを恐れて出会った阿羅漢をも殺してしまう。このような三逆罪を犯した極悪人ですら釈迦によって救われるというのが仏典のオチである。ちょっと露骨すぎるが、母に性愛的欲望を抱き、父を殺害するという点だけに限れば、オイディプス物語よりもこのアジタ伝説の方が適切である。もしフロイトがこの話を知っていたなら、エディプスではなく、アジタ・コンプレックスと名づけていたかもしれない。

それはともかく、フロイトはエディプス三角関係における母親の父親との共謀的役割についてまったく触れようとしない。母イオカステはエディプス誕生の折りに子捨て子殺しに共謀的に加担しているのである。しかも真相を知ったエディプスは母を殺害しようと企ててもいる。「オイディプス王物語」には、母子間のおぞましい葛藤が記述されているのであるが、フロイトはこれをまったく無視している。彼が前エディプス期の母子関係における複合感情になぜ触れたがらなかったかについては、自身の母親との良好な関係が背景にあったと考えられている。

第二節　阿闍世コンプレックス

阿闍世コンプレックスという用語は、古澤平作が一九三二年、ウィーン留学中に師であるフロイトに直接提出した「罪悪意識の二種――阿闍世コンプレックス」と題する論文の副題として初めて用いられたものである。むろん、これは、フロイトの「エディプス・コンプレックス」を意識した言葉である。

古澤の「阿闍世コンプレックス」論は、フロイトが軽視した前エディプス期（三歳以前）の母子葛藤を真っ正面から取り上げたものである。古澤はこう定義している。

> 「実際分析学上、母を愛するが故に父を殺害せんとする欲望傾向なるものの外に、母を愛するが故に母を殺害せんとする欲望傾向を来す精神病者がある。前者はエジポス錯綜と名づけている。余は後者を阿闍世錯綜と名づけたい」。

錯綜はコンプレックスの訳語である。「エディプス・コンプレックス」論はフロイト自身の自己分析や神経症の治療経験にもとづく理論であって、オイディプス王物語にあてはめて論ずるのには無理があった。これと同じく、古澤の「阿闍世コンプレックス」は、彼の日本人の精神病、とくに境界例の患者の治療体験から導かれたものであるから、理論的には成り立つとしても、仏典を論拠に論ずることには多少の疑義がある。

古澤は、「阿闍世コンプレックス」（母を愛するが故に母を殺害せんとする欲望傾向）を提示するのに、涅槃経やそれを引用した親鸞の『教行信証』の阿闍世物語を拠りどころとしている。のちには観無量寿経にも触発されたようであるが、本書の第二章第一節では、大般涅槃経にもとづく阿闍世の救済、第二節では、観無量寿経にもとづく母韋提希の救済を取り上げており、そこを読めば分るように、経典のどこにもそれらしい記述は見当たらない。

経典にみられる阿闍世物語はいずれも父子関係を主題としている。唯一母韋提希を主人公として取り上げた観無量寿経においても、阿闍世の怒りをかって幽閉された韋提希が釈迦に救いを求めて阿弥陀仏の浄土を観想する物語である。経典に描かれている阿闍世は、子が母親に対して愛憎のコンプレックスを抱くような人物ではなく、父親殺しの重罪人である。

阿闍世コンプレックスの原典となるような経典はない。そこで、古澤は、フロイトに提出した原論文に、ウィーンから帰国後二十年間の臨床経験を踏まえて、自分が主張する阿闍世コンプレックスの内容に合うように、かなり強引に父子関係を母子関係に置き換えて古澤版阿闍世物語を創作した。

一　**古澤版阿闍世物語**

第二章で述べたように、涅槃経の阿闍世誕生の因縁譚に、「父王（頻婆沙羅王）が年老いて子がないことを憂いて」とあるところを、古澤は、「青春今や去らんとした韋提希が父王との間に子なきため、容色の衰うると共に王の寵愛の去ることを憂い」と書き換えて韋提希の悲しむべき煩悩を物語の主題とした。どの仏典でも父親殺しが主題であるが、古澤はこれをあえて母親殺しのテーマに読みかえたのである。これは彼がエディプス期の父子関係よりも前エディプス期の母子関係を重視した結果である。

韋提希は夫の愛をつなぎ止めるために自己中心的な願望から子を欲したのである。その後の筋立ては涅槃経を踏襲している。占い師が、「裏山に住む仙人が三年後に死んで韋提希にみごもり、王子に生まれ変る」と予言する。だが王妃はその三年が待ちきれずに、その仙人を殺害させる。仙人は事切れる前に「あなたの腹に宿って生まれ変り、父王を殺すであろう」と呪いの言葉を残す。「生まれ変って父王を殺す」という言葉は涅槃経にも見られる。涅槃経では、確かに父王が仙人を殺害させたのであるから、これでいいが、古澤版では、主犯は韋提希である。なぜ「生まれ変わってお前（韋提希）を殺すであろう」と言わせなかったのであろうか。阿闍世コンプレックスの主題は「父殺し」ではなく「母殺し」なのであるから、その方が全体の筋も通る。父王にしてみればとんだ濡れ衣を着せられて迷惑な話である。

予言どおり、韋提希妃は懐妊する。しかし、仙人の呪いが子の恨みとなることを恐れて、高い塔から生み落とす。これも涅槃経の記述そのままである。このような事情で生まれた阿闍世が生まれながらに親への恨み（未生怨）を懐いたとしても当然である。命を取り止めた阿闍世は、その後、傍目には幸福な王子として育ったが、長ずるにつれて、心がいつも不思議な黒雲におそわれ、鬱々とした日々を過ごしていた。このようなときである。あの提婆達多に黒い影の正体を暴露されたのは。王子ははじめて自分の憂鬱の原因を知り、あわや母親を殺そうとする。その罪悪感から阿闍世は流注《るちゅう》という悪瘡《あくそう》にかかって苦しむことになる。

涅槃経では、殺父に対する罪悪感から悔熱による瘡病《そうびょう》を患うことになっているが、古澤版では、幽閉された父王の身を案じた韋提希が秘かに食事を与えていたことに怒った阿闍世が剣で母を殺そうとした罪悪感から流注という悪病（瘡病）に苦しむことに書き換えられている。病苦の原因も、殺父から、殺母（未遂）の罪悪感に重点が移されているのである。そもそも、古澤版では、なぜ阿闍世が父王を殺害しなければならないのか、その動機が不明である。エディプス・コンプレックスのように、母に対する愛欲に端を発しているのではないことだけは確かである。すべての問題の源は、「青春今や去らんとした韋提希が父王との間に子なきため、容色の衰うると共に王の寵愛の去ることを憂いたる悲しむべき母の煩悶」（古澤平作）に端を発している。

この古澤版阿闍世物語は、彼の「阿闍世コンプレックス」を説明するための論拠として経典もどきの物語に仕立てたはずなのに、「阿闍世に、母を愛するが故に母を殺害せんとする欲望傾向がある」とか阿闍世が母韋提希に未生怨を抱いたとはどこにも語られていない。古澤の直弟子である小此木啓吾は、「阿闍世が自分の出生の由来を知って、それまで理想化していた母への幻滅のあまり、殺意に駆られて母を殺そうとした」と糊塗しているが、古澤自身、観無量寿経に従って述べているように、阿闍世が母を殺そうとしたのは、韋提希が幽閉された父王に秘かに食事を運んでいるのを知った怒りからであって、母への愛を裏切られたためとは書かれていない。

古澤がフロイトに提出した論文の題名は「罪悪意識の二種」であって、阿闍世コンプレックスはその副題に過ぎなかった。彼はフロイトのいう「処罰恐れ型罪意識」の外に「ゆるされ型罪意識（懺悔心）」のあることを主張したかったのである。「処罰型罪意識」というのは、エディプス・コンプレックスの「母を愛するが故に父を殺害せんとする欲望傾向」が親から処罰されるという恐怖心から生じる罪悪感のことである。これに対して、出生時の母の子殺し、阿闍世の母殺しのいずれも未遂の罪を相互に許し合うことから「すまなかった」という懺悔心が生じるというのである。しかし、この相互のゆるし合いについても古澤版阿闍世物語には何も触れられていない。

古澤版阿闍世物語は「罪悪意識の二種——阿闍世コンプレックス」の主題と副題のいずれの論拠にもなりえていない、中途半端な物語に終わっている。

二　古澤-小此木版阿闍世物語

「ゆるし合い」という点を補って加筆・改作したのが小此木啓吾である。今日ではこの古澤-小此木版阿闍世物語が一般に通用している。

流注に罹患したために、「悪臭を放って誰も近づかなくなった阿闍世を看病したのが、ほかならぬ母韋提希その人であった。しかし、この母の看病は一向に効果があがらない。このことは涅槃経にも記載がある。

そこで、韋提希は釈迦にその悩みを訴えて救いを求めた。釈迦の諭しによって自らの心の葛藤を洞察した韋提希が阿闍世を看病すると、今度は阿闍世の病も癒えた、というものである。

以上が、古澤-小此木版阿闍世物語の概要である。小此木版の追加部分では、母の献身的看病を受けて、阿闍世の悪瘡が救われることになっているが、古澤版では、救済したのは涅槃経と同じく釈迦である。古澤-小此木版の該当するくだりは涅槃経、教行信証、および観無量寿経に見出され、小此木の追加部分は観無量寿経を基本としたとのことであるが、追加の後半部分は観無量寿経典には一切記述がない。小此木の創作である。

　小此木が救済の主体を釈迦から韋提希へ置き換えたのは、母親の献身的な看病が自分を殺そうとした息子へのゆるしであることを言わんがためである。阿闍世の悪瘡の苦しみは、父王殺害と母親殺害未遂による処罰恐怖型罪悪感である。この罪悪感が母親のゆるしによって阿闍世が救われ、ゆるされ型罪悪感＝懺悔心（すまない、悪かった）へ変化するというのである。だが、涅槃経では、阿闍世が懺悔しているのは、殺父に対してであって、母親はでてこない。また、母親の看病で瘡病はますますひどくなる。瘡病が癒されるのは釈迦の月愛三昧の光につつまれてであって、母の看病のせいではない。

三　罪と罰／罪とゆるし

　エディプス・コンプレックスは、「罪に対してはそれを罰し、償わせる」という欧米流の父性原理を原型としている。小此木（『日本人の阿闍世コンプレックス』）によれば、フロイトは、ドストエフスキーの『罪と罰』を取り上げて、「さまざまの罪を犯して後悔し懺悔して、それでゆるされると思う人間は、人に甘えた社会的未熟者か、神経症者か、アジア的な野蛮人である」とドストエフスキー批判を行っている。正邪の区別を明確にし、犯した罪に対してはそれ相当の罰を受け、償いをさせるのが父性原理の倫理規範だというのである。罪はあくまでも罪であって罰によってしか償いようはない。これとは対照的に古澤-小此木の阿闍世コンプレックス観は「罪をゆるし合う」関係を通じて互いの一体感を回復しようとする日本的な母性心理を基盤としている。

　母性原理優位の日本文化の中で育った日本人患者に対する古澤や小此木の臨床体験から、母親に対する愛憎のアンビバレントな複合観念が見出せるという事実に異議を挟む権利は精神分析家ではない筆者にはない。しかし、師である古澤に対する配慮からとはいえ、その事実を経典にみられる阿闍世物語と結びつけることにはそうとうの無理があるように思う。もっとも、経典そのものが史実を無視した経典作家の自由な創作物語であることを考えるならば、古澤‐小此木が経典を改作してまったく新しい物語を作ったとしても目くじら立てることはないのかもしれない。この点に関して、仏教関係者からの厳しい指摘があるため、小此木は、経典のいろいろの文言を引用してなんとか取り繕おうとやっきになっているが、彼の心労には敬服するとしても、古澤‐小此木版阿闍世物語を創作して、それで症例を説明することは、朝日が昇る方向を東と定めて、「朝日は東から昇る」と言っているようなもので、どうひいき目にみても牽強付会《けんきょうふかい》の感は否めない。

しかし、小此木の加筆の後半部分の経典の由来はともかく、彼の言わんとするところは理解できる。いやしくも、クライエントの苦悩の救済に携わる臨床家たるものは、釈迦が阿闍世の救済に当たってまず自らが月愛三昧に入ったように、また精神分析家になるにはみずから教育分析を長年受けて自己洞察することが条件であるように、ロジャーズのいう自己一致していることが前提条件である。古澤平作のご子息である古澤頼雄によれば、古澤は、八時の診療開始前に、毎朝ほぼ一時間の坐禅を欠かさなかったという。韋提希の看病によって阿闍世の悪病が癒されるためには、自己中心的な母であった韋提希自身が釈迦との出会いを通じて真実の母性愛に目覚める必要があった、と小此木は主張しているのである。

四　エディプスと阿闍世の比較

最後に、物語とコンプレックスを分けて、エディプスと阿闍世との類似点と相違点を比較しておく。

エディプス王物語	**阿闍世王物語**
【類似点】	
アポロンの神託	占い師の予言

不吉な王子として誕生	不吉な王子として誕生
子殺し（腫れ足太子）	子殺し（指折れ太子）
うわさで誕生の秘話を知る	提婆達多の唆し
父殺し	父殺し
【相違点】	
父親を殺し、母親と通じる	父親殺し、母親殺し（未遂）
無自覚的	自覚的・意志的
母は妻	母は母
結末は母子共に悲劇	結末は母子の救済

エディプス・コンプレックス　**阿闍世コンプレックス**

【類似点】

①いずれも精神発達の初期段階における幼児の心理的葛藤を問題にする。

②この発達段階における発達課題の未解決が成人期に発症する神経症や精神病などの精神病理の原因とみなす。

③治療法は自由連想法によるコンプレックスの解釈と洞察である。

【相違点】

エディプス期の幼児の心性	前エディプス期の乳幼児の心性
父–母–子の三者関係	母子二者関係（父親不在）
主題は「父殺し」	主題は「母殺し」
母親への性的欲望	理想的母への一体感の幻想と幻滅

母を愛するが故に父を殺害せんとする欲望傾向	母を愛するが故に母を殺害せんとする欲望傾向
父からの処罰の恐怖（罪と罰）	母のゆるし（罪とゆるし）
去勢不安による抑圧	ゆるしによる怨みのとろかされ
処罰恐れ型罪悪感	ゆるされ型罪悪感（懺悔心）
父性原理	母性原理
主たる対象は神経症	主たる対象は精神病（境界例）

よく混同されがちであるが、ソフォクレスの「オイディプス王物語」とフロイトの「エディプス・コンプレックス」、大般涅槃経や観無量寿経にみられる「阿闍世王物語」と古澤平作の「阿闍世コンプレックス」とは区別して考えなければならない。物語では「親の子殺し・子の親殺し」が中心テーマであるが、コンプレックスは子が心の深層に抱く「親への愛憎」の感情複合のことである。

　前エディプス期の乳幼児が母親を独占しようとし、それが現実には思いのままにならないことから母親に怨みや憎しみの感情を抱くのは、この発達段階ではごく自然のことである。また、エディプス期の幼児が今まで独り占めしていたと誤解していた母親と特別の関係にあるらしい他者（父親）がいきなり意識的な精神世界に登場してくると、それを無意識のうちに排斥しようとする気持ちが起こるのもこれまた当然のことかもしれない。この幼児期の無意識的な心的葛藤が未解決のまま成人に持ち越されると、いろいろな精神病理的問題が起こる可能性がある、というのが最初期の精神分析における物語であった。フロイトは、自由連想法こそこの無意識の謎を探るための最良の方法であり、かつまた治療法であると考えたのである。

　フロイトは、主として神経症レベルの患者の治療体験からエディプス期の心的葛藤を問題にしたが、古澤はそれよりももっと古い前エディプス期の母子関係にまで退行する重度の精神病者（境界例の患者）のいることを指摘している。エディプス・コンプレックスと阿闍世コンプレックスの根本的な相違は、治療対象の病態レベルの相違に起因していると考えられる。

第三節　〈種子《しゅうじ》〉複合体としての釈迦コンプレックス

本書の主人公は釈迦である。エディプスでも阿闍世でもない。

いうまでもなく、エディプス・コンプレックスは、精神分析における無意識の概念である。筆者のいう釈迦コンプレックスは、仏教、特に唯識派の〈識〉理論にもとづく概念であって、むろん、精神分析の無意識とは何の関係もない。ではなぜ、釈迦の思想とはまったくなじまないコンプレックスという言葉をあえて使用したかというと、それは、釈迦の実存的苦悩や心の奥底の葛藤をフロイトのエディプス・コンプレックスと対比して考察してみようとする意図からである。

一　釈迦コンプレックスとは

第一章で述べたように、浄飯王と摩耶妃は長い間子どもに恵まれなかった。悉達多を身ごもったのは結婚十年後だったという。摩耶妃は、カピラ城近くのルンビーニ園で出産したが、難産で産後の肥立ちが悪く悉達多を生んだ七日後に死亡した。母の死後、悉達多太子は、父の後妻となった母の妹摩訶波闍波提《マハーパジャーパティー》に育てられた。太子がこの事実をいつ知ったかは不明であるが、並外れて感受性の強かった悉達多は幼い頃からもの思いに沈みがちな子であったと伝えられている。

悉達多の生はとりもなおさず母の死であった。つまり、それは縁起の理で次のように表現される。

自分の生があるとき、母の死がある
自分の生がないとき、母の死はない

この「母の死」は釈迦にとってただ受け入れる以外にないどうしようもない厳然たる事実である。しかもそれに自分の存在が意図せずにかかわっている。もし自分さえ生まれなければ、母の死はなかったはずである。自己の存在に対する根本的な負い目、引け目の感情、これは自分の犯した罪に対する罪悪感とは別の感情である。エディプスや阿闍世の場合、知らなかったとはいえ、親による意図的な子殺しに対する怨みを背景にして、「父王殺害と母親の自殺（あるいは、殺害未遂）」の罪を犯した。彼らの罪悪感は自らの意志的行為に伴う感情である。

しかし、釈迦の場合はそうではなかった。「自分の生が母の死」という自分ではいかんともし難い無惨な幼児期の心的外傷体験がそもそもの起源なのである。その記憶が彼の生涯を貫く課題となった「生死の苦」の問題へと一般化されたのである。この罪悪感とは異なる「生死の実存的苦悩」、これが「釈迦コンプレックス」の中核感情なのである。彼の厳しい求道の歩みは「釈迦コンプレックス」からの解放を希求する自己治療の旅だったのである。このように解釈してはじめて彼の苦難な成道への道が理解できるように思う。

二　**無意識観について**

フロイトの偏執的なまでのエディプス・コンプレックスへのこだわりは、彼が生きたユダヤ＝キリスト教の文化圏における男性中心的な家父長制によるものであった。フロイトは、無意識を実体視し、〈抑圧〉の概念を導入することによって意識と対立する二元論的存在として捉えた。これがフロイトの実体論的な無意識観である。彼は言う。「抑圧されたものはすべて無意識である」。意識と無意識を分かつ鍵概念である抑圧には、つねに自我の管理機能である検閲作用が働いている。自我にとって危険視されるものが抑圧の対象である。この単純明快な二極対立の図式は、西洋哲学史の中で繰り返し登場するプラトンの構造主義を下敷きにしている。現象（意識）と本質（無意識）を明確に峻別する二元論の立場である。

小浜逸郎はフロイトの無意識について実に興味深い解釈を提示している。「フロイトは『無意識』を、個体の心理世界を支配する根源的な力であるが、しかしけっして理性のまえにはその全貌を明らかにしない〈神〉のようなものとして（近世哲学でいう『実体』として）扱ったのである」。また、「もし彼の思想の核心の部分を哲学的に抽出するとすれば、その『無意識』についての論述の中に、新しい相貌をともなって、あの一度死んだはずのヨーロッパ的な〈神〉が復活する様が見いだせるはずである。言いかえると、フロイトの『無意識』にまつわる思想は、〈神〉との接点を見失った近代の『意識』が、新たに、〈神〉に成り代わる唯一の『畏怖の対象』を発見しようとする営みの一つなのである」。言い得て妙である。さらにつづけて、「それは、表面に出ない『隠れた心理』こそ真実に近いのだという論理を強制し、そして、『けっして知りえない無意識』を『意識』のかなたに追いやることによって、近寄りがたい実体として固定化する」。まったく首肯したので、少し長くなったがそのまま引用させてもらった。彼の逆説的な表現を借りると、「無意識は意識の中にしか存在しえない」。意識されてはじめてその存在が知られるのだから。たとえていえば、「暗闇の中で乙女は赤面しているか」という問いと同じである。赤面しているかどうかを確かめるためには明かりをつけなければならない。しかし明かりをつければ暗闇ではなくなる。この問いには答えようがない。

フロイトの影響があまりにも強烈であったために、われわれは、つい不用意に、彼の無意識論の骨格を自明のものとして受け入れてしまいがちである。しかし、無意識が存在するのかどうか、もし存在するとすればどういう形で存在するのかを問題にするとき、臨床体験に基づく理論的仮説にすぎないものをあたかも定言命題であるかのように大前提に立てて議論を進めることは「論点先取の誤謬」を犯すことになる。

釈迦は、無常・無我や悟りは説いたが、無意識については一言も触れていない。仮に「無意識は存在するか」と問うたとすれば、「ある」とも「ない」とも何とも答えなかったはずである。そのような形而上学的問題には肯定も否定もしない無記の判断停止で対応するというのが釈迦の基本的な姿勢であったからである。

荒牧典俊ら訳の『スッタニパータ』には、「あるがままにいまここの存在を自覚する」という如実知見の言葉が何カ所にも出てくる。釈迦の思想が現象学的であり、かつ実存主義的であったなによりの証拠である。南　直哉は言う。「人間は自己という存在様式で実存する」。「自己」という実存様式は自我意識として現象化するが、それは無常・無我であって、「無意識的実体」としての本質的自己というような超越的な存在根拠を措定することを必要としないのである。

三　**唯識の八識**

釈迦没後、ほぼ前一世紀半ごろ編纂された部派仏教の〈説一切有部〉では、〈識〉を、眼・耳・鼻・舌・身・意の〈六識〉に分けている。つまり、

第一眼識（視覚）
第二耳識（聴覚）
第三鼻識（嗅覚）
第四舌識（味覚）
第五身識（触覚・自己受容感覚）
第六意識（認識）

である。第六意識以外のものを前五識という。すべて感覚器官が対応している。その背後に第六意識が働いて認識が成立する。原始仏教は、この六識の働きを人間の心と捉えていたのである。釈迦の言葉をもっともよく伝えていると

される『ダンマパダ』（今枝由郎訳）にも次の偈がある。

眼を制するのは善い
耳を制するのは善い
鼻を制するのは善い
舌を制するのは善い（三六〇）

身体を制するのは善い
言葉を制するのは善い
心を制するのは善い
あらゆることを制するのは善い
すべてを制した出家修行者は
すべての苦しみから逃れられる（三六一）

この「心」は、意識のことであって、ここでもまだ第六意識よりももっと奥深い〈識〉の働きについては言及されていない。それが明確に自覚されるようになったのは、四、五世紀に登場した大乗仏教の唯識思想によってである。釈迦没後ほぼ千年を要している。唯識は、釈迦の実践的教説を理論化した認識の形而上学である。

唯識の理論を体系化したのは、弥勒《みろく》（三五〇-四三〇）、無着《むじゃく》（三九五-四七〇）、世親《せしん》（四〇〇-四八〇）の三人の仏教哲学者である。弥勒は歴史的実在が疑わしい。無着と世親は実在の兄弟であり、唯識思想を大成したのは弟の世親だといわれている。無着あたりまでは、末那識と阿頼耶識の区別がまだあいまいであったが、世親によって、第七末那識と第八阿頼耶識が仮設的な説明概念として明確に設定されて〈八識〉となった。末那識と阿頼耶識は、フロイトの無意識とまぎらわしく、よく仏教の深層心理・深層意識とみなされるが、精神分析の無意識と混同してはならない。

唯識の〈識〉：精神分析の意識・無意識観は、山内得立の説に倣えば、西洋のロゴスの論理を基盤としており、それは〈存在についての論理〉であった。つまり、「ある」・「ない」の有無相対の存在観の立場をとっている。それゆえ、意識と無意識とが二元論的に峻別され、それぞれが対立的に実体視されるのである。

一方、唯識の〈識〉は縁起性のものであり、東洋の〈非存在についての論理〉であるレンマの論理に基づいている。横山紘一は、精神分析の意識と無意識を「ありてあるもの」、唯識の識を「仮にある（仮有）」、つまり「あるようでなく、ないようである」という言い方でその特徴の違いを明確にしている。〈識〉は〈もの〉ではなく、〈識《し》る〉という働き、いうなれば〈こと〉である。〈識〉とは、何か（識の対象）について識《し》ることであり、その何かがなければ識もない。〈識〉が縁起性というのはこういうことである。現象学におけるノエシス（意識する働き）・ノエマ（意識されるもの）と同じ関係である。ノエマなしにノエシスは存在しないし、その逆も真である。両者は一体である。また彼は、〈識〉の表層と深層の区別を「現れた心」と「隠れた心」と呼ぶことを提案している。「気づかれる識」と「気づかれない識」といっても同じであろう。ただ表層・深層という言葉が一般に通用しているので、便宜的にこれを用いている。このように、〈識〉は無常・無我をその本質的特性としており、二分法というよりはむしろ、表層から深層へと深浅のグラデーションをなしているものと考えた方がいい。

第六意識：前五識、つまり五感は、目で見、耳で聞き、鼻で嗅ぎ、舌で味わい、体で感じる感覚作用のことである。第六識の意識の働きは、唯識では五倶意識と不倶意識の二種類に分けられる。五倶意識とは、前五識に直接関与してそれが「何であるか」を統覚的に知覚する働きである。不倶意識は、五感とは直接関係なく独立して働く思考や判断、空想、想像、想起、感情、意志などを総合的に含んだ心の働きのことである。意識は表象を内容とするが、表象は知覚表象、記憶表象、想像表象に区分され、後の二つが不倶意識に該当する。

　これに加えて第六意識では、言語が基本的機能を果たしている。「これは赤いリンゴである」という認識には必然的に言語が働いている。言語以前の表象的思考のみならず、言語による概念的思考が決定的に重要なのである。言語の機能は分別機能と実体化機能とに分けられる。「リンゴである」という言葉で「リンゴ以外のものではない」という分別と同時にリンゴと呼ばれるものが外部に実体化される。この言語の分別機能と実体化機能が無明・無知の原因となって苦を生むが、逆に「正聞熏習」・「見聞覚知」といって釈迦の真言（正しい言葉）を繰り返し聞くことによって、無明から目覚めさせられることも起こりうる。言葉は毒にも薬にもなるのである。

　前五識の背後には第六意識が働いているが、それはいつもとは限らない。何かの考え事に熱中していると、眼に映っていても見えず、耳に入っていても聞えないことがある。ふと注意がそちらに向くとそれに気づく。何を意識するかで構成される世界のありようは異なる。われわれがふつう「心」とか「精神」と言っているのは、この〈第六意識〉の働きのことである。ちなみに、「意識」という言葉は、もともと仏教に由来する専門用語だったのである。

　現在の直前の瞬間の意識のことを「前滅の意」という。意識を構成する表象は、「刹那生滅」のものであって、一瞬一瞬に生じては消え、消えては生じる。一瞬一瞬に切断されながら、それでもなお直前の表象が現在の表象へ、現在の表象が次の表象へと次々に接続する連続性をもっている。この前滅の意識が現在の意識の〈所依《しょえ》（拠り所）〉となるということは、直前の意識が現在の意識活動の拘束条件になるということを意味する。この連鎖が認知の枠組みを構成して、先入観や思い込みを生み、認識範囲を限定する。唯識の教説は「前滅の意を〈所依〉とする」という言い方でこのことを教えている。

第八阿頼耶識：識の一番根底にあって、七識全体を支えているのが〈第八阿頼耶識〉である。すべての認識作用を生み出す根源的な働きであり、この意味で「すべての現象世界はこの根本的な識から変現したものである」（平井孝夫）。ただし、阿頼耶識や次に述べる末那識を、まるでフロイトの無意識であるかのように、実体視してはならない。これらは認識のメカニズムを説明するために理論的に要請された仮設構成体にすぎない。南　直哉は言っている。「唯識思想は深層心理学ではない。アーラヤ識は無意識でも深層心理でもない。これは存在を認識に還元した結果措定された形而上学的概念である」。彼の説明によれば、形而上学というのは、無常な実存（現象）に無常でない超越的な存在根拠（本質）を与える思想である。

阿頼耶のサンスクリット原語「アーラヤ」は「蔵する」を意味する。何を蔵するのかといえば、カルマ＝業、つまり、過去の行為の結果や経験の痕跡である。自覚のあるなしにかかわらず、いったん経験した行為とその結果はことごとく阿頼耶識に熏習《くんじゅう》される。その経験には、当然、経験したときの感情も伴われる。花を見て美しいと感動すれば、その感動もともに熏習されるのである。

熏習の作用はよく次の例で説明される。香を焚くと衣にその香りが浸み込んでいく。香はなくなっても、浸み込んだ香気はいつまでも衣に芳っている。同じように、高原の霧の中を歩いていると、いつの間にか衣服がしっとりとしめってしまう。熏習とはちょうどこのような働きであるというのである。それゆえ、精神分析の抑圧とはまったく違うし、過去の経験の痕跡のすべてが知らないうちに熏習されてしまうのであるから、そこには自我の管理機能や検閲作用は働いていない。ここがフロイトの無意識観と根本的に異なる重要な点である。

阿頼耶識に熏習される過去の行為や経験の痕跡を〈種子《しゅうじ》〉という。つまり、経験の蓄積が〈熏習〉であり、蓄積された経験が〈種子〉なのである。「経験が阿頼耶識に種子として熏習される」という言い方をする。種子は「名言《みょうごん》（言葉の）種子」と「業種子」に区別されている。名言種子は、身・口・意三業のうち口業、つまり言葉による行為の結果が阿頼耶識に植え付けられた言葉に色づけされた種子である。それが、たとえば、「私は死んだら地獄に堕ちる」というような、言葉によって仮そめに作られた戯論の世界を生み出す種となるのである。業種子は、善・悪・無記（善でも悪でもない）の三業のうち主として善業と悪業が熏習されたものをいう。これが善因善果・悪因悪果の因果応報の説明原理とされるのである。なぜなら、種子に熏習される業は、一瞬一瞬生滅を繰り返しているが、業報が次の業を生むという連鎖的形式で断続する連続体を構成しているからである。業種子によって未来世の生存形態が決定されるというのが唯識の業相続説である。

　阿頼耶識の種子は刹那滅のものであり、けっして植物の種子のようなものを想像してはならない。ではなぜ〈種子〉の言葉を使うのかというと、それは熏習の反対の側面である〈能変〉を譬えるためである。植物の種子は条件（縁）さえととのえばやがて地中から芽を出し茎をのばし葉を繁らせ花を咲かせて実を結ぶ。この実が表層識の次の経験となるのである。つまり、〈種子〉は七識に働きかけてそれぞれの経験を生む力を潜在的に有しているのである。この〈種子〉の働きを〈能変〉という。能変とは、字義どおり、「能動的に変えていく」という意味である。

　見たり考えたり、悩んだり、我を張ったり、七識の行為すべてが種子の能変の影響を受けている。一切の存在はこれらの種子によって生み出されるという意味で、阿頼耶識の別名は「一切種子識」と呼ばれる。精神分析において、無意識のコンプレックスが意識に上るには、何らかの理由で自我の管理機能による抑圧が弱まることが条件である。しかし、能変はそういうことには関係なくつねに自動的に働いている。このような〈種子〉の二側面である熏習と能変の絶え間ない相互作用が阿頼耶識の転変であり、存在様式である。

　阿頼耶識は「蔵」という言葉から、あたかも物品を貯蔵する地下の倉庫であるかのようなイメージをもたれやすい。あらかじめ入れ物の箱があって、それに胡麻粒のような種子を貯めるというように。でも、そういうものではない。喩えは悪いが、空き地に材木を積めばそこが材木置き場になる。でも、材木が運び出されるともとの空き地に戻るようなものである。譬えが悪いといったのは、種子は体（形あるもの）ではなく用（働き）だからである。熏習によって集積された種子が張り出す位相空間が阿頼耶識なのである。

　阿頼耶識の性質は、本来、善でも悪でもない無記である。どのようなカルマ＝業（行為とその結果）が熏習されるかによって、種子は善玉にも悪玉にもなる。善いことをすれば、知らず知らずに善い働きが熏習され、悪いことをすれば、悪の熏習がある。唯識は性善説でも性悪説でもない。その人が積み重ねた過去のあらゆる経験の痕跡が阿頼耶識となり、それが識全体に影響を及ぼすのであるから、阿頼耶識のあり方がその人の人柄、人となりとなる。と同時にそれによって世界認識のあり様もおのずから定まる。

表層の行為の結果は必ず深層の阿頼耶識に種子を熏習し、その種子によって表層の行為のあり様が決定される。このことを「阿頼耶識縁起」という。すべての行為は、意識の有無にかかわらず、必ず他に影響を及ぼすと同時に自分にそのまま跳ね返ってくる。この理《ことわり》に気づくとき、おのずから自分の行為が正されることになる。

熏習された種子は能変によって他の七識に影響を及ぼし新たな経験を生み、それがまた種子として熏習されるのであるから、阿頼耶識と経験との間には、経験–熏習–種子–能変–経験という絶え間ない環流が繰り返されている。これが唯識で〈自己〉と呼ばれるものの実態である。このうち経験の一部は意識できることもあるが、その他の全過程は心の深層のなかで気づかれないまま無意識裡に進行する。熏習も種子も能変も意識されることはない。この循環過程は一刻もとどまることなくダイナミックに働きつづけるので、阿頼耶識はいつも激しく流動している。この流動が何らかの理由で障害を受けて滞る状態が病気である。病気は気の病と書くが、唯識的にいえば、識の病、特に深層の阿頼耶識の病である。それゆえ、治療の目標は、阿頼耶識に積もり積もったストレスフルな種子の改善に向けられる。「転識得智（識を転じて智を得る）」と表現される。「智を得る」とは、無常・無我を無常・無我とし

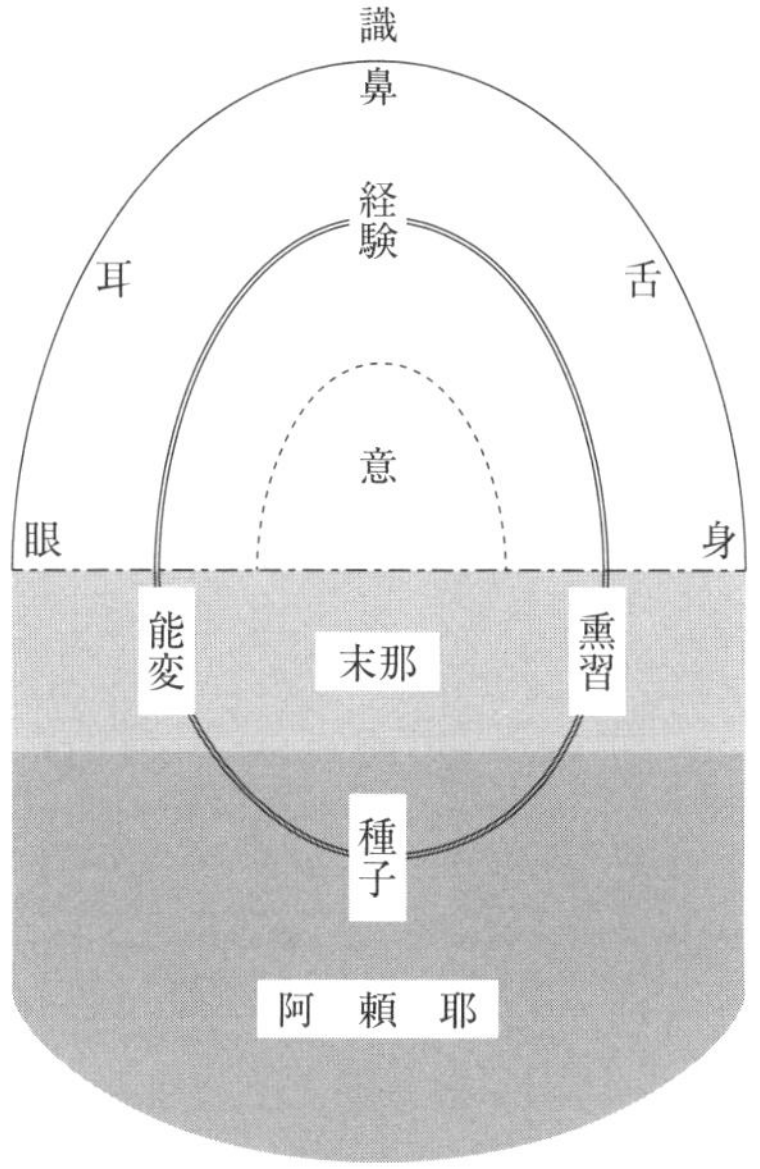

八識のイメージ

て、あるがままの相を智《し》るという意味である。この無分別智は、唯《た》だ観《み》ること、唯だ念ずること、そして行住坐臥の一つひとつの行為に唯だ成り切ることによって「唯《た》だ」の世界が現成するときに得られるとされる（横山紘一）。

第七末那識：第七末那識は阿頼耶識から自然に発生する。だから、説明の順番を逆にしたのである。識の構造からいえば、阿頼耶識の方が末那識より深層にあると仮定されるから第八識とされるのである。阿頼耶識には、末那識を生み出す生得的な種子と、いわば自我関与的な経験の熏習による種子とが蓄積されている。これらが阿頼耶識の上澄みのように一つにまとまって複合体を構成したのが末那識である。世親は、いろいろの識作用のうちに「私」、あるいは「私のもの」といった〈自我執着心（我執）〉の根元があることに気づき、これを阿頼耶識から切り離して独立の識作用として〈第七末那識〉を定立したのである。

　末那のサンスクリット原語「マナ」は「思い量《はか》る」という意味である。何を思い量るのかというと、「実体的な自分がある」と思い量るのである。自我意識のもとである。末那識は、自らを生み出した当の阿頼耶識をあたかも「実体的自己」であるかのように錯誤的に誤認し、不動不変の自我像を構築してその虚像に執着する。それによって、意識では制御できない利己的な煩悩を湧き起こらせるのである。仏教でいう〈煩悩〉とは、心身を悩まし、煩わせ、苦しめる心の作用のことであり、一切の欲望、他者への怒りや憎しみ、仮の実在への執着などがそれである。

　前五識や第六意識で生じた経験の痕跡が阿頼耶識に蓄積されるとき、末那識の〈我〉のフィルターを通過する際に利己的に着色されて種子が熏習される。その一方で、〈我意〉の能変が意識に働きかけて、ものの見方や考え方、振る舞い方などを自分の都合に合うように歪曲する。〈我意〉とは、自分の意見や考えを押し通そうとする心の傾向のことである。この末那識の能変を〈第二能変〉という。ちなみに阿頼耶識の能変は〈初能変〉、六識に働く能変は〈第三能変〉と区別され、合わせて〈三能変〉という。

末那識が抱える四つの根本煩悩は、我癡《がち》、我見《がけん》、我慢《がまん》、我愛《があい》である。むろんこれらの我執の煩悩は表層の六識で起こるが、その根底には深層の末那識による第二能変が働いていると唯識説は主張する。

我癡：自分が無常・無我なる縁起的存在であることに対する無知・無明
我見：自分の見識や主義主張を絶対視し、それにこだわること
我慢：実体的な自我があると思い込み、そういう自分を奢り高ぶること
我愛：自分で勝手に描きあげた虚像の自我像にしがみつき、それに執着してひたすら自分を利己的に愛しつづけること

末那識は我意・我執によって、意識上に煩悩を生み出す。それゆえ、末那識は煩悩の巣窟のようにみなされがちであるが、本来の性質は無記である。ただ煩悩に覆われているので有覆《うぶく》無記とされる。これに対して阿頼耶識は無覆《むぶく》無記と区別されている。無記ということは、その人の生き方の姿勢次第で自在に変化することが可能だということである。前述のとおり、善のカルマの熏習によって阿頼耶識が浄化されれば、末那識の煩悩の雲も自ずから晴れる。利己が利他へ転換するのである。前述の「転識得智」（識を転じて智を得る）である。ものごとの真相をあるがままに見る智慧が得られるというのである。

四　唯識の原型（釈迦の言葉）

「始めに言《ことば》があった。言は神と共にあった。言は神であった」という『ヨハネによる福音書』第一章の冒頭の言葉はよく知られている。キリスト教圏の欧米の精神療法はここに起源を発する。一言でいえば、「唯言論」である。岸田秀の「唯幻論」ではない。言語が精神療法の主たる武器なのである。

フロイトの治療原理は、「無意識の意識化」もしくは「無意識の言語化」である。精神分析家のラカンは、構造言語学者ソシュールの用語を援用して精神分析の構造を次のように説明している。すなわち、精神分析の治療過程とは、シニフィアン（精神病理的症状）が指し示すシニフィエ（無意識的な深層の意味）を探求し、解釈して、それを言葉に置き換えて言語化（シニフィアン化）することによって症状（シニフィアン）を無意味化する過程である。無意識的な固着観念がただ言語化されることで、症状が軽減されるという理屈である。

これは、唯識モデルでいうならば、〈種子の能変〉の側面に働きかける治療法であるということができるであろう。

『ヨハネによる福音書』の言葉に対応する釈迦の言葉が『ダンマパダ』（今枝由郎訳）の第一章「対句」の冒頭の偈《げ》に出てくる。

心はすべてのものごとに先立ち
すべてをつくり出し、すべてを左右する
もし人が、汚れた心で
話し、行動するならば
その人には、苦しみがついてくる
車輪が、荷車を牽《ひ》く牛の足跡についていくように（一）

心はすべてのものごとに先立ち
すべてをつくり出し、すべてを左右する
もし人が、清らかな心で
話し、行動するならば

その人には、幸せがついてくる
影が、からだを離れることがないように（二）

この偈は、唯識思想を簡潔に表現しており、その原型ともみなすべき言葉である。福音書を彷彿とさせるが、「始めに言《ことば》があった」のではなく、「すべてのものごとに先立つ」のは「心」であった。この〈心〉は唯識のいう〈識〉、特に阿頼耶識のことである。「唯だ識《こころ》のみ」である。「汚れた（清らかな）心で、話し、行動するならば」に身口意の三業が触れられており、そのあり方によって業報が決ると説かれている。

しかし、唯識においても言語は逆説的意味で重視される。〈識〉による分別的認識は基本的に言語によって行われるからである。南　直哉は「唯識思想の核心は言語であり、すべての存在は〈ことばによる熏習の種子〉に起因する」と述べている。末那識の基本的機能は自己の実体視であった。本来無常・無我である自己をまるで超越的存在根拠としての実体ででもあるかのように錯覚的に誤認することを〈識〉の転変という。この錯誤は紛れもなく言語の分別機能と実体化機能に由来する。現実認識は言語による他ないが、その言語こそが〈識〉の転変をもたらす正体なのだという自覚が必要なのである。それゆえ、唯識は言語が不可避的に引き起こす実体視的錯覚を白日のもとに曝そうとするのである。南　直哉は言う。「言語機能の停止と自意識の解体こそが唯識思想の目指すところである」と。逆説的意味で重視されるというのはこういうことである。

釈迦は、行為によって心を整えることの大切さを説いている。『ダンマパダ』（今枝由郎訳）にはこのことに関連する偈がたくさんある。そのいくつかを紹介する。

心は、捉え難く、軽々しく
欲望のままに動き回る

この心を制御するのは善いことである
制御された心は、幸せをもたらす（三五）

もしも悪い行ないをしたなら
それを繰り返すな
悪い行ないをしようと思うな
悪い行ないを積み重ねるのは苦しみである（一一七）

もしも善い行ないをしたならば
それを繰り返せ
善い行ないを心がけよ
善い行ないを積み重ねるのは楽しみである（一一八）

「わたしはその果報を被らない」と思い
悪い行ないを軽んじてはならない
水は一滴ずつ滴《したた》り落ち
水瓶を満たす
愚か者は、悪い行ないを少しずつ重ね
やがて災いに満たされる（一二一）

「わたしはその果報を享受できない」と思い
善い行ないを軽んじてはならない
水は一滴ずつ滴り落ち
水瓶を満たす
善人は、善い行ないを少しずつ重ね
やがて福徳に満たされる（一二二）

みずから悪をなせば
みずから汚れ
みずから悪を慎めば
みずから浄《きよ》まる
汚れるのも、浄まるのも、各自の行ないしだいであり
人は他人《ひと》を浄めることはできない（一六五）

これが行為存在論的な釈迦の教えである。すべての行為の結果は熏習によって〈種子〉として阿頼耶識に蓄積されるのであるから、行為を整えることができれば、阿頼耶識を浄化することができる。善業、つまり、善い行為の熏習によって〈種子〉を善玉に置き換えるのである。

五　釈迦コンプレックスからの解放

釈迦コンプレックスとは、「自分の生が母の死である」という自己の存在に対する基本的な負い目、人生の悲しみを

中核感情とする阿頼耶識に集積された〈種子〉複合体のことである。なぜ長々と唯識思想に触れたかというと、実は、阿頼耶識の種子複合体に釈迦コンプレックスの説明根拠を見たからである。

阿頼耶識に刻まれたその〈種子〉複合体は、能変によってさまざまに姿を変えて意識的経験に変現する。それが釈迦のいう一切皆苦の経験である。この苦からの解放が釈迦生涯の歩みであった。苦の経験‐熏習‐釈迦コンプレックス‐能変‐苦の経験という環流は気づかれないままいつまでも繰り返されている。苦からの解脱とは、この環流に気づくこと、気づけばおのずから構造的ドリフトが起こる。別の新しい環流に切り替わるのである。

では、この切り替えはどのようにして起こるのであろうか。悪業によって悪玉種子が蓄積されると、本来無記のはずの阿頼耶識は末那識の煩悩の黒雲に覆われて、釈迦コンプレックスに気づかれることはない。気づかれなければこの種子複合体の能変によって、人生の苦がいつまでも持続する。この苦から解放されるためには、善業の熏習によって阿頼耶識を浄化することである。阿頼耶識が浄化されれば末那識の煩悩の黒雲がとり払われて晴れ間が広がる。そうすれば、釈迦コンプレックスへの気づきが促されるという理屈である。この理屈を思いつかせてくれたのは、『ダンマパダ』の次の偈である。

今まで怠りなまけていた人も
今から励みつとめれば
雲間の月のように
世の中を照らすことができる（一七二）

悪い行ないをした人でも
善い行ないでつぐなえば

雲間の月のように
世の中を照らすことができる（一七三）

前述のとおり、精神分析におけるコンプレックスの洞察は、どちらかといえば、種子の能変の側面に働きかけることによって達成された。それに対して、釈迦の考え方では、種子の熏習の側面が重視され、善業の熏習にもとづく種子の浄化によって結果として気づきを促そうとするもののように思われる。

釈迦コンプレックスに気づくこと、もっと一般的な言い方をすれば、他者の犠牲の上にしか自己の存在がありえないということに気づくこと、このことから人はおのずから謙虚になれるし、他者への感謝と慈しみの心も生まれる。こうして、末那識の四大煩悩を離れることができるのである。

我癡に対しては、自己存在が他者の犠牲の上に成り立っていることの自覚
我見に対しては、自己主張を恥じて控えめな態度をとること
我慢に対しては、自分の奢り高ぶりに気づいて、謙虚な姿勢であること
我愛に対しては、自分を愛するように、他者を慈しむこと

聖書にも、「己を愛する如く、汝の隣人を愛せよ」という言葉がある。仏教では、〈慈悲〉という。このことについては第六章で詳しく取り上げる。

第四章　提婆達多とユダの救い

釈迦の実存的覚醒の出発点は「一切皆苦」である。なぜ、人生はかくも苦悩に満ち、辛酸をきわめなければならないのか。人間としての永遠の問いである。もし、その苦しみにもがき喘いで呻吟している人を「悪人」と呼ぶならば、私たちはみな例外なく「悪人」である。その悪人を苦悩から救済するところに、宗教のレーゾン・デートル（存在意義）がある。病人がいなければ医学が成り立たないのと同じで、宗教には悪人の存在が不可欠である。仏典にみられる極悪人のきわめつけは「王舎城の悲劇」に登場する提婆達多であろう。彼に相当する人物として新約聖書にはユダがいる。

提婆達多の伝承については、夥しい仏典に取り上げられており、その多くは同工異曲で、互いに矛盾する記述もみられる。これに比して、ユダに関する『聖書』の記述はきわめて少なく、『新約聖書』の四福音書と使徒行伝に限られる。ところが逆に、その後、ユダについては、神学は言うに及ばず文学や小説、演劇、絵画等夥しい作品が創作されているのに比して、提婆の存在感は影が薄い。日本人でユダを知らない人はいないのに、提婆を知っている人はごく稀《まれ》である。

本章では、釈迦に反逆する提婆達多（以下、提婆）とイエス・キリストを裏切るユダを対比して、「悪人救済」について考察する。関連した文献を参照しながら、骨子は岩本泰波の『ユダと提婆達多』を下敷きにしている。

第一節　提婆達多《だいばだった》

一　提婆コンプレックス

提婆は釈迦の父浄飯王《じょうぼんのう》の弟甘露飯王《かんろぼんのう》の子で、多聞第一とされる十大弟子のひとり阿難の兄である。つまり、提婆、阿難兄弟は釈迦と従兄弟同士の間柄であった。

提婆は、子どもの頃より体も優れ頭も秀でていて、悉達多太子のライバル的存在であった。しかし残念ながら、あらゆる面で太子には及ばず、対抗意識と劣等感が強いトラウマとなって提婆の心に刻み込まれた。「提婆コンプレックス」である。青年時代の提婆にとって最大の痛恨事は、釈迦との妃の争奪戦に敗れたことであった。これが後年の釈迦への執拗な反逆のもとになったと考えられていれる。

シャカ族には、妃を選ぶ際に、同じシャカ族の若者たちに学問と武芸を競わせて優勝した者に姫を嫁がせるという風習があった。当時、シャカ族きっての美少女、耶輸陀羅《やしゅだら》姫がいた。彼女の争奪戦には、悉達多太子をはじめ、提婆、阿難、太子の異母弟、難陀等錚々たる若者たちが参加し、技を競い合ったが、太子に勝るものはいなかった。太子が耶輸陀羅姫を妃に迎える権利を獲得したのである。争いに敗れた提婆は、おおいに自尊心を傷つけられ、悔しさと妬ましさから、優勝者に贈られる美しく飾った白象をカピラ城門で出会い頭に殴り殺したと経典に伝えられている。後の釈迦に対する悪業の萌芽をここにみることができる。

提婆の性格は、生来、我執が強く、愛欲や名利に執着する傾向があったといわれる。彼は、釈迦に帰依し、長年厳しい修行を積み、弟子をもつほどの一角《ひとかど》の僧になったにもかかわらず、結局は、同じ王族の一人であるという自負心に災いされてか、子どものころ刷り込まれた激しい敵愾心を払拭することはできなかった。長ずるに及んで釈迦への憎悪心がますます強固になっていった。そのために提婆の人生は苦しみに満ちたものになった。

二　阿闍世に取り入る

名利への欲望断ち難い提婆は、釈迦が頻婆沙羅王の帰依を受け、僧伽《さんが》（教団）がますます隆盛を誇るのを妬んで、釈迦の地位に取って代わろうと悪心を起こした。そのためには権力者の外護を得る必要がある。提婆は釈迦の頻婆沙羅王に対する関係を阿闍世太子に求めた。その手段として彼は心に悟りを得て涅槃に至ることよりも、単なる技術としての神通力を身につけることを欲した。

そこで、提婆は神通の道を教えてくれるよう釈迦に願い出た。だが、釈迦は、「神通は、悟りを得た人におのずから備わる力であって、それ自体を求めるのは間違っている。まず四念処《しねんじょ》を学ぶべきである」といって断った。四念処とは、第一章で詳述したように、身・受・心・法の四つの念処を観察する修行法である。高弟たちの中には神通自在のものが多くいたが、いずれも釈迦の言葉どおり、神通は悟りの副産物であり、四念処の修行を勧めるばかりであった。提婆に逆心のあることを知っていたのである。誰も神通を伝授しようとはしなかった。ところがうかつにも弟の阿難（迦葉という説もある）が提婆の要望を聞き入れてしまった。彼は次のように段階を追って観想することを教えた。

それは、しずかな場所で結跏趺坐して瞑想に入り、空中浮遊したり、自分の身体が無礙に（何のさわりもなく）物質的対象の中に入ったり、逆に山、河、大地等の自然が自分の身体の中に入ったり、あるいは、自分の身体が虚空を満たすほど大きくなったり、微塵の中に入るほど小さくなったりすることが、自由自在にできるように一つひとつ順を追って想像するというものであった。

たとえば、空中浮遊の観想では、まず地面から一分離れることを想像する。それができたら、一寸、一尺、一丈としだいに高く浮くのを想念する。さらに天井をすっと突き抜けて空中に上昇し、そのあと心を収めて今度は下降してもとの座に戻る想を抱く。これを心で想うことと体で行うことが一致するように心を集中して観じるのである。

提婆は七日七夜一心不乱に修行し、ついに神通の術を修得した。早速、阿闍世太子のところへ赴き、彼の歓心を買おうと目論んでその術を披露した。

まず白象となり、大きな門から入って小さな門から出、小さな門から入って大きな門から出た。また、駿馬に変わったり、牛王となったりしてこれと同じことを繰り返した。それから、幼児の姿に変身して、太子の膝の上に座ったり、そのまわりをちょこまかと走りまわったり、あるいは太子の口づけを受けて口に入った唾を飲み込んだりした。そうして本来の姿に戻った。太子は提婆の神通力を見て驚嘆し崇敬の念を篤くした。

誰でもすぐに抱くのは、想像だけで修行したのに、なぜ実際にそうすることができるのかという疑問である。でも、そのような疑問をもってはならない。仏典作者がそう書いているのだから。ゲスの勘ぐりでいくと、巧な催眠誘導によって幻想を見せたのであろう。釈迦はこのようなまやかしを厳しく誡めている。

三　提婆の三逆罪

僧団の破壊：とにもかくにも、こうして提婆は首尾よく太子の帰依を受けることに成功した。太子の庇護のもとに、提婆は調略を用いて釈迦の僧団を分裂させ、五百人の仏弟子を引き連れて独立した。三逆罪の一つ「破和合僧」の罪を犯したのである。一時、提婆の教団は隆盛を極め、釈迦の教団と肩を並べるほどであったという。彼は、教団を指導するために、「提婆の五法」と呼ばれる衣食住に関する独自の厳しい制戒を作ってそれを弟子たちに固く守らせた。釈迦のおおらかな中道観にも異を唱え、厳しい苦行主義の改革案を提唱したのである。これは釈迦の教法と相入れるものではなく、釈迦によってきっぱりと拒絶されたのは当然である。後に五百人の仏弟子たちは舎利弗と目連の説得で釈迦のもとへ連れ戻された。

増上慢になった提婆は、釈迦に僧団を譲るように迫った。「世尊はすでに耄碌なさっているから、すべてを私に委ねて、隠退して養生なさるがよろしかろう」と。釈迦はそれに応えて、「愚か者、あの聡明で評判の高い舎利弗や目連の尊者にすら、私はまだ譲っていない。ましてやそなたのような他人の唾を食らう痴人になんで譲れようか」と毅然と拒否した。提婆はこれまで以上に憎悪を募らせ「この教団はまもなく滅びるであろう」と悪態をついて、阿闍世太子のもとに駆け込んだ。そして、第二章で述べたように、「あなたは父王を殺害して新王になられよ。私は釈迦を殺害して新仏となろう。二人で新王新仏となって国を治めようではありませんか」と逆罪の共謀をもちかけた。釈迦の力を削ぐには、彼の有力な外護者である頻婆沙羅王を亡き者にする以外にないと悪心を起こしたのである。

釈迦殺害の試み：阿闍世が父王を牢に幽閉するのを見届けると、提婆は、絶好の好機到来と判断して、さまざまな悪辣な手段を弄して釈迦の殺害を試みた。

あるときは、象に酒を飲ませて酔象にし、釈迦が乞食《こつじき》のために王舎城に入って来るのをめがけて放った。酔象は釈迦のすぐそばまで暴走してきたが、釈迦の慈眼にふれて酔いがさめ、彼の前にひれ伏してしまった。

またあるときは、四人の悪者に手伝わせて、霊鷲山の一角に石をつみ、釈迦が下の道を経行《きんひん》（そぞろ歩き）するのを待ち構えて大石を投下した。しかし、石は空中で砕けて散乱し、破片の小石が釈迦の足に当たって親指を傷つけ血を流した。これは「出仏身血」といって三逆罪の一つとされている。

いずれの殺仏の試みもあえなく失敗に終わった。

蓮華色比丘尼の撲殺：三逆罪の第三の罪は「殺阿羅漢」である。

提婆に唆されて父王を殺害した阿闍世は、そのことを深く悔い、提婆から心が離れてしまった。そのため、彼と彼の弟子たちが王舎城へ入城するのを禁じた。阿闍世の信頼を失い、見捨てられた提婆は意気消沈すると共に大いに憤慨した。

ちょうどそのときである。折悪しく、托鉢を終えた蓮華色比丘尼が城門から出てきた。彼女は、釈迦の養母摩訶波闍波提《マハーパジャーパティー》が上首を務める比丘尼教団に属し、修行の結果、阿羅漢果の位を得ていた。

だが、出家以前の彼女は数奇な運命に翻弄されていた。そのことについては五十嵐宝明が詳しく紹介している。それによれば、彼女は王舎城下で生まれ育ち嫁して一女に恵まれた。ところが、夫が自分の母と通じているのを知って娘を置いて家を出た。別の土地に移り住んで数年が経って、その土地の長者と結ばれて再婚した。ところがである。その長者が旅先から一人の若い女を連れ帰って妾とした。こともあろうか、その若い女は王舎城で自分が生んだ娘であった。かつては母と、そしていまは娘と、夫を共にする悲境を味わされたのである。自暴自棄になった彼女はまた別の土地へ逃げて、遊女となった。そこでたまたま目連と出会い、彼の導きで出家して釈迦に深く帰依することになったのである。こういう悲惨な前歴があるため、提婆は日頃から蓮華色比丘尼を快く思っていなかった。

その蓮華色比丘尼が城門から出てきたのである。彼女を一目みるなり提婆はとっさに、阿闍世に冷たく拒絶されたのは彼女の讒言《ざんげん》のせいだと邪推し、怒りのあまり彼女を撲殺してしまった。提婆は、三逆罪の一つである「殺阿羅漢」の罪を犯したのである。ここに先の「破和合僧」、「出仏身血」と合わせて提婆の三逆罪が成立した。

耶輸陀羅への陵辱：提婆の憤懣やるかたない気持ちは、本来であれば釈迦だけに向けられるべきである。しかし、状況によっては他の対象にも代償的に置換されることがある。ついに、かつては釈迦の妃《きさき》であった耶輸陀羅妃に魔の手が伸びる。

提婆はカピラ城に赴き「我れ今宜しくその妻室において陵辱を為すべし」という異常な企てを試みようとした。経典では、「耶輸陀羅に自ら王業を紹継せんがために妻室と為るべきこと」を申し入れ、懇念するが、「耶輸陀羅ににべもなく拒絶され、提婆は堪え難い恥を懐いて宮を出た」ということになっている。

ところが、中　勘助の『提婆達多』では展開がまったく異なっている。この小説の前半は提婆の耶輸陀羅妃への陵辱がテーマになっている。妃に迫る提婆の手練手管が微に入り細にわたって巧な筆致で官能的に描写されている。ついに、妃は、釈迦に棄てられた淋しさから、身も心も提婆にゆだねてしまう。そして、釈迦がカピラ城に戻って来たその日に自害して果てるのである。はじめは、釈迦に対する対抗心から、ただ弄《もてあそ》んでいるつもりであった提婆は、妃のいちずな愛に触れていつしか心から愛するようになっていた。耶輸陀羅の骸《むくろ》を釈迦は平然と見下ろしていたが、提婆は取りすがって号泣した、と中　勘助は書いている。ここでも、提婆は敗北したのである。こうした劇的構成は小説のゆえであって、経典とは異なるのは当然である。

『法華経』「提婆達多品」では、耶輸陀羅は義父浄飯王の死後、義母摩訶波闍波提の後を追って出家し、釈迦に帰依して比丘尼になったとある。釈迦から「そなたは、未来世において数しれぬほどの諸仏の教えを受け、その教えのもとに菩薩の修行を積んで、しだいに仏の悟りを完成し、ついに仏になることができる」という授記（仏が弟子の未来の成仏について予言すること。記別ともいう）を受けている。

四　提婆の生身堕獄

提婆は釈迦を殺害し、その地位と栄誉とをわがものにしようと悪心を起こし、あらゆる手段を尽したが、その試みは悉く失敗した。傷心の果てに痛ましくも自らが高熱を発し死を覚悟するほどの重病を罹って身を苛《さいな》んだ。自業自得という他ない。それでもなお釈迦憎しの一念は消えるどころかいや増すばかりであった。病床のただ中で最後のあがきとして思いついたのが毒爪《どくそう》を以て釈迦を毒殺することであった。

十指の爪に猛毒を塗り、弟子たちに担がれて釈迦に近づき、うわべはあたかも恭順の意を示すかのように装いながらいきなり毒爪で釈迦の足を引っ搔いた。しかし釈迦の足は巌《いわお》のように硬く、十指の爪はみな破砕してしまった。毒はかえって提婆の全身にまわってすさまじい悶絶苦悩に陥った。『破僧事』はここのところを次のように記している。

「毒爪を以て世尊をかき摑まんとせるに、時十指は並に皆砕破し、返りて其の毒に中《あた》りて大苦悩を生ぜり」。この「大苦悩を生ぜり」を他の経典では「生きながら地獄に入る」と表現されている。「生身堕獄」、つまり、生きながら地獄に堕ちるという記述は経典によくみられる。地獄は死後堕ち行く先なのか現世における極苦のことなのか、経典ではどちらともとれる表現がなされているが、一般には後者と解釈される。

阿難の勧誡《かんかい》：弟の阿難は兄の提婆の劇苦を見かねて、釈迦に帰依するよう懸命に説得した。だが、事ここに至っても、なお弟の言に従わず、かえって、釈迦はつねづね「提婆は救い難し」と語っているのに、帰依すれば救われるというのは矛盾ではないか、と詭弁を弄して釈迦を譴責《けんせき》するのである。しかし、釈迦への極瞋怒《ごくしんぬ》が頂点に達したとき、悪業の報いが極限に至り、「無間地獄の火が彼の全身を焼いた」と経典に記されている。業火の苦しみに耐え切れず提婆は、「我れ今、焼かる。我れ今、炙《や》かる」と絶叫した。これは、単に肉体上のことではなく、生身のまま苦悩の極みに喘ぐ凄絶な現実を現しているのである。

提婆の悔心：経典は、堕獄の悶絶のただ中で、これまでの逆心をひるがえすような「悔心」の言葉を発しようとしたことを伝えている。業火に身を焼かれる以前は阿難の勧励に容易に随順しようとはしなかったのに、実際に業火に身をおいてみると、その劇苦に堪えきれなかったのであろう。『破僧事』では「至心に帰依したてまつる」と唱言している。この哀心よりの至情とみられる告白はにべもなく拒絶され、言い終わるやいなや、生身のまま無間地獄に墜堕した、と冷然と述べられている。これまでの悪業の深さはとうてい一遍の翻意などでは償いおおせるものではないことを示唆しているのであろう。一方、『増一阿含経』には、今はの際に釈迦に向って「南無仏」と称えようとしたが声にならず、やっと「南無」とだけ称えて地獄に堕ちたと提婆の最後の顛末が記されている。

この堕獄は提婆みずからの業報であって仏による咎《とが》ではないと次のように述べられている。「彼は自ら悪行を招き、自ら地獄に入ることを致す。此れは仏の怨咎《おんく》に非ず」と。しかも『破僧事』では、提婆の釈迦への憎悪と悪業が釈迦自らの「業報」であると受容され、「是は我が宿業の積集し、成熟せる業報の来至せるなり」と語られている。釈迦の提婆に対する慈心の表現である。

五　提婆の救い

　心理臨床にとって、ここからがもっとも注目すべき個所である。岩本泰波は、『説一切有部毘奈耶破僧事《せついっさいゆうぶびなやはそうじ》』と『増一阿含経』にもとづいて提婆の救いの過程を詳細に述べている。両経典とも、釈迦の授記として「（「南無」と称えたゆえに）提婆が無間地獄にあって一劫を経歴すれば、その罪もおわりおえるに後に人身を得、展転修習して終に辟支仏《びゃくしぶつ》を成ずる」と予言したこと、それを聞いて、提婆が「地獄の苦を甘受する」と語ったことを記している。そこに至るまでの過程を少し詳しくみてみる。

人間の音響《おんぎょう》と言語往来：『増一阿含経』によれば、神通第一とうたわれた目連が、地獄に行って提婆のために「要行を説いて、慰労し、慶賀せん」と釈迦に請うている。これに釈迦は「卒暴なること勿れ」と制し、「乱想を興すこと無かれ」と戒めている。堕獄の人は人間不信に陥り、互いに疑心暗鬼となって孤独に心を閉ざしている。それゆえ、いくら慈心のこもった言葉で語りかけてもその言葉の「音響《ひびき》」を感受することができない。このことを、釈迦は「彼の罪人は、人間の音響、言語往来を解せざればなり」と語っている。我欲の坩堝《るつぼ》にまみれ、孤独に苛まれている人とは、感応道交成り難い故に、心を悔い改めさせることは困難であるというのである。しかし、この言葉の裏には反語的に、仏心の響きを含む言葉の「往来《まじわり》」こそが閉ざされた心を開くものであるという意味が暗示されているのである。

　これを聞いた目連は、自分は、六十四通りもの言葉遣いで語ることができるので、「我当に此の音響を以て往いて彼の人に語るべし」と請うた。現在の言葉でいえば、目連は臨床語用論に長けていたのであろう。

無間地獄への下向：釈迦の許しを得た目連は（『破僧事』では舎利弗も同行する）、直ちに無間地獄へ下向した。そしてまず、無間地獄の大勢の群囚の中から「若し是れ提婆達多ならんには可《よろ》しく応《まさ》に前進すべし」と提婆ただ一人に呼びかける。これは『大般涅槃経』で釈迦が大勢の聴衆の一人である阿闍世に「阿闍世大王よ」と呼びかけているのとまったく同じである。本来であれば、衆生一般、あるいはここでは群囚全員へ呼びかけるべきところを、提婆という具体的な「個」の実存へ働きかけているのである。こういう表現の仕方は経典の特徴である。この実存への呼びかけが提婆と「言語往来」に入ることを可能ならしめるのである。

　目連は、いま提婆が没在している「苦の元本《もと》」を抜くために「仏の使者」としてここに下向したことを告げる。提婆は「如来世尊は何らの言教有りしや、更に悪趣の元を記説したまわりしや」と問う。「もっと過酷な苦しみを予言なさったのではないか」というこの未来への苦の増大の不安は、提婆が苦の最中《さなか》にありながら、まだ苦として極まってはいないことを暗に示している。提婆にはみずからの置かれている現在が「極悪である」ことへの覚知がないのである。これに応えて目連は「提婆達多よ、恐怖を懐くこと勿れ。地獄の極苦この処に過ぐるはなし」と真正面から現在の苦悩に立ち向かい、これをあるがままに受け止めるほか術はないと説いている。

無知無明の反照としての応報の苦相：苦悩のただ中にある人は、その苦悩から逃避することばかり焦慮して、その苦の由って起こるゆえんが自らの悪業にあることを容易に反省しようとはしない。この無知無明が苦悩の起源なのである。

　目連は、無間地獄における熾烈な苦の様態について問い、提婆に「三種の苦相」に喘いでいること、その苦痛の堪え難い様子をつぶさに語らせている。だが、提婆はその三種の苦の由って来たるそれぞれの本源が現世において犯した三逆罪のへの「応報」であることに無知である。業報としての苦は無知無明なるが故に生じるのである。釈迦の教えの基調は、衆生における一切の罪業の根源が「無知無明」にあることを開顕することである。目連は提婆の無知無明にサティの光を当てて実存的気づきを促そうとする。「お前は、この苦悩を疑うことなく自分の罪過のもとを知って受けているのか。私が今一つ一つ分別して話すが、お前はそれを聞きたいと思うか」と問いただすのである。そして三逆罪の応報であることを諄々と説き明かして、提婆に自らの「苦の事由」を自覚させる。この自業自得への気づきが地獄からの離脱の可能性を開くのである。

目連は仏の使信において「命を断とうとする間際に、南無と称えたが故に、無間地獄に堕在して辛苦に呻吟しそれに耐えて一劫を経歴して後、南無（または具骨）という名の辟支仏《びゃくしぶつ》になるであろう」という釈迦の授記を提婆に伝えた。提婆は無間地獄から離脱する可能性を示されて歓喜踊躍し「若し是の如からんには、我れ今情勇みて能く無隙大地獄中に於て、一脅にして臥せんとも其苦を甘受せん」と告白した。悪業尽きなかった彼も最後は辟支仏として成仏するという授記を得て、「もしそれが本当なら、地獄の苦を甘受しよう」という境地に達したと記されているのである。

六　阿闍世との比較

苦の甘受の相違：提婆におけるこの「苦の甘受」の告白は、第二章で述べた、阿闍世が無根の信を得て劇的に転心し、「世尊、もし私が人びとの煩悩や悪心を取り除くことができるのなら、無間地獄に堕ちて人びとに代わって限りない苦しみを受けてもけっして苦しみとは思いません」というくだりと同じ言葉のように聞こえる。が、阿闍世は「衆生のために」であるのに対して、提婆は一劫の後に展転修習して成仏できるのであれば、という条件付きで、現在の地獄の苦しみを甘受しようというのである。

提婆は、釈迦から「辟支成仏の授記」を得ているが、岩本泰波によれば、辟支仏は「自利」の仏であり、一定の期間の後に自分が救われるのであれば、今の地獄の苦を甘受するという利己的な転心であって、そこには阿闍世にみられる「利他」性が欠落している。阿闍世の転心の絶対性とはとうてい比べることはできない。二人の救済は、根本のところで相違している。

転心の相違：この提婆と阿闍世の転心の質的相違は、釈迦のかかわり方の違いにも一因があると考えられる。阿闍世に対しては、釈迦は自ら「月愛三昧」を行ったり、阿闍世に「身の二十観」を行わせたり、「不定の論理」を説いて聞かせるなど、直接会って細やかに救いの手立てを講じている。それに比べて、提婆に対しては、直接接することはなく、目連と舎利弗を使者に立てて「釈迦の授記」を伝えさせているだけである。むろん目連と舎利弗は、提婆の無知無明を開顕するために誠実に言語往来を行っている。だが、釈迦はスーパーバイザーの立ち位置を崩してはいない。ちょっと思い入れに欠けるように思われる。

しかしこれは、釈迦本人の問題ではなく、自利・利他に関しては、一切有部や阿含経などの原始経典と大般涅槃経などの大乗経典の仏典作者の考え方の違いによるのであろう。

悪心と悔心の相違：阿闍世は提婆に唆されて殺父の悪心を抱いた。提婆の悪心は釈迦殺意の反逆心である。釈迦への怨念は青少年時代に刷り込まれていた。生涯にわたるその執拗さは怖気立つほどである。しかも年を経るにつれて増大している。世に「釈迦と提婆」という言葉があるが、聖者が偉大であればあるほど、反逆者の執念も激しく燃えあがるものらしい。それに比べて、阿闍世の悪心は一時的なものである。提婆に唆されるまでは別段のことはなかったし、殺父後は激しい悔心の念に苛まれた。

この悔心も二人の間で質が異なっている。これは事の成否によると考えられる。阿闍世は殺父に成功している。ところが提婆の釈迦殺しの試みは悉く失敗している。最後の毒爪による反逆の失敗で提婆は堕獄しているが、阿闍世は殺父の成功で堕獄している。それゆえ、阿闍世の悔心は「慚愧」そのものである。それに対して、提婆の悔心には「慚愧」の心情というよりもむしろ事の失敗への無念という「悔恨」の念が強いように思われる。

七　提婆の善玉化

大乗経典では、「一切衆生悉有仏性」、つまり、一切衆生には仏に成る可能性が宿されていることを根本思想としている。仏教では、五逆罪（父殺し、母殺し、阿羅漢殺し、僧団の破壊、仏を傷つけること）を犯した者、誹謗正法、つまり、釈尊の教えを誹謗、中傷した謗法罪を犯した者、一闡提《いっせんだい》（無信仰者）などの極悪人でさえ救済されると主張する。親鸞の「善人なおもて往生をとぐ、いわんや悪人おいておや」と説く「悪人正機」はよく知られている。この悪人往生の教えを説くために仮借された伝説の主人公が阿闍世であり、提婆達多なのである。

そのために、原始経典、大乗経典を問わず、多くの経典で、阿闍世と提婆は五逆罪を犯した代表者として一方的に極悪人に仕立て上げられている。阿闍世は父殺しを行い、思い止まったとはいえ母殺しも企てている。提婆は阿羅漢殺し、僧団破壊、仏身から血を流す三罪を犯しているのである。

提婆は悪玉か善玉か：『大般涅槃経』によれば、第二章で述べたように、阿闍世の性格は生来邪悪で、殺生を好み、平気で悪口、虚言、綺語、妄語などを口にする。貪りや怒りやたわけたこともしたい放題で、心はすさんでいた。行動は刹那的で目先のことしか関心がない。五欲の快楽に耽り、取り巻き連中は悪人ばかりであった、という具合である。その悪友の一人がかの極悪人・提婆達多だったのである。多くの経典で、阿闍世同様、提婆も悪い性格をもち、ひととなりが執念深く凶暴であったと悪玉扱いされている。

一方、提婆を賢者として崇敬している経典もある。経典における提婆の評価は割れている。彼を師または尊者として奉《たてまつ》っている経典の代表が『法華経』の「提婆達多品第十二章」である。その冒頭に釈迦の本生譚（前世物語）が語られている。以下その内容を庭野日敬の訳にしたがって要約する。

遠い過去世において、身は一国の王であったが、すべての衆生を救うすぐれた教え（法華経の真髄）を知ろうとして、四方にふれをだし、そのような教えを知る聖者を探し求めた。そして、もしそれを説いてくれる人があったならば、その下僕となって仕えようと布告させた。

そのとき、一人の仙人がやってきて、「そのいいようもなく尊い教えを知っているものは、世間にわたしよりほかにはない。もし、王がわたしに下僕として仕えるならば、説いてさしあげよう」と申し出た。

王は、喜んでその申し出を受け、長時にわたって倦むことなく身を粉にして誠実に仕えた。すぐれた教えを聞く喜びがつねに心に満ちていたために、心身に怠りや疲れをおぼえることはなかった。王は、自分だけのためではなく、あまねくおおくの人びとのために、あらゆる精進を尽して、その教えを身つけ、ついに仏の悟りを得ることができた。

そのときの国王こそ世尊の前身であり、仙人は誰あろういまの提婆達多にほかならない。

さらにつづけて、「こうして仏の悟りを得、ひろく衆生を救うことができるようになったのも、すべて提婆達多という善き友人のおかげなのである」と比丘たちに告げた。

ここにはもはや悪玉としての姿はまったくみられない。釈迦は、悪逆非道の仏敵である提婆を善知識（善き友）と呼び、あまつさえ師として崇めさえしているのである。なぜ、悪玉から善玉へのコペルニクス的転換がなされたのであろうか。そこには、『法華経』作者たちの思惑が働いているのであろう。提婆の善玉化は、釈迦の神格化（慈悲心の拡大）と平行している、といわれる。

杉本卓洲は言っている。「日常的次元の相対の世界においては悪は非難されるべきものであるが、善悪の彼岸に立つ絶対の宗教的立場、慈悲及び空の立場からすれば、いかなる悪と言えども許容され、包摂される可能性の中にある。……提婆の悪玉から善玉への転換も、こうした仏教の善と悪に対する峻別と包摂といった、倫理と宗教の両面の交錯し紆余曲折せる展開の中で、多角的に捉えるべき問題と言えよう」。

親鸞による提婆達多観：わが国における提婆の最大の崇拝者は親鸞である。彼は、『浄土和讃』において、このような悪逆非道な提婆を、「十五聖」の列名の中でも阿弥陀仏、釈迦牟尼仏、頻婆沙羅王と並列して四大聖の一人「提婆尊者」として崇めているのである。阿闍世王は一ランク下の十一聖の一人にしか列明されていないのにである。

親鸞はなぜこのように深い関心を提婆に寄せたのであろうか。岩本泰波はこう述べている。「その生涯を執我の擒《とりこ》となりはて、ついに『無間地獄』に墜堕した提婆達多の生に自らの現実を限りなく密着せしめ、そこに『凡夫』の生の悲惨さを内省痛感したのではなかろうか」と。

親鸞は、自らの生の実態を「いずれの行もをよびがたき身なればとても地獄は一定すみかぞかし」と諦観するには、提婆の生き様を己の現実に逆照射して、己のこととして深甚に受けとめる必要があった。人は自らの我執に根ざした悪を自ら気づくことはできない。それに気づくためには自らの悪を如実に映し出す鏡が不可欠である。親鸞にとっての鏡が提婆であった。「提婆なるわれ」との遭遇の観法によって、親鸞の「地獄一定」の深信は真の深層の覚知となったのである。

もし提婆がいなければ、そしてもし提婆の悪の機縁がなければ、そもそも「王舎城の悲劇」は起こりえなかったし、阿闍世による「無根の信」の転心も韋提希による浄土往生の発心もありえなかったことになる。提婆の悪は、釈迦による「浄土の教え」の開顕にはなくてはならぬものであった。親鸞が彼を「提婆尊者」と崇拝した事由はここにあったのである。

第二節　ユダ

イスカリオテのユダは、キリスト教の聖典である新約聖書の四福音書と使徒行伝のすべてに登場する。イエスの受難物語の主要な脇役である。

福音書の成立年代は、歴史上最初の福音書である『マルコによる福音書』（以下、マルコ伝）が紀元七十年代、次の

『マタイによる福音書』（以下、マタイ伝）が紀元八十年代、それに少し遅れて『ルカによる福音書』（以下、ルカ伝）も紀元八十年代か九十年代、そして最後の『ヨハネによる福音書』（以下、ヨハネ伝）が紀元一世紀末とされている。キリスト教がユダヤ教から分離独立して旗幟を鮮明にしたのは紀元二世紀の初頭といわれているから、ヨハネ伝が出て間もなくのことである。なお、福音書の著者は不明であるが、「〇〇による」と人名がつけられるようになったのは紀元二世紀に入ってからで、マタイとヨハネはイエスの弟子であり、マルコはペトロの、ルカはパウロの側近であった。原始キリスト教団の成立期である当時は、まだ新約聖書の正典が決定されておらず、三十以上の福音書が互いに覇を競い合っていた。新約聖書の二十七文書が正典に定められたのは四世紀半ばの頃である。その五番目にくる『使徒行伝』は『ルカ伝』の続編として同じ作者によって紀元九十年代に編纂されたとされている。

　福音書は、イエスの十字架の磔刑が紀元三十年の春であるからイエスの死後四十年〜六十年経ってから、主としてイエスの生前を知る弟子たちによって各地に残っている伝承や資料を参考に書かれたイエスの言行録である。作者たちにとってもっとも重要な聖典は旧約聖書であったから、そこで語られている預言者の言葉（神の言葉）の成就として物語を叙述するのが福音書の骨子となっている。これを「予型論」という。つまり、新約聖書に書かれている出来事はすべて旧約聖書に語られている予言の顕現であるという考え方である。ただし、旧約聖書にぴったりと合致する箇所が必ずしもあるわけではない。牽強付会の感は否めない。歴史的事実の叙述というよりも宣教を目的としているので、にわかには信じがたい奇跡物語がかなりの部分を占めている。

　なお、最初の三福音書、つまりマルコ伝、マタイ伝、ルカ伝は内容も構成も共通点が多いので一括して『共観福音書』と呼ばれている。概して年代が下るほど、イエスのキリスト化、神格化が強まるのと対比してユダの悪人化、悪魔化が進行している。

一　イエス略伝

釈迦がゴータマ・ブッダと呼ばれるとき、ゴータマは釈迦個人を指すが、ブッダは覚者（悟りを得た者）一般を意味する。これと同じで、イエス・キリストという場合のキリストは救世主《メシア》のことで、個人名はイエスである。釈迦は成道後（三十五歳頃）ブッダになったが、イエスは生前には限られた人たちの間にその兆しは見られるものの、本格的に救世主《キリスト》として崇められるようになったのは十字架上の死後のことである。梅原　猛の解釈によれば、イエスの死に贖罪の意味を与え、復活と再臨の神話を創作したのはパウロであった。彼の手になるみごとな物語がキリスト教の中心教義となり、それが福音書にも反映されているという。

誕生：西暦はイエス生誕の年を基準に年号が定められたとすれば、イエスが生まれたのは紀元元年ということになる。しかし、歴史的にはその四～六年前に誕生していたとされている。イエスはヘロデ王の代《よ》にヨセフを父、マリアを母としてエルサレムの南に位置するユダヤの地ベツレヘムで生れ、ガリラヤのナザレで育った。だから、一般の民衆は、彼を「ナザレのイエス」と呼ぶ。父ヨセフが大工であったため、イエスも後を継いで巡回大工を生業《なりわい》として一家の生活を支えていた。このとき、ガリラヤ湖周辺の貧者や癩病患者、盲人、不具者などの極貧の生活を目の当たりにした。その経験が、その後のイエスの短い生涯のすべてを、これら見捨てられた小さき者たちに寄り添わせることになった。

釈迦や阿闍世、エディプスがそうであったように、聖人・偉人の出生譚にはたいてい神や預言者からの託宣がある。イエスもその例外ではない。マタイ伝とルカ伝には、マリヤの「処女受胎」とその子が「神の子」であり、「ユダヤ人の王」（メシア）になることが予告されている。興味深いのは、マタイ伝では父ヨハネが夢でお告げを受けているのに対して、ルカ伝では母マリヤに直接伝えられているという違いである。

よく知られているように、マリヤが受胎したのはヨセフとの結婚前で、まだいいなずけのときである。戸惑うヨセフに主の使いが夢に現れて言う。「その胎内に宿っている子は精霊によるものである。……彼（その子）はおのれの民をそのもろもろの罪から救う者となる」（マタイ伝一－二〇・二一）。同じ「処女受胎」の話がルカ伝ではこうなっている。神からつかわされた御使《みつかい》ガブリエルがマリヤに言った。「あなたは精霊によって身ごもり、……生まれ出る子は神の子と唱えられるでしょう」（ルカ伝一－三五）。ルカ伝にはないが、マタイ伝ではさらに例の「東方の三博士」の話が出てくる。イエスが生まれたとき、東からきた博士たちが言う。「ユダヤ人の王（メシヤ）としてお生まれになった方は、どこにおられますか。わたしたちは東の方でその星を見たので、その方を拝みにきました」（マタイ伝二－一・二）。

四つの福音書のうち、マルコ伝とヨハネ伝にはマリヤの「処女受胎」とイエスの生誕物語は一切なく、いきなり「聖ヨハネの洗礼」の話からイエスの伝記がはじまっている。

聖ヨハネの洗礼：イエスが家族や一族とのきずなを断ち切ってヨルダン川の岸辺で洗礼者聖ヨハネの洗礼を受けたのは紀元二十八年のはじめのことであったという。釈迦が出家したのは二十九歳の時であったから、年齢的にはほぼ同じ年頃である。ただし、釈迦は成道後八十歳になるまで四十五年間も布教活動をつづけたのに比べ、イエスが十字架上で刑死したのは紀元三十年の春のことであるから、彼の宣教活動はわずか二年余ときわめて短期間である。それが今日の世界宗教としてのキリスト教の起源なのであるから驚嘆するほかない。

ユダの荒野での修行：洗礼後、イエスは、ひとりユダの荒野で四十日間の断食と祈りの厳しい修行に入った。その時、悪魔《サタン》の誘惑と激しく闘いそれを退けたという逸話が残されている。釈迦の「降魔成道」と同じ経験だったのであろう。釈迦も「悪魔よ、汝は破れたり！」とことごとく悪魔の誘惑をほろぼしている。旧約聖書の創世記に出てくるエヴァとアダムに禁断の実を食べるよう唆した蛇はこの悪魔の化身だとされている。洋の東西を問わず、修行とは悪魔（煩悩や邪念）との闘いなのである。

ルカ伝（四-一三）には、「悪魔はあらゆる試みをつくして、一時イエスを離れた」と書かれている。悪魔が誘惑に失敗して立ち去るとき、「時が来るまでイエスを離れた」という不吉な言葉で締め括られているのである。「時がくるまで」とは二年後のイエスの受難のときに再び現れて「ユダに入る」ことを暗示している。

草木一本生えていない砂漠の荒野での修行と釈迦の六年間の苦行林での修行の違いはあるものの、おそらく同じような宗教体験を経てイエスは、ユダヤ教の「怒りと裁きと罰」の厳しい父性的な神とは異なる「愛と赦し」の母性的な神の存在を確信し、その存在を証《あか》すために神によって地上へ遣わされた御子であるという啓示を得たのである。

奇跡物語：その後、イエスはガリラヤに戻って大工のときと同じようにガリラヤ湖のほとりを巡りながら最初の宣教を開始した。釈迦でいえば、鹿野園《ろくやおん》での初転法輪である。この時、イエスは、病気に苦しんでいる者、悪霊にとりつかれた者、癩病患者や盲人、不具者などを癒すさまざまな奇跡を行っている。死者を生き返らせたり、水上を歩いたりもしている。福音書ではこの奇跡物語に多くの頁が割かれている。

奇跡物語で注意を要することは、言葉のもつ治癒力に絶対的な信頼を置いていることである。それは神の言葉だからである。ヨハネ伝（五-三〇）でイエスに言わせている。「わたしは、自分からは何事もすることができない。ただ聞くままにさばくのである。そして、わたしのこのさばきは正しい。それは、わたし自身の考えでするのではなく、わたしをつかわされたかたの、み旨を求めているからである」。言葉による奇跡の例をいくつか紹介する。

たとえば、ヨハネ伝（五-五・九）には、三十六年間病に伏せっている病人に「起きて、あなたの床を取りあげ、そして歩きなさい」とイエスが言うと、この人はすぐにいやされ、床をとりあげて歩いて行った。また、エルサレムの近くのベタニヤにラザロという人がいた。彼は死んですでに四日間墓の中に置かれていた。イエスは墓の前で大声で「ラザロよ、出て来なさい」と呼ばれた。すると、死人は起きて出てきた（一一-四三・四）。

ルカ伝（四－二・五・六）にも、汚れた悪霊につかれた人が大声で叫びだしたとき、イエスはこれ（悪霊）を叱かって「黙れ、この人から出て行け」と言われた。すると悪霊はその人から出て行った。それを見ていた人々は驚いて互いに言い合った。「これは、いったい、なんという言葉だろう。権威と力とをもって汚れた霊に命じられると、彼らは出て行くんだ」。悪霊も「あなたこそ神の子です」と叫びながら多くの人々から出ていった（四一）。こういう奇跡の例は他の福音書でも枚挙に暇がない。

　このような言葉のもつ神性は、ヨハネ福音書第一章の冒頭に記載されている例の言葉に端的に示されている。「初めに言《ことば》があった。言は神と共にあった。言は神であった。この言は初めに神と共にあった。すべてのものは、これによってできた。できたもののうち、一つとしてこれによらないものはなかった。この言は命であった」。

　この宣言が二千年の時を経て今日の西欧の心理療法の基本理念となっている。

　福音書に語られているイエスの奇跡物語はむろん現実に起こったことというよりも、彼の愛の行為の証として象徴的に表現されたものであろう。イエスは、実際に奇跡など行えるはずはないし、また、民衆の期待する反ローマ運動の救世主《メシヤ》になろうという意志もなかった。遠藤周作によれば、イエスはただ十字架上の死をもって神の愛を示す以外に、何もできない無力な男であったに過ぎない。ただこの愛の無力さがあの死後の偉大な奇跡を引き起すことになる。

山上の垂訓：最初、ガリラヤ湖畔の民衆たちは、イエスを聖ヨハネの後継者とみなし、大ローマ帝国に蹂躙されたユダヤをふたたび光栄ある「神の国」に戻してくれる地上の救世主《メシヤ》であると誤解して熱狂的に迎え入れた。「ガリラヤの春」と呼ばれる。しかしそれは半年ももたなかった。あの有名な「山上の垂訓」のせいである。

　幸いなるかな　心貧しき人　天国は彼等のものなればなり
　幸いなるかな　悲しんでいる人　彼らは慰めらるべければなり

・・・・・・・・・・・・・・・・・・・・・・・・・

そのほか、キリスト教の教義の根幹となるイエスのよく知られた教えがつづく。「敵を愛し、迫害する者のために祈れ」、「頬をうたれたら、ほかの頬も差し出せ」、「上着を奪い取る者には下着をも拒むな」、「何事でも人からして欲しいと望むことは、人にもそのとおりにせよ」、「あなたがたの父なる神が慈悲深いように、あなたがたも慈悲深い者となれ」、「人をさばくな。そうすれば、自分もさばかれることがないであろう」、「また人を罪に定めるな。そうすれば、自分も罪に定められることがないであろう」、「ゆるしてやれ、そうすれば、自分もゆるされるであろう」、「与えよ。そうすれば、自分にも与えられるであろう」、「施しをする場合、右の手のしていることを左の手に知らせるな」、「天の父は、悪い者の上にも良い者の上にも、太陽をのぼらせ、正しい者にも、正しくない者にも、雨を降らしてくださる」。等々、共観福音書にはおなじみの文言が書き連ねられている。

しかし、人間には不可能なこのイエスの全身全霊の愛の教えを弟子たちも民衆たちも理解することができなかった。民衆たちがイエスに期待したものは、ただ病気を治す現実の奇跡であり、地上的救世主であった。イエスの説く愛がこのような現世的利益についてはまったく無力であることを知って、期待を裏切られた弟子や民衆たちは、潮が引くようにイエスから離反していった。イエスの悲劇はこれを契機に秘かに進行しはじめた。

二　ユダの登場

十二使徒の招命：福音書におけるユダの登場は、イエスによる十二使徒の招命の場面からである。共観福音書では筆頭にペトロをあげ、次にその弟のアンドレアス、つづいてヤコブとヨハネ兄弟、途中に徴税人のマタイ、そして最後の十二番目にイスカリオテのユダの名が指名されている。なぜかこのユダだけに「この彼はまた、彼を引き渡したのでもある」（マルコ伝）、「彼はまた、彼を引き渡す者でもある」（マタイ伝）、「この彼は、売り渡す者になった」（ルカ伝）と注釈がつけられている。次第にユダの悪人化が強まっている。ヨハネ伝では、ユダをさして悪魔呼ばわりさえしている。イエスに言わせている。「あなたがた十二人を選んだのは、わたしではなかったか。それだのに、あなたがたのうちのひとりは悪魔である」（六‐七〇・一）。

この十二使徒のうち、イスカリオテのユダだけがイエスと同じイスラエルの十二部族のうちのユダ族、つまりダビデの部族に属している（竹下節子）。他の使徒はガリラヤ出身者である。ユダはイエスにもっとも近い人物だったのである。にもかかわらず、ユダは十二使徒の中でひとり浮いた存在であった。

イエスの死後、筆頭弟子のペトロを指導者としてヤコブやヨハネらの弟子たちによって原始キリスト教団が形成された。

ベタニヤの塗油：次にユダが登場するのはベタニヤの塗油の場面である。ただしこれはヨハネ伝だけにしか記載がない。イエス一行は、過越祭《すぎこしまつり》の六日前、エルサレム近郊のベタニヤにやって来た。

過越祭は、モーセに率いられてユダヤの民がエジプトを脱出したという旧約聖書の故事を記念するユダヤ教の大祭である。祭りには各地から大勢の民衆が集まり、ユダヤ人の民族的感情が最も昂揚するときである。メシヤ待望の機運が高まって反乱や暴動が起こりやすいため、ユダヤ教正統派の祭司長や為政者たちにとってきわめて危険な時期であった。イエスの受難物語はこの過越祭のときの出来事なのである。

ヨハネ伝（一二‐三・七）によれば、ラザロが設けた食事の席でその家の姉妹のひとりマリアが純粋で高価なナルド香油一リトラを取って、イエスの足に注ぎ、自分の髪でその足を拭った。家は香油の香りで満たされた。彼の弟子のひとり、後でイエスを裏切ることになるイスカリオテのユダが言う。「なぜ、この香油は三百デナリオンで売られ、乞食たちに与えられなかったのか」。この言葉に対してイエスは言った。「この女《ひと》をそのままにさせておくのだ。私の埋葬の準備をしてくれたのだ」。

ヨハネ伝では、女を非難するのがイスカリオテのユダに特定されているが、マルコ伝・マタイ伝では弟子のひとりというだけで誰が非難したのか不明である。しかもそのヨハネ伝では、ユダは金庫番でありながらその中身をくすねる金銭欲の深い盗人呼ばわりされている。「私に香油を塗ってくれたのは前もって私を埋葬するためだったのだ」というイエスの意味不明な言葉は、やがて起こる受難物語の伏線を張っているのである。

三　受難物語

イエスの苦しみと刑死を描いた受難物語は、福音書の中で最も劇的な場面である。

予型論的にいえば、その起源は、旧約聖書の創世記、エデンの園でアダムとエヴァが蛇に唆《そそのか》されて、神の禁止に背いて禁断の果実（善悪の知恵）を手にした原罪にさかのぼる。アダムの裔《すえ》である人類に背負わされたこの根源的な罪を、十字架上の死という犠牲《いけにえ》の形で償い世界を救うのが、神のひとり子イエス・キリストに課せられた使命であった。このパウロの創作によれば、イエスの〈受難〉は神によって計画された大いなる救いの業《わざ》だったのである。

過越祭の二日前のことであった。エルサレム神殿を司るユダヤ教正統派の祭司長や律法学者、民の長老たちが大祭司カヤパの中庭に集まって「イエスを捕らえて殺そう」という謀略をめぐらせていた。

ユダの裏切り：時に、十二弟子のひとりイスカリオテのユダという者が祭司長らのところへ行って言った。「彼をあなたがたに引き渡せば、いくらくださいますか」。すると、彼らは、銀貨三十枚を彼に支払った。その時から、ユダはイエスを引き渡すための良い機会をねらっていた。

これはマタイ伝（二六―一四・六）の記述である。ユダは祭司長たちの「イエス殺害計画」にまんまとはめられたというのが真相のようである。ただ、銀貨三十枚というのは当時の通貨単位でほぼ三十デナリオンに相当すると考えられる。マタイ伝（二〇―二）に「彼（ある家の主人）は労働者たちと、一日一デナリの約束をして、彼らをぶどう園に送った」という一文がある。つまり、三十デナリオンというのは彼らの一月分の給料に相当する。荒井　献の計算によれば、先述の「ベタニヤの塗油」物語で女がイエスに注いだ香油の値段は「三百デナリオン」であったから、その十分の一の安値でイエスを売ったことになる。この不当な価格が金銭動機説を否定する根拠にされている。

　マルコ伝（一四-一〇）では「（彼を引き渡すというのを）聞いて喜び、彼に銀貨を与えることを約束した」というあいまいな表現になっている。ただ「彼を引き渡す」ために彼らのところへ出かけて行ったのであり、マタイ伝が言うように報酬目的で行ったのではなさそうである。銀貨を与えることは後で約束されており、実際に支払われたかどうかもわからない。動機は不明である。

　興味深いのはルカ伝である。前述のユダの荒野でイエスを誘惑することに失敗して一時立ち去ったサタンが再びここで登場するのである。ルカ伝（二二-三）はこう記している。「そのとき、ユダにサタンが入った。彼は祭司長たちや守護長官たちのところへ行って、イエスを彼らに引き渡す方法を話し合った。彼らは喜び、彼に銀貨を与える取決めをした。ユダは同意し、群衆のいない時にイエスを首尾よく彼らに引き渡す良い機会をねらっていた」。

　ここでも報酬の話はマルコ伝と同じように後で出てきており、ユダが出かけて行ったのはサタンのせいにされている。ヨハネ伝にはこの場面の話はないが、最後の晩餐のとき、「悪魔はすでにシモンの子イスカリオテのユダの心に、イエスを引き渡そうという考えを吹き込んでいた」（一三-二）という文章が見られる。ユダの裏切りの動機は、ルカ伝とヨハネ伝では、マタイが言うように金銭欲ではなく、サタンの唆しによるものとされている。

受難復活予告：共観福音書には、イエスが弟子たちに自分の死と復活を予告する言葉が各所に出てくる。マルコ伝とマタイ伝にはほぼ同じ文章でそれぞれ三カ所に記載がある。福音書作者にとってよほど重要なことだったのであろう。イエスは神に定められた自分の使命を十分に自覚していたことになる。

　表現はそれぞれ少しずつ異なるが、言っている内容はすべて同じである。マルコ伝（一〇-三二・四）の予告はこう述べられている。

さて、一同はエルサレムへ上る途上にあったが、イエスは十二弟子たちを呼び寄せて自分の身に起ころうとすることについて語り始められた。「見よ、わたしたちはエルサレムへ上って行くが、〈人の子〉は祭司長、律法学者たちの手に引きわたされる。そして彼らは死刑を宣告した上、彼を異邦人に引きわたすであろう。また彼をあざけり、つばきをかけ、むち打ち、ついに殺してしまう。そして彼は三日の後によみがえるであろう」。

ヨハネ伝においても、「私は去って行くが、またあなたがたのところに帰って来る」（一四-二八）といった簡潔な表現が三カ所見られる。

ここで、〈人の子〉はイエスの自己呼称である。マタイ伝（一六-一五・六）で、イエスが「それでは、あなたがたはわたしを誰というか」と弟子たちに問うとペトロが「あなたこそ、生ける神の子キリストです」と答えている。また、同じ（二七-五四）には、百卒長やその兵卒たちが、十字架上で必死に祈る姿や死後起こったいろいろの出来事を見て非常に恐れ、「まことに、この人は神の子であった」と呟く場面もある。つまり、〈神の子〉は他者の使う言葉であって、イエス自身は自分のことを言う場合、「人の子」と呼んでいるのである。

また異邦人とはローマから派遣された総督ピトラのことである。福音書の作者は起こった出来事はすでに知っているのであるから、これは事後予測である。

ルカ伝の記述もほぼ同じであるが、「異邦人に引きわたす」の文章の前に「人の子について預言者たちがしるしたことは、すべて成就するであろう」という予型論の文言が挿入されている。

最後の晩餐：過越祭の前夜、イエスとその弟子たちも過越しの食事を取った。これが彼らにとって最後の晩餐となった。ここで、イエスはいくつか重要な発言をしている。ユダに関しては「裏切り予告」がその一つである。

裏切りの予告：その食事の席でイエスは言った。

> 私はあなたたちに言う、「あなたたちの一人で、私と一緒に食事をしている者が私を引き渡すだろう」。彼らはとても悲しみ、一人ずつ言い始めた「まさか、この私では」。そこで彼は彼らに言った。「十二人の一人で、私と共に鉢の中に自分の食物を手で浸す者がそれだ」。というのも、たしかに人の子は彼について書いてある通りに去って行く。しかし、人の子を引き渡すその人は禍である。その人にとっては、生まれて来なかった方がよかったろうに。

　共観福音書のこの箇所はほぼ同文である。「彼について書いてある通り」というのは、「旧約聖書の預言者の言葉どおりに」という意味である。これは、先の受難復活予告のところで述べた「人の子について預言者たちがしるしたことはすべて成就するであろう」と同じ予型論の謂いである。「生まれてこなかった方がよかったろうに」は、禍だから生まれてくるべきではなかった、という引き渡す者への烈しい呪詛（呪い）の言葉と読むべきか、または、すべてを知っているイエスの、裏切る定めを生きざるをえない引き渡す者への、哀惜の念と読むべきか。しかし、「生まれてこなければ」、その後の「引き渡し」はなく、そもそもキリスト教の教義の中核であるイエスの受難も復活も起こりえない。「生まれてくる」のも定めであり、必然だったのである。

　ヨハネ伝（一三―二六）では、引き渡す者をユダに特定している。ベタニヤの塗油で女性の非難者をユダに特定したのと同じである。引き渡すものはいったい誰かという弟子たちの疑問にイエスが答えて言う。

「私がパン切れを浸して与える者が、それである」。そしてパン切れを浸してとり上げ、シモンの子イスカリオテのユダに与えた。パン切れを受け取ったその時、サタンがこの者の中に入った。そこでイエスは彼に言われた。「しようとしていることを、今すぐするがよい」。ユダはパン切れを受け取ると、すぐに出て行った。時は夜であった。

イエスとユダの最後のやりとりはとても印象的である。イエスはユダにはやく自分を引き渡すように積極的に促している。この「夜であった」というヨハネの表現は、ひとり孤独に去って行くユダの心性描写であると解釈されている。なお、「ユダにサタンが入る」のは、成立年代が後期に属するルカ伝とヨハネ伝においてのみである。この二つの福音書で「サタンが入る」ことによってユダが悪魔化されていることは、注目に値する。

躓《つまず》き予告：食事の後、彼らはオリーブ山へと出て行った。そのとき、イエスは彼らに言った。「あなたたち全員が、今夜に私に躓くことになるだろう。……だが、私はよみがえってから、あなたがたより先にガリラヤへ行くだろう」。「よみがえる」とは、復活のことである。躓きと同時に復活を予告しているのである。躓くけれども復活によって皆を赦すという宣言である。

しかし筆頭弟子のペトロが答えて言った。「たとえ、皆の者があなたに躓いたとしても、この私は決して躓きません」。そこでイエスは彼に言った。「あなたは今夜　鶏《にわとり》が啼《な》く前に三度私を知らないというだろう」。ペトロは彼に言った。「たとい私があなたと一緒に死なねばならなくなったとしても、あなたを知らないなどとは、決して申しません」。弟子たちは皆、同じように言った。

四福音書ともほぼ同文であるが、ルカ伝では、「あなたが私のことを三度否むまでは、鶏が啼くことはないだろう」と表現の順序が逆になっている。ここで、裏切るのは「引き渡す者」だけではないことが予告されている。

ゲッセマネの祈り：その後、彼らはゲッセマネの園にやって来る。弟子たちをそこに座らせて、ペトロとヤコブとヨハネだけを連れて最後の祈りをする。イエスは言う。「私の魂は死ぬほど悲しい。ここに留まって、目を覚ましていなさい」。そして、大地にひれ伏して、必死に祈った。「私の父よ、もしできることなら、この（死の）杯が私から去って行きますように。しかし、私の望むようにではなく、あなたの望まれるように」。

ここでもマルコ伝とマタイ伝の文章は酷似している。来たるべき死の恐怖に血の汗を流すほど苦しんでいるのである。そこのところをルカ伝は、「そこで彼は死にもの狂いになり、いっそう熱烈に祈った。すると彼の汗は、地に落ちる血の塊のごとくなった」と記述している。そのとき、弟子たちは師の苦悩をよそに眠りこけていたのである。

ユダの接吻と捕縛：いよいよその時が来た。イエスは言う。「〈人の子〉は罪人らの手に引き渡される。立て、行こう。見よ、私を引き渡すものが近づいた」。ユダを先頭に祭司長と律法学者と民の長老たちのところから来た群衆が剣と棒をもって現れた。

ユダは「俺が接吻する奴があいつだ。それを捕らえよ」と言って、イエスに近づき、「ラビ（先生）」と呼びかけて接吻した。

ここまではマルコ伝とマタイ伝の文章である。ところが、ユダの接吻に対するイエスの反応は福音書によって少しずつ異なる。マルコ伝には何の記述もなく、「そして彼に接吻した。そこで彼らは彼に手をかけ、彼を捕らえた」とだけそっけなく書かれている。これに対して、マタイ伝には、接吻と捕縛の間に、「するとイエスは彼に言った『友よ、あなたがしようとしていることをするがよい』」という文章が挿入されている。このイエスの言葉はヨハネ伝で最後の晩餐のときユダを引き渡す者と指し示したあとに使われている。

この「しようとしていることを、今すぐするがよい」というイエスの言葉は先にも述べたようにいろいろに解釈されている。裏切ったユダを冷たく突き放そうとしているのか、受難を成就させる裏切りの決断を迫っているのか。

あるいは不運なユダに対する憐憫の言葉か。竹下節子は、この言葉を遠藤周作の名著『沈黙』に関連づけて解釈している。ロドリゴがころんで最後に踏み絵を踏む感動的な場面で、痩せこけ疲れ果てた踏み絵の中のイエスの眼差しが語りかけるのを感じる。「踏むがいい、踏むがいい、お前たちに踏まれるために、私は存在しているのだ」。これは、「今すぐするがいい」という言葉をイエスの赦しとみる解釈である。

ルカ伝（二二-四八）では、接吻するために近づくと、イエスは、「ユダよ、あなたは接吻をもって人の子を裏切るのか」と彼に言っている。「愛の表現で裏切るのは欺瞞である」と接吻を拒否しているのである。おわかりのように、福音書の成立年代が下るほど、ユダの接吻に対するイエスの反応は厳しくなっている。

ヨハネ伝にはそもそもユダの接吻のエピソードそのものが出てこない。次のような捕縛物語（一八-四）になっている。

> イエスは、自分の身に起ころうとすることをことごとく承知しておられ、自ら進み出てやって来た群衆に向って問う。「誰を求めているのか」。彼らは「ナザレのイエスを」と答える。イエスは、「私がそれである。私を求めているのなら、この人たち（弟子たちのこと）は往かせてやりなさい」と言った。

この逮捕劇では、どの福音書にも弟子の一人が剣を抜いて大祭司の僕《しもべ》に切りつけて片耳を切り落とした話が記載されている。ここでもヨハネ伝ではその弟子の一人はペトロとされている。マタイ伝に、「あなたの剣をもとのところに収めなさい。剣を取る者は皆、剣で滅びる」というあの有名な言葉が出てくる。

こうしてイエスは、聖書に書かれている預言者の言葉が成就されるように、無抵抗で縛についた。そのとき、弟子たちの全員が彼を見棄てて逃げ去った。

鶏が啼いた：捕縛されたイエスは大祭司カヤパの館に連行された。死を宣告されることが予定された裁判を受けるためである。その成り行きを見届けるためにペトロは館の中庭に忍び込んで大勢の人たちと一緒にすわっていた。するとそばにいた女がペトロを見つけて、「この人はナザレのイエスと一緒だった」と叫んだ。彼は「そんな人は知らない」と激しく打ち消した。このようなことが三度起こったとき、鶏が啼いた。ペトロは「鶏が啼く前に、三度わたしを知らないというだろう」と言われたイエスの言葉を思い出し、外に出て激しく泣いた。

これはまぎれもないイエスに対する裏切りである。冷静に福音書を読むと、ペトロとユダの罪の間にそれほど大きな差はないのに、なぜか後世では、一方は聖人と崇められ、他方は悪の権化と卑しめられる。これは「まったく不当だ」と大貫　隆は難じている。事実、イエスを裏切った弟子は、ユダひとりだけではなかったのである。

ユダの死：福音書でユダのその後と死に言及しているのはマタイ伝だけである。それには次のように語られている。

> その後、イエスを引き渡したユダは、イエスが死刑を宣告されたことを知って後悔し、銀貨三十枚を祭司長と長老たちに返して言った。「わたしは罪のない人の血を売って、罪を犯した」。しかし、彼らは言った。「そんなことはわれわれの知ったことか。自分で始末するがよい」。そこで、彼は銀貨を神殿に投げ込んで出て行き、首をつって死んだ。

ここでは、ユダは後悔のあまり身の処しように窮して自殺したとされている。ところが、使徒行伝では、百二十人ばかり集まった人々に向ってペトロにこう語らせている。

「兄弟たちよ、イエスを捕らえたものたちの手びきとなったユダについては、精霊がダビデの口を通して預言したその言葉は成就しなければならなかった。彼はわたしたちの仲間に加えられ、この務めを授かっていた者であった。彼は不義の報酬で、ある地所を手に入れたが、そこへまっさかさまに落ちて、腹が真ん中から引き裂け、はらわたがみな流れ出てしまった」。

まるで神罰が下ったような残酷な死に様である。自殺とは考えられない。

以上が、四福音書と使徒行伝に描かれたユダのすべてである。後世に伝えられる裏切り者ユダのイメージからすると、あっけないほど簡単にしか触れられていない。ユダはただイエスを〈引き渡した〉だけに過ぎない。殺したのは、イエスと敵対するユダヤ教の祭司長たちと民衆である。ユダの罪は提婆の三逆罪とは比べものにならない。

四　ユダの救済

これ以後は、福音書のクライマックスである十字架上のイエスの死と復活に話は移る。本書の関心事は、ユダがイエスによって救済されたのか、どのように救済されたのかである。このことについて、福音書には何も書かれていない。それを推測するには、十字架上のイエスの言葉と復活に頼る以外にない。

十字架上のイエスの三つの言葉：イエスの十字架上の死は、過越祭の始まる日、つまり、人々が自分たちの汚れを神に償うために犠牲《いけにえ》として仔羊を殺す日であった。

過越祭に入れば、裁判も死刑も行えない定めである。祭司長や長老たちにとって事は急を要した。群衆の「十字架につけよ！」という声に押されて総督ピラトはイエスをむち打ったのち、十字架につけるために兵士たちに引き渡した。それは最後の晩餐の翌朝のことであった。頭にいばらの冠をかぶせられ、十字架を背負わされて群衆の嘲弄のなかを引き回されて最後にゴルゴダの丘で十字架に釘付けされたのはちょうど正午頃であったという。それから午後三時に絶命するまでの三時間、言語に絶する烈しい苦痛と混濁した意識の中で必死に祈り続けたイエスの言葉が今に残されている。そのうち十字架上での三つの叫びが特によく知られている。

「主よ、彼らを赦したまえ。彼らはそのなせることを知らざればなり」

「エロイ、エロイ、ラマ、サバクタニ（主よ、主よ、なんぞ我を見棄てたまうや）」

「主よ、すべてを御手に委ねたてまつる」

最後の「エロイ、エロイ、……」の言葉はあまりにも有名である。だが、福音書では三度も「受難復活の予告」が繰り返されていて神から課せられた自分の使命は十分知り尽くしていたはずなのに、なぜイエスは息絶えだえにこう叫んだのであろうか。神への怨みの声のように聞える。それはともかく、「なんぞ我を見棄てたまうや」という絶望の極みのなかでなお「すべてを御手に委ねたてまつる」という神への絶対的信頼の言葉。これを聞いた民衆たちの心を打たないはずはない。そして、自分を見棄て裏切った弟子たちの「罪の赦し」を死の間際に神に祈るイエスの愛の深さ。これを知った弟子たちに烈しい衝撃を引き起こさずにはおかなかった。このことこそがイエスが語り続けてきたただ一つのことだったのかと心底気づかされ、弟子たちの心に劇的な観の転換をもたらした。

福音書前半の奇跡物語ではカリスマ的な力のあるイエスが登場し、後半の受難物語では、何もしない、何もできない無力なイエスが描かれている。この落差は劇的効果をねらったものなのか。ともあれ、このイエスの何もできなさが愚かだった弟子に自分たちの使命を自覚させて原始キリスト教団を作らせ、イエスを救世主《キリスト》として神格化させる原動力となったのである。竹下節子は「イエスは（弟子たちの）信仰において甦られた」というブルトマンの言葉を紹介している。その反作用としてユダの影としての悪魔化が進行したのではあるが。

問題は「彼らを赦したまえ」という祈りの彼らの中にユダが含まれていたか否かである。キリスト教の「万人救済」

の思想に照らして当然含まれているという論者もいれば、このときにはユダはすでに死んでいるのだから含まれていないとする論者もいる。

復活：イエスが十字架上で刑死したのは紀元三十年四月初旬のことだった。生前、イエスは弟子たちに「人の子は人々の手に渡され、彼らに殺され、三日後によみがえるであろう」と復活の予告をしている。予告どおり、マグダナのマリアほか二、三人の女が塗油を施すために夜明け頃墓所を訪れると、遺体は消えていた。白い長衣をまとった主の御使いがいて言った。「十字架につけられたイエスはここにはいない。かれが言った通り、起こされたからだ。急いで行って彼の弟子たちに言え。彼はあなたたちより先にガリラヤへ行く。そこであなたたちは彼に出会うだろう」と。

イエスは、四十日後に昇天するまで、ペトロをはじめ使徒たちの間に次々と姿を現す。これは弟子たちへの赦しと励ましを意味する。問題はユダに顕現したかどうかである。ルカ伝とヨハネ伝そして使徒行伝ではイエスが顕現する弟子の人数を十一としている。ユダは省かれている。復活の恩恵にはあずかっていないのである。ユダの死がイエスの刑死の前であったというのが暗黙の前提となっている。復活したイエスがこの世でユダを救うことはなかった。

キリスト教では、ユダは永遠に救われない者とされている。利倉　隆は言う。「呪わしい宿命も贖罪の行為によって回復され赦される。（だが、）彼（ユダ）は罪を贖《あがな》ってはならないのだ。むろん赦されてはならない。それが前提だ。……イエスはユダを罪から救うことができなかった。また救おうともしなかった。イエスは己れの受難を成就するために、ユダを道具に使った」だけだ。

キリスト教の「万人救済説」からして、ユダを救わずして全人類を救済するというのは詭弁ではないかという疑念は残るが、救われたかどうかというのはあくまで解釈の問題であり、少なくとも、新約聖書の正典には、イエスによるユダの救済については一言も触れられていない。

五　影としてのユダの悪魔化

予型論的にいえば、神に背いて禁断の木の実を食べたアダムは、神の子を裏切ったユダの予型的人物である。

それにしても、キリスト教の文化史上、ユダの裏切りという悪だけが過度に強調される。しかし、前にも言ったとおり、十二使徒中イエスを裏切ったのはユダだけではなかった。三度否んだペトロも捕縛のとき見捨てて四散した弟子たちもまぎれもなく同罪である。大貫　隆は「彼ら（弟子たち）もユダと同じ穴の狢《むじな》でしかない」と言い切っている。

原始キリスト教団を形成した弟子たちは、福音書の中でこのことを隠さず正直に記述している点は評価されるが、なぜか裏切り者として排斥され憎悪の対象とされるのはユダひとりである。このことは、十二使徒招命の表において最後に上げられるユダだけに「引き渡した者」、あるいは「裏切り者」と断定的に刻印されているのがなによりの証である。また、ルカ伝やヨハネ伝には「サタンがユダに入った」と悪魔化の印象操作を行っている。これが悪魔の申し子という伝統的なユダ像の起源をなしている。

しかし、福音書に記載されている限りでいえば、イエスを刑死させたのは、ユダヤ教の教徒や祭司長、律法学者たちであって、ユダはただ師を彼らに〈引き渡した〉だけで、思われるほど重大な罪を犯したわけではない。彼の果たした役割は大したものではなかったのに、後々まで悪の化身のように言われるようになったのには、四つほどの要因が考えられている。

㈠　自分たちも師を裏切ったというどうしても受け入れることのできない後ろめたさ・負い目を無意識に抑圧し、その影を投射する対象が必要であった。

㈡　成立しつつある原始キリスト教団の集団としての脆弱性を補強するために、みんなで共有できる犠牲《いけにえ》の羊が必要であった。

(三) イエスへの愛の証とするために、憎悪の対象とすべき裏切り者が必要であった。
(四) イエスの神格《キリスト》化のために、その対極となる悪の存在が必要であった。

その対象としてユダほど適切な人物はいなかった。そこで、ユダが悪のプロトタイプに仕立て上げられたと考えられる。これは裏切り者というユダ像の心理力動論的な解釈である。この虚構されたユダ像こそ決して認めたくない自分たち自身の秘められた影であるという認識が、原始キリスト教団には欠けていたように思われる。

六　ユダの復権

正統的原始キリスト教会はユダの裏切りの罪を許さず、自らの裏切りの罪をも彼に負わせて、ユダを断罪した。この伝統的な「裏切り者」のレッテルを剥がして彼の復権を求める試みが繰り返し行われてきた。たとえば、次のような考え方である。

(一) イエスの神格化のために、ユダの存在は必要悪であると罪を相対化する考え方である。これはユダの悪魔化の四番目の要因の裏返しである。
(二) ユダの悪は人間性の本質そのものであり、ユダは我々自身のことであると認める考え方である。親鸞が提婆の悪を己れ自身のこととして引き受けたのと同じである。
(三) ユダの裏切りは神の定めであり、イエスの使命を成就させる手段であって、ユダ自身犠牲者であるとする考え方である。最後の晩餐のとき、「しようとしていることを、今すぐするがよい」とユダに指示したのはほかならぬイエス自身である。
(四) そもそもユダの接吻なしには、キリスト教の教義の中核である十字架上の死も三日後の復活もない。パウロが作ったキリスト教の物語そのものが成立しない。

竹下節子によれば、ユダの悪の見直しは、十六世紀に西欧のキリスト教世界に吹き荒れたルターやカルビンらの宗教改革なしには起こりえなかったという。なぜなら、イエス・キリストの「全き善」とユダの「全き悪」の善悪二元論を自らの権威づけの根拠としていたローマ・カトリック教会に、プロテスタントが反発する過程で、ユダの悪に対する見方もしだいに変化したからである。

七　グノーシス主義

ところが、それよりはるか千数百年前の紀元二世紀の中頃にはキリスト教グノーシス派によって新約聖書の四つの「正典福音書」とはまったく異質なユダ像が記述されていた。グノーシス主義文書の一つである『ユダの福音書』においてである。そこではユダが驚くべき仕方で英雄化されている。それは正典福音書による悪魔化の対極をなすものである。

グノーシス主義は、原始キリスト教の成立期、西暦紀元一、二世紀に登場し、正統派キリスト教との熾烈な論争の末、正統派が勝利を収めた四、五世紀に消滅した。しかし、その思想は姿を変えながらその後も生き残り、思想的なパラダイム転換が必要とされる時代には、必ずと言っていいほど何らかの形で再登場した。思想史的には影の存在であったといってよい。

グノーシス主義の神話の特徴を列挙する。

㈠旧約聖書の創造神（ヤハウェ）は、全知全能で唯一絶対の神であり、その神が創造した世界は本質的に善とみなされた。ところが、グノーシス主義的世界観では、その造物神（デーミウールゴス〈ヤハウェの戯画〉）が造ったこの地上の物質（肉体）的世界は不完全で不条理で邪悪に満ちた闇の世界である。「この世は地獄である」という認識から出発する。

㈡　このような嫌悪すべき世界を創造した旧約聖書の神は劣位の無知な神であり、その上位に純粋な霊的存在である至高神を立てる。その神が住する世界は物質世界を超越した霊的な光の国である。グノーシス主義の世界観は霊肉二元論を特徴とする。

㈢　旧約聖書の創造神話の核心は、神（ヤハウェ）と人間との絶対的区別にある。神は神であって人間ではなく、人間は人間であって絶対に神になることはできない。これに対して、グノーシス主義は、「人間即神也」（大貫　隆）、あるいは「対極の一致」説（彌永信美）である。すなわち、人間の内奥には内なる神性な光（霊）が宿されており、これを「神」とも「本来の自己」ともいう。神と本来の自己との本質的同一視がグノーシス主義の教説の基本である。この考え方は仏教の「一切衆生悉有仏性」と似ている。だが、仏教では、グノーシス主義のような神話は必要ない。言ってみれば、神なしに「悉有仏性」なのである。

㈣　マービン・マイヤーによれば、グノーシス主義にとって、人間が抱える根本的な問題は、キリスト教のいう「原罪」ではなく、「無知」であるという。何に無知かというと、グノーシス主義の奥義である神の神秘的な知識と秘義についてである。無知は、単なる知識や認識の欠如状態ではなく、本来の自己への覚醒を妨害する「魂の眠り」である。

㈤　そもそも、ギリシア語のグノーシスとは、「知ること、知識、認識」を意味している。グノーシスはサティと似て非なるものであるが、ある意味で似ている。何を知るかと言えば、無知の裏返しである。つまり、神の神秘的な知識と秘義とである。人間の本質である内なる霊魂は、この地上の物質的世界では肉体という牢獄に閉じ込められている。この「本来の自己」が何者であり、何に由来するのか、どこから来てどこへ行くのかを知ること、このグノーシスこそが霊魂を肉体から解放する術であり、肉体からの霊魂の開放が人間の救済であると考える。換言すると、至高神と本来の自己との本質的同一性の認識（グノーシス）が救済なのである。それゆえ、本来の自己の探求こそがグノーシス主義の本質をなす。

㈥ この無知の力を打破するためには、グノーシスへの覚醒の「呼びかけ」、換言すると、それを教え導くために天から遣わされた啓示者の存在が不可欠である。キリスト教グノーシス派にとってそれがイエス・キリストなのである。イエスは仮に人間という肉体をまとってこの地上に姿を現しているが、その本質は霊的な光の世界の住人なのである。これを仮現説という。イエスは、アダムの裔《すえ》である人類が背負っている原罪を贖罪する受難者ではなく、内なる神性な光に気づかせ、救いに至る秘密を教える教師として遣わされた者なのである。

㈦ 天から遣わされた者は、地上において捕囚として厳しい苦難と迫害を受けるが、与えられた使命を果たして天へ帰る。みずからが救済されるのである。イエスの十字架上の死や三日後の復活を救済だとは考えない。「肉体的復活」ではなく「霊的復活」なのである。

　伝統的な終末論はアダムの原罪から最後の審判に至る「始原から終末へ」の時間的不可逆性を前提にしているが、グノーシス主義の終末論は「始源への回帰」という無時間性を特徴とする。「どこからどこへ」という問いは「来たところへ帰る」というのが答えである。グノーシス主義にとって帰るところは、霊魂のいにしえの故郷である光の世界である。肉体の死こそこの極めて重大な瞬間であり、デーミウールゴスの造った世界からの離脱である。

㈧ 旧約聖書を徹底的に非難するグノーシス主義は、旧約聖書で善とみなされるものを格下げし、悪とみなされるものを格上げするという驚くべき価値転換を行う。唯一絶対の犯すべからざる神（ヤハウェ）を劣等で愚鈍なデーミウールゴスへ貶めるばかりでなく、逆に、神に反逆するようエヴァとアダムを唆すあの邪悪な蛇を真実に覚醒させる啓示者と持ち上げたり、嫉妬のあまり弟アベルを殺害して神から追放されたカインを崇め奉ったりする。実は『ユダの福音書』によるユダの善玉化もその一貫なのである。

八　『ユダの福音書』

このようなグノーシス主義の思想は、とうてい新興正統派キリスト教会の指導者たちに受け入れられるものではない。当然、異端狩りの対象とされた。『ユダの福音書』も禁書として徹底的に排斥されたため、この文書は人目に触れることもなく、歴史から姿を消していた。皮肉にも、現フランスのリヨンの司教エイレナイオスが紀元一八〇年頃に著した通称『異端反駁』と呼ばれる書によってその存在と内容は知られていた。その幻の文書がなんと一九七〇年代にエジプトの中部ナイル川の河岸近くの砂漠で発見され、二〇〇六年四月に公表されたのである。二十世紀最大の発見とセンセーショナルに報道された。

『ユダの福音書』の冒頭の書き出しは、「イエスが、過越の祭を祝う三日前に、イスカリオテのユダとの対話で語った、秘密の啓示の話」で始まる。この福音書は、イエスがユダによって引き渡されるまでの三日間の二人の間の対話で構成されている。ユダまたは弟子が問いイエスが答えるという問答形式で話は進む。

正典四福音書でイエスが笑うことは一切ないが、『ユダの福音書』では、イエスは四つの場面で笑っている。イエスが最初に笑うのは、弟子たちが集まって感謝の祈りを捧げている場面である。弟子たちは問う。「私たちは正しいことをしているのに、あなたはなぜ笑うのですか」。イエスは答えて言う。「私はあなたがたを笑っているのではない。あなたがたは、そうすることによって、あなたがたの神が賛美されるだろうからそうしているのだ」。弟子たちは、イエスの言う神の意味がわからない。だから重ねて「先生、あなたは……われわれの神の子です」と恥の上塗りをする。イエスは「違うだろう」と笑っているのである。彼らが崇拝している神は、旧約聖書に語られる創造主のことである。だからイエスは言う。「あなたがたにどうして私がわかるのか」と。イエスの弟子たちの中で、新約聖書の福音書において裏切り者の汚名を着せられたイスカリオテのユダだけがイエスの真実を知っていた。彼は言った。「あなたが誰か、どこから来たのか私は知っています。あなたは不死の王国バルベーローからやって来ました。私にはあなたを遣わした方の名前を口に出すだけの価値がありません」。バルベーローは至高神が支配する完全な王国に住む神のひとりである。その王国から来たということは、旧約聖書の神の子ではないということである。弟子たちはこのことを何も知っていない。彼らの信仰は無知に根ざしているのである。

　そこで、イエスは神の神秘的な秘義を教えるためにユダに他の弟子から離れるように命じる。ユダはイエスにとって別格の弟子なのである。イエスは言う。「ほかの者から離れなさい。そうすれば、王国の秘密を授けよう。お前はそこに達することはできるが、大いに嘆くことになるだろう」。他の弟子たちから石を投げられ虐げられるということの予告である。

　この後、しだいにグノーシス主義の神秘的な思想が説かれていく。これが『ユダの福音書』のかなりの部分を占めている。その内容については先に概略説明したので、ここでは深入りすることは避ける。

　ユダがイエスに「あの世代」と「人間の諸世代」との違いについて尋ねる。「先生、あの世代はどのような実りをもたらすのですか」。イエスは言った。「あらゆる人間の世代の魂は死ぬ。しかし、これらの人々は、地上の時を終え、霊がその人たちから去る時、肉体が死ぬのであって、その魂は死なず、天へと引き上げられる」。さらにユダは問うた。「では、ほかの人間の世代はどうなるのでしょうか」。イエスは答えた。「［岩］に蒔いた種から、実りを収穫することはできない」。

　ここで人間は二種類に分けられている。一時的に霊を授けられた人々と不死の霊を宿された特別の人々とである。誰もが自らの内に神性の輝きを宿しているわけではない。宿されているのは限られた特定の人（グノーシスの人）だけである。宿されていない人は、肉体が死ねば魂も死に、すべてが終わる。つまり、そのような人は救済の対象ではないというのである。これが「岩に蒔いた種から、実りを収穫することはできない」という言葉の意味である。イエスにとって弟子たちのなかでユダだけが聖なる不死の王国の秘密を明かすに値する特別の弟子であった。イエスは彼を「お前は十三番目の精霊《ダイモーン》だ」と言っている。新約聖書の『使徒行伝』によれば、ユダが欠けた後、代わりにマティアが補充されて弟子の数は十二に保たれている。

ユダは自らの運命についてイエスに尋ねる。「先生、やはり私の種子（内なる人間の霊的部分、神性の輝き）は（この世の）支配者たちの手中にあるということなのですか」。イエスは答えて言った。「来なさい。……だが、王国とその世代のすべての人々を見れば、お前は深く悲しむことになるだろう」。これを聞いてユダは問う。「私がそれを知ると、どんなよいことがあるのでしょうか。あなたはあの世代のために私を特別な存在にしたのですから」。イエスは答えた。「お前は十三番目となり、のちの世代の非難の的となり――そして彼らの上に君臨するだろう。最後の日々には、聖なる世代のもとに引き上げられるお前を彼らは罵ることだろう」。イエスは、ユダが死後真の神の王国に引き上げられ救済を得ることになるが、そのことのために、他の人々から呪われ深く悲しむことになる、と告げる。

イエスは、いまだかつて何びとも目にしたことのない秘密をユダに教える。それは果てしなく広大で目には見えない霊が存在し、天使さえ見たことがなく、いかなる心の思念によっても理解されず、いかなる名前でも呼ばれたことがない御国である。そこに輝く雲が現れた。

これは『観無量寿経』で釈迦が韋提希に浄土を観《み》せたあの場面を思い出させる。韋提希が「極楽世界の阿弥陀仏のみもとに往く方法をお授けください」と願うと、釈迦は、「汝今知ることができたかどうか。阿弥陀仏はここを去ること遠くはない。おもいをかけて、あきらかにその浄土を想い観るがいい。浄業《じょうごう》が成就できるからである」と告げて、初観の「日想」から始まる十三観によって極楽浄土を隈無く観せた。観仏、つまり仏とその御国を観ることが救いになるのである。

この福音書の終わり近くでイエスは裏切りについてユダに指示する。「だがお前は真の私を包むこの肉体を犠牲とし、すべての弟子たちを超える存在になるだろう」。そう言い終わった後、いよいよこの福音書のクライマックスを迎える。

「さあ、これでお前にはすべてを語ったことになる。目を上げ、雲とその中の光、それを囲む星々を見なさい。皆を導くあの星が、お前の星だ」。
ユダは目を上げると明るく輝く雲を見つめ、その中へと入っていった。地上に立っていた人々に、雲の中から声が聞えた。

声が何を言ったかは、この部分の資料が欠落していて不明であるが、おそらくユダを賛美する声であったろう。「皆を導くお前の星」というのは、ユダがイエスから秘密の教えを託されたということであり、また、「輝く雲」は栄光に満ちた天なる存在、あるいは神の顕現を現している。この箇所が、ユダが自らの内にある神性な輝きに覚醒し、変容する姿を描いた最も劇的な場面である。ここでユダは見事に名誉を回復する。

この福音書の結びで、ユダの裏切り行為がごく簡単にさりげなく書かれている。

大司教たちはユダに近づいて言った。「お前はここで何をしているのか。お前はイエスの弟子ではないか」。ユダは彼らの望むままに答えた。そしていくらかの金を受け取り、彼を彼らに引き渡した。

これが最後の文章である。十字架の磔刑もその後の復活も何も書かれていない。それはグノーシス派にとって、救済でも何でもない。ユダは祭司長たちと共同謀議したのではなく、ただ、イエスの要請に従って粛々と裏切り行為を実行しただけである。グノーシス派にとってはこの事実だけが重要なのである。確かに史実としてユダの裏切りはあった。しかし、この行為によって、ユダはイエスを肉体から解放し、彼の本質である霊魂を栄光の高みへ帰すという師から託された使命を忠実に果たしたのである。彼の行為は裏切りであって、裏切りではないのである。

原始キリスト教の黎明期にすでに外典のひとつでこのようなユダ像が提案されていたことは驚きである。しかし、残念ながらその後、正統派が勝利を収める過程で抹殺されて、正典の四福音書に描かれた裏切り者、悪の権化のイメージが増幅されながら伝承されていった。この『ユダの福音書』のユダは、前節で述べた『法華経』の提婆の物語とは違うが、よく似ている。

第三節　提婆の反逆とユダの裏切りの対比

以上、仏典と新約聖書の福音書に基づいて、提婆の反逆とユダの裏切りについて概観してきた。ふたりはいずれも偉大な師に対する反逆者であり裏切り者であった。しかし、ふたりの悪は人間存在の根源を象徴的に示すものであり、仏教とキリスト教の成立にとって不可欠な要素であった。提婆の反逆は多くの仏典に詳しく記載されており、ユダの反逆は、簡潔にではあるが、正典の四福音書のすべてに言及されているのが何よりの証拠である。ふたりの間には多くの共通性があると同時に、彼らの悪業の様相とその結末にはかなりの相違点がみられる。また、彼らの悪業に対する釈迦とイエスの対応はまったくといっていいほど異なっている。これは仏教とキリスト教の根本的な相違に由来すると考えられる。本節では、これらの事柄について対比的に整理しておく。

一　**動機**（**殺意の有無**）

ユダの裏切りの動機については、いろいろの解釈が提案されている。しかし福音書に記載されているのは、ただ銀貨三十枚に目が眩んだ、サタンに唆されたという二点だけである。その他、ユダの裏切りは、預言の成就、つまり神によって定められた行為であったことが暗示されている。動機としては、銀貨三十枚というのはあまりにも安価であり過ぎるし、サタンの唆しによるのであれば、ユダに責任はない。また神の定めに従ったということになれば、ユダこそ宿命の被害者ということになる。少なくとも、ユダ自身にイエスを殺害しようとする殺意はなかった。それがあったのは正統派ユダヤ教の祭司長や律法学者、長老たちであった。ユダはただ彼らと共謀してイエスを引き渡しただけである。その一回限りの何でもないはずの行為がイエスを十字架上で刑死させるというとんでもない結果を招いたのである。ユダにとっては、思いもしない結末であったろう。

一方、提婆には、子どもの頃から悉達多に対する憎悪心が刷り込まれていた。それは生涯消えることはなかった。仏弟子となった後も、釈迦を亡き者にしてその権威と地位を奪い取ろうとする凶悪な魂胆があったことは仏典に明らかである。ユダはイエスを引き渡すようサタンに唆されたが、提婆は阿闍世に取り入って殺父を唆した。言ってみれば阿闍世にとって、提婆はサタンだったのである。提婆はユダとは異なって自らにおいて悪であり、自覚的な殺意をもって釈迦の命をつけねらった。そのいずれにもことごとく失敗したが。

動機の面からすると、提婆の三逆罪の悪辣な所業に比べてユダの犯した罪は取るに足りない軽微な行為である。イエスの洗礼者・聖ヨハネがヘロデ王に獄死させられたように、ユダがいなくても早晩イエスは彼らの手によって亡き者に葬られていた。だが、その招いた結果からみると、逆にユダは提婆よりはるかに重大な結末のきっかけを作っている。いずれの観点に立つかによって、二人の罪の程度は逆転する。

二　罪悪について

提婆の犯した三逆罪の詳細については、繰り返し多くの経典で取り上げられている。それに比べて、福音書におけるユダの記述はそっけないほど簡単である。全部合わせても大した量にはならない。ユダが悪のプロトタイプに仕立て上げられた種はすでに福音書の中に胚胎されている。ルカ伝とヨハネ伝には「サタンがユダに入った」と悪魔化の印象操作がなされており、これが伝統的なユダ像の起源になっている。また、マルコ伝とマタイ伝には、最後の晩餐の場面で、「人の子を裏切るものは禍である」とイエスによって宣告されている。さらに継いで「その人は生まれて来なかったほうが、その人のためによかった」とユダにとって救われようのない絶望的な言葉を投げかけている。この言葉は、先述のように、いろいろに解釈されているが、岩本泰波の解釈によれば、万物の創造主である神のひとり子イエスによって語られているということは、ユダという人間存在の全面的否定を暗示している。カール・バルトは、ユダについて「彼こそ新約聖書の大いなる罪人そのものである」と語っている。

これに対応する提婆についての表現が経典（『不逮品』）にみられる。「提婆達多は悪深重をなし、罪を受くること劫を経るも治療するべからず。我法の中に於て豪りの善の称記すべきものを見ず。是の故を以て我今説く、提婆達多は諸罪の原首にして治療すべからず」。このように、釈迦は、提婆には善のひとかけらのきざしも見られず、「諸罪の原首」であって「救い難い」と語っているのである。提婆の三逆罪の罪業はかくも深く重いものであった。

同じ罪人とはいえ、ユダの罪の重さは仏典に描かれる提婆の罪業の深さとは比べものにならない。にもかかわらず、その後のキリスト教文化史上におけるユダの裏切りという悪はとてつもなく肥大化され、提婆の経典以外の存在感とは対照的である。

三　懺悔について

マタイ伝では、そのときイエスを裏切ったユダは、イエスが罪に定められたのを見て後悔し、銀貨三十枚を祭司長、長老たちに返して、言った。「私は罪のない人の血を売るようなことをして、罪を犯しました」。このユダの言葉は、大臣たちの見舞いの問いに応えた阿闍世王の懺悔の告白とまったく同じ心情であると解釈することができる。この後、ユダは銀貨を神殿に投げ込んで自殺した。

釈迦殺害の試みにことごとく失敗した提婆の心情はいかなるなるものであったろうか。それを伝えるものとして、岩本泰波は、『破僧事』の一節を挙げている。「ゴータマ沙門において、石を以て撃打せるも、損害すること能わず、事において益なかりければ、衆人皆知りて虚しく悪名を得たり」。この一文には自分のおかした行為への懺悔は微塵も読み取れない。むしろ、計画が破れたことへの悔しさであり、それを知った世間の人々の「悪評」への気がかりである。

『増一阿含経』には、「生身堕獄」のいまわの際に、提婆が業火の劇苦に堪えきれず、「南無」と「悔心」の言葉を唱えたとあるが、それは、ユダや阿闍世の懺悔心とは異質なものと考えなければならない。

四　救済の有無

正典四福音書にはイエスによるユダの救済については一切記述がない。ユダの役割は「引き渡し」までであり、その後ユダは福音書から姿を消してしまう。そして捕縛後の物語の関心はイエスの裁判、十字架上の刑死、三日後の復活に移っている。

ユダがイエスに救われたか否かについては、いろいろの解釈が提案されている。最後の晩餐と引き渡しの接吻のときにイエスがユダに語る「しようとしていることを、今すぐするがよい」という言葉には、ユダへの赦しの意味が込められているとか、十字架上の有名な「主よ、彼らを赦したまえ」の彼らの中にはユダも含まれているとか、復活のときユダにも姿を現したとか等々である。しかし、これはあくまでも解釈にすぎず、文書的な論拠は、正典福音書に書かれている「引き渡した」、あるいは「死んだ」という事実だけである。

キリスト教の教義においては、「いかなる罪も、それを懺悔し、告白すれば救われる」とされるが、マタイ伝にみられるように、ユダは「私は罪のない人の血を売るようなことをして、罪を犯しました」と懺悔しているにもかかわらず、首をくくって自殺するという悲惨な結末である。正統派では、ユダは神の前に永遠に救いなき者であり、救われてはならない存在として扱われるのが一般的である。これとは正反対に、初期正統派から厳しく弾劾され、抹殺されたグノーシス派の『ユダの福音書』では、ユダの救済そのものが主たるテーマになっている。そこでは、ユダは、イエスから誰も見たことのない霊の御国を教えられ、輝く雲の中に入っていく。こうしてユダは救われ、名誉を回復するのである。

正典福音書とは異なって、仏典には提婆の「堕獄後」が詳細に語られている。そこでは三逆罪を犯した極悪人の提婆ですら、釈迦やその弟子によって救済の手が差し伸べられている。釈迦は多くの経典において、提婆を「一毫も白法《びゃくほう》なき諸罪の原首」と断じながら、提婆が死に際の苦悶の中でかすかに「南無」と唱えた功徳で、「地獄における一劫の時を経て辟支《びゃくし》成仏する」という授記を目連に託している。一劫というとてつもなく長い時間ではあるが、業苦の中に身をおいて堪えていると、やがては救いの時が来ると約束しているのである。岩本泰波の言葉を借りれば、業苦からの離脱の道は業苦のただ中に内在するというのが仏教の智慧である。

五　自業自得と神の審判

ユダの裏切りは神の子イエス・キリストへの逆罪であるから、使徒行伝の伝えるユダの死に様は、「彼は不義の報酬で、ある地所を手に入れたが、そこへまっさかさまに落ちて、腹が真ん中から引き裂け、はらわたがみな流れ出てしまった」とまるで神罰が下ったかのような無惨な姿であった。苛烈な神の裁きによる断罪を思わせる。神の裁きはただ一回限りの絶対的なものであり、もはやユダに救いの道は残されていない。

一方、提婆の場合、十指の毒爪の毒が自分の全身にまわり、すざましい劇苦のなかで生きながら地獄に堕ちた。しかし、ユダの終末と提婆の「生身堕獄」とは異質なものである。提婆の「堕獄の苦しみ」は誰のせいでもない、自らの悪業によって招いた業報なのである。ましてや仏罰では決してない。仏典に、「彼は自ら悪行を招き、自ら地獄に入ることを致す。此れは仏の怨咎に非ず」とあることは先に述べたとおりである。しかも、『破僧事』には、提婆の釈迦への憎悪と悪行が釈迦自らの「業報」であると受容されているのである。

しかしここで「自業自得」というのは苦しんでいる提婆を冷たく突き放しているのでは決してない。岩本泰波は「その自業の内奥に自らの業運を開く〈よるべ〉が隠蔽されている」と言っている。提婆は自らの悪業の根源への無知無明によって堕獄の苦しみに沈んでいる。釈迦の教えの基本は、この無知無明をはっきりと自覚することにある。自業への気づきの中にこそ救済の自得の可能性が秘められているのである。

「己の無知への自覚が救いへの道である」という一点で、異端のグノーシス主義の思想が仏教と類似しているのは皮肉である。むろん両者はまったく異なっている。グノーシス主義は、旧約聖書の唯一絶対の創造神を否定し、人間の内なる神性の輝き（霊的な神）の存在を主張する。これは仏教のいう「一切衆生悉有仏性」とは似て非なるものである。だがしかし、グノーシス主義にとって、人間の根源的な問題は、己の内なる神性な輝きに関する〈無知〉である。それゆえ、それに気づく（グノーシス）ことが、救いに至る秘義となるのである。何に気づくかは別として、この点に共通性が感じられるのである。

第五章　釈迦とソクラテスの対話法

第一節　ソクラテスのエレンコス（反駁的対話）

西暦紀元前三九九年、ソクラテスは泰然と毒杯を仰ぎ獄死した。享年七〇歳であった。彼は、石工・彫刻師であった父ソプロニスコスと産婆の母パイナレテの間に紀元前四六九年にアテナイで誕生した。三度の戦役以外でアテナイを離れることは生涯なかった。若い頃は父の後を継いでひとかどの彫刻師であったらしい。後に彼の対話法は産婆術と呼ばれる。これは母の職業の影響であろう。ソクラテスはよくイエスと対比される。イエスより四、五世紀も前の人であるが、二人の存在はやがて西欧の、そして世界の精神文化の礎《いしずえ》となって現代まで生き続けている。

彼は、釈迦やイエスと同じように、自分では一文字も文書を書き残さなかった。ただ、弟子や知人、敵対者たちの文書を拠り所に多様なソクラテス像を垣間見ることができるだけである。そのもっとも重要な文書は何といってもあの高弟プラトンが生涯かけて著した三十数冊の『対話篇』であろう。そのほとんどはソクラテスを主人公に対話形式で書かれている。プラトンはソクラテスが獄死したとき、二十八歳であった。彼が初めて晩年のソクラテスに出会ったのは二十歳（紀元前四〇七年）頃であったというから、二人の師弟関係はわずか十年足らずに過ぎなかった。その間に哲学者としての人生を決定づけるほどの強烈な感化をプラトンに与えたのであるから、ソクラテスがいかにカリスマ性のある偉大な人物であったかが窺い知れる。

ソクラテスは信心深い神秘家であると同時に優れた論理家でもあり、問答法の天才的名手であった。田中美知太郎の言葉を借りれば、「議論で幾度も窮地に追い込まれても、思わぬところから妙手を見つけて来て、たくみに難局を打開するのである」。本節では、精神療法、特に認知行動療法の基盤をなしているソクラテスのエレンコス（反駁的対話）に焦点を当てて論考を試みる。

一　ソクラテスの使命

デルフォイの神託：ソクラテスの幼なじみで、熱狂的な弟子でもあったカイレフォンがデルフォイの神託所に赴き、「ソクラテス以上の賢者ありや」と伺いを立てたところ、巫女から「ソクラテス以上の賢者なし」というアポロンの神託を得た。プラトンの伝える神託物語である。

この話を聞いて驚いたのがソクラテス本人である。なぜなら、彼は自己の無知を深く自覚していたからである。神が嘘を吐くはずはない。この神託には何か謎が秘められているに違いない。この不可解な謎を解くことが神の自分に与えた使命であるとソクラテスは真摯に自己了解した。彼は、神託の謎を解くために、アテナイの町中を歩き回り、何か知っていると思われる知者がいれば誰彼となく問答を仕掛けた。そして彼らの虚妄のドグマを標的として徹底的に吟味し、無知を暴露する対話活動に専念したのである。それがソクラテスにとって哲学を実践することであった。

彼の呵責なき哲学的探求は、アテナイ市民を無反省な臆見（ドクサ）の惰眠から目覚めさせ、既成の通俗的道徳やありきたりの社会通念の基盤を根底から揺るがせることになった。傷つけられた有力者たちはこれを危険視し、彼を国家に対する犯罪者として罪を問うた。メレトスらの告発状の内容は、「ソクラテスは国家《ポリス》の認める神々を認めず、新しい鬼神《ダイモン》のまつりを導入する罪を犯し、また青年に悪害を及ぼす罪がある。これはまさに死刑に値する」というものであった。

この対話活動を自粛さえすれば、彼は刑に処せられることはなかったかもしれない。だが、対話活動は神託を通して神から与えられた使命であった。これをやめるということは、ソクラテスにとって神の命令に背くことであり、自己の存在理由の消滅を意味した。ソクラテスの対話は文字通りまさに命がけだったのである。プラトンは『ソクラテスの弁明』（久保勉訳）の中でソクラテスに語らせている。

> それ以後、今日まで、次から次へと歩いてみた。自分がにくまれているということは、分っていたし、それは苦にもなり、心配にもなった。しかしそれでもやはり、神のことを一番大切にしなければならないと思われた。だから、神託の意味をたずねて、およそ何か知っていると思われる者があれば、誰のところへでも、すべて行かなければならないと思った。……それはまるで、ヘラクレスの難業みたいなものなのだが、結局は、神託に言われていたことが、わたしにとっては、否定できないものなのだということになった。

ヘラクレスはギリシア神話の英雄で、諸方を遍歴し、猛獣・怪物を退治するなど十二の功績を成し遂げた大変な武勇伝の持ち主である。彼の対話は、それに匹敵するほどの難行だというのである。

無知の自覚：神託の謎を解くために、ソクラテスは当時賢者として名を馳せていた政治家や詩人、技術者を訪ねて問答を仕掛けた。その結果、明らかになったことは、彼らもまた自分と同じ無知な人間であったということである。ただ、彼らは何も知らないのに何かを知っていると思い込んでいる。つまり無知の自覚がないのである。それに比べて自分は何も知らないということを知っている。ソクラテスは言う。「われわれが確かに知っているただ一つのことは、われわれが何も知らないということだ」。この無知の自覚の有無が彼らと自分との決定的な違いであり、神託の暗示していたことであろうと覚った。無知の自覚こそが人間の最上の智慧であると確信したのである。そして、対話によって人々を無知の自覚に目覚めさせることこそが人生において自分のなすべき使命であると堅く信じたのである。

「すべてを知っているし、すべてのことができる」と自負しているソフィストたちが、ソクラテスから「肝心なことは何も知らない」という無知を突きつけられて混乱する。と同時に、ソクラテス自身もアポリア（袋小路）に陥って苦悩することになる。たいていは結論が出ないまま対話は物別れに終わる。しかし、たとえ物別れであるにせよ、彼は、反駁を受けて窮地に堕ちることによって、最大の悪である「無知」から解放されることの方が「無知」に気づかずにいるより大きな善である、と信じていたのである。なお、ソクラテスの「無知の知」と釈迦の「無明（無知）の自覚」とは字面《じづら》は似ているが、内実は異なる。

これがエレンコス（反駁的対話）の由来である。「私は知らないということを知っている」という無知宣言は一種のイロニーである。ほんとうは何も知らないのに何でも知っているかのように振る舞うソフィストたちへの当て擦《こす》りなのである。ソクラテスの問答法はイロニーに満ちている。

汝自身を知れ：これは、デルポイのアポロン神殿の入り口に刻まれている有名な古代ギリシアの格言である。ソクラテスがこの格言を「自己の無知」を知るための哲学的反省の出発点としたことはよく知られている。そしてまた、この言葉が彼の対話活動の生涯にわたる通底音をなしていたのである。

「自分はいったい何者か」、「どこから来て、どこへ行くのか」、「何のために生きているのか」、「人生いかに生きるべきか」。この実存的問いを「我と汝」の実存的対話を通じて極め尽すことが、ソクラテスの変わらぬ哲学的課題であった。たとえどのような話題から対話が始まろうとも、ソクラテスにうまく誘導されて、結局は現在の自分の生き様の吟味に落ち着く。そしてそれは相手はもちろんのこと、ソクラテス自身の自己吟味の過程でもあったのである。

ソクラテスにとって人生でもっとも大切なことは、「ただ生きることではなく、善く生きる」ことであった。すべての行為は善のために為されるべきである、というのが彼の人生の根本原則であったから、「徳が何であるか」という倫理的真実を知ることこそが彼の対話的吟味の中核的課題であった。むろん、彼には徳の個別具体的な断片的知識はあり余るほどあった。だが、徳を徳たらしめるその本質的知識が欠けているというのである。「ソクラテスの無知」は、「徳の本質」に関する無知であった。富や財産、地位や権力、名誉といった付随的なものばかりに気を遣い、「真の自己」である「魂」を最善のものに磨き上げることを疎かにしていると警告を発しているのである。この「ソクラテスの無知」についての知的探求こそが彼の生涯にわたる反駁的対話の唯一のテーマであった。

内なる声ダイモニオン（神霊）：ソクラテスは、デルフォイの神託がそうであったように、何か神秘的なものへの親和性が強い。

最後の死刑判決の裁判のときに『弁明』で語った言葉である。

> 私には、なにかダイモン（神霊）的なものがよく起こるのだ。これは、子どもの時から始まり、一種の声として現れ、それが現れるときには、いつも私がなにかをしようとするのをやめさせるが、なにかをなせとうながすことはけっしてないのだ。

この言葉にあるように、「ダイモン的な囁き」は生涯ソクラテスにつきまとい、彼がなにかよくないことをなそうとすると、「してはならない」という否定的な警告、禁止命令を発する。しかし、積極的に「こうせよ」と具体的に行うべきことを命じることはけっしてない。ということは、そのことをなすことは許されないが、それ以外の何をなすべきかは、ソクラテスの自由意志と自己責任に委ねられていたということである。一つのことを命じることは、他の多くの可能性を禁じることであり、一つのことを禁じることは、他の無限の可能性に開かれている。命じることは禁じることよりも拘束ははるかに大きいのである。だが、禁止の場合、どの道を進むべきかは自分で見つけ出す以外にない。

ソクラテスの思索の基底には合理性とともに神秘性が宿されている。彼にとってはダイモン的な声の制止は神的なものの啓示であり、彼は、その制御に忠実に従った。そのことが「正しい生き方」に導いてくれると信じたからである。ところがなぜか最後の裁判に関してダイモニオンは沈黙を守った。刑に服することは彼にとって正しいことだったのであろう。

ソクラテスは、陪審員から死刑の宣告を受けて法廷を去るとき、彼らに向ってこう弁論を結んでいる。

> 今私には諸君がみずからがご覧のとおりのことがふりかかっている。それは最大の不幸だと人が考えそうなことであり、またじじつそう考えられているものだ。ところが神のしるし（ダイモニオン）は、朝私が家を出るときにも、この法廷へ昇ってくるときにも、演説でなにかをいおうとするときにも、私に反対しなかった。ほかの話のときにはしゃべっている最中によく私を黙らせたのだが。ところが今日は、今度の件について私がなにをしようと、なにをいおうと反対しなかった。いったいこれはどういうわけなのだろうか？諸君に申しあげたい。たぶん私にふりかかったこの件は善いことなのだろう。そして、死ぬことを悪いこと（禍）だと思うなら、おそらく我々は誤った考え方をしていることになろう。わたしにはこれのりっぱな証拠がある。もし私が善いことをしようとしているのでなかったら、例のしるしが私に反対しないことはありえないからだ。

ソクラテスは自分を、アテナイという馬にたかる煩わしいアブに譬えている。しかし、筆者には、むしろ市民にとってダイモンの声ではなかったかと思われる。なぜなら、彼は、反駁的対話によって相手の虚妄のドグマを徹底的に破壊しはするが、それは相手を無の地点から自らの力で肯定的な帰結へと導くためだったからである。

二　エレンコス（反駁的対話）

ソクラテスの哲学の方法はエレンコス（反駁的対話）である。それは、対話者どうしの互いの「思い込み（ドクサ）」の吟味なのである。このドクサとドクサの対決とその弁証法的止揚がその対話の目指すところである。重要なことは、対話者がけっして自己を偽らないことである。対話は我と汝の実存への互いの呼びかけなのである。「思っているがままを言ってくれたまえ」というのが、エレンコスの絶対条件である。たとえ、その発言が大多数の人々が信じる共通の信念、アリストテレスの言葉でいえば、「エンドクサ」にもとづいていたとしても、哲学的発言であるからには、その究極的責任は自分自身で担わなければならない。そして、その対話が有意味に進展するためには、対話相手の諾否（イエス／ノー）をたしかめ合いながら、同意、あるいは意見の一致を積み重ねることが不可欠である。主体的言論の共有による最小限の「客観性」を確保するためである。だから、ソクラテスは「～ではないかね？」という一問一答方式の問い方で相手から執拗に同意を求めるのである。

対話の論理：ソクラテスの対話法はきわめて論理的である。論理的推論についてあらかじめ簡単にお復習《さら》いをしておこう。

人は死ぬ（大前提）
ソクラテスは人である（小前提）
故に、ソクラテスは死ぬ（結論）

よく知られた古典的な「バルバラの三段論法」である。これはアリストテレスによって理論化された推論の型式である。大前提と小前提という二つの命題から必然的に第三の命題（結論）が帰結する。誰も反論する余地がない。

大前提と結論に出てくる「死ぬ」を大概念といい、小前提と結論に出てくる「ソクラテス」を小概念という。そして二つの前提に出てくる「人」を中概念または媒介概念という。このように普遍的命題（公理・大前提）から個別命題（定理・結論）を導き出すことを「演繹法」といい、逆に、個別具体的な事実から一般的な命題ないし法則を推論することを「帰納法」という。つまり、「帰納法」は特殊から普遍を導き出す推論形式である。前述の三段論法を逆に辿ると、

ソクラテスは死ぬ、プラトンも死ぬ、アリストテレスも死ぬ（特殊命題）
ソクラテスも、プラトンも、アリストテレスも人である。（中命題、媒介命題）
故に、人は死ぬ（普遍命題）

この場合、大概念は同じく「死ぬ」であるが、小概念は「人」となり、中概念が「ソクラテス」になって入れ替わる。演繹法とは異なって、帰納法による推論は確実なものではなく蓋然的かつ可謬的なものである。

ソクラテスの対話法の図式：ソクラテスの常套的な対話法を簡略的に図式化するとこうなる。

ソクラ：私は、人が死ぬかどうか知らないのだけれども、人は死ぬかね？
相　手：はい、人は必ず死にます
ソクラ：それでは、人について考えてみよう。人とは何かね？
相　手：？
ソクラ：肉体のことかね？

相　手：いいえ、違います

ソクラ：精神（霊魂）のことかね？

相　手：そうではないと思います

ソクラ：肉体と精神を合わせたものかね？

相　手：はい、その通りです

ソクラ：では次に死について考えてみよう。肉体は死ぬかね？

相　手：はい、死にます

ソクラ：多くの人は霊魂不滅を信じ、死は霊魂の肉体からの解放だと考えているが、君は、精神（霊魂）は死ぬと思うかね？

相　手：わかりません

ソクラ：人の本質は霊魂であり、肉体は一時の仮の宿だとすれば、人は死ぬかね？

相　手：死にません

ソクラ：君は最初、「人は必ず死ぬ」と主張した。しかし今は「死なない」という。矛盾してはいないかね？

相　手：そう言われてみると、確かにそうです

ソクラ：そうすると、「死なない」というのが正しければ、「必ず死ぬ」というのは誤りということになる。そういうことだね？

相　手：うーん（アポリアへ落ち込む）

こうして、相手の最初の「必ず死ぬ」という主張の反駁が完了する。相手は自己矛盾のアポリアに陥る。「人は精神（霊魂）と肉体からなる」ことも「霊魂不滅」の考えも、当時の多くの人々が共通にもつ信念（思い込み：エンドク

サ）である。ソクラテスの反駁的対話はエンドクサを巧に利用して相手に同意を迫るのである。実際のソクラテスの反駁的対話はもっと複雑で過激なものであるが、単純化して図式化すればこういうものである。

エレンコスの論理構造：それでは、このソクラテスの対話の論理構造は、どのようなものであろうか。ソクラテスに関する書物は夥しいものがあるが、この問いに答えるのに一番参考になるのは岩田靖夫の『ソクラテス』である。以下の考察は彼の説に依拠するところが多い。岩田のモデルを若干修正すれば、エレンコスの構造は次のような対話形式で進行する。ソクラテスは質問者であり、対話の相手は彼の問いに対する応答者である。

㈠まず、ソクラテスが何か対話の主題となる問いを発する。テーマに選ばれる問いはたいてい「徳とは何か」といった倫理的真理に関するものである。右の図式でいえば、「人は死ぬか」である。

㈡相手がそれに答えて自分の信念を命題Ｐとして主張する。「人は必ず死ぬ」。

㈢ソクラテスはこの命題Ｐを反駁の標的として、対話の前提となる命題Ｑを提示する。Ｑは単数の場合もあれば、複数の場合もある。ただ、それらは経験的にも論理的にもあまりにも自明な命題なので、否定することも拒否することもできない。相手はこれに同意する。「人は肉体と精神をあわせたものではないか」、「肉体は死ぬが、霊魂は不滅ではないか」。

㈣前提の一つひとつが同意されたことを互いに確認し合いながら、ソクラテスの巧みな論証によって、命題Ｑから「非Ｐ」が導出される。相手はこれにも同意せざるをえなくなる。自己矛盾が露呈されるのである。「『人は必ず死ぬ』という命題と『死なない』という主張とは矛盾ではないか」。

㈤そこで、ソクラテスが最後の止めを刺す。非Ｐが真であると論証されたのであるから、必然的にＰは偽である、と。相手は反駁される。「『死なない』が正しいとすれば、『必ず死ぬ』は誤りではないか」。

この結論に反論しあくまで命題Ｐが真である、つまり「人は必ず死ぬ」と主張したければ、前提Ｑ（「霊魂不滅」）

に同意したことを撤回すればよい。「霊魂は肉体の死とともに消滅する」と。Ｑはエンドクサにもとづく「自明の命題」なので撤回することはなかなか困難であるが、論理的には可能である。ところが、相手が命題非Ｑを主張すると、再びこれが反駁の標的とされ、先述のエレンコスの過程が繰り返されて、結局は反駁されてしまう。しかしまた、その前提の同意を撤回するということは論理的には可能であるから、前提の根拠づけは無限遡及である。それゆえ、エレンコスは最終的な結論には到達しないで互いにアポリアに陥ったまま物別れに終わることが多い。でも、相手のドクサ、すなわち信念や思い込みは壊滅されてしまうという意味でエレンコスは成功しているのである。同じだけソクラテスも傷つくのであるが。

ゴルギアスの失墜：岩田靖夫は、エレンコスの論理構造の具体例を、プラトンの対話篇『ゴルギアス』から取り上げて説明している。『ゴルギアス』において当時の超一流のソフィストたち相手に弁論術の本質について反駁的対話が展開される典型的な様子が描写されている。その最初に登場するのがゴルギアスである。

ソクラテスはまず「弁論術とは何をする術なのか」とゴルギアスに問いかける。この問いに対してゴルギアスははじめ「弁論術とは、何を質問されても答えられる技術」であるとか「言論についての知識」であるとか、いろいろあいまいな定義で答える。それらはソクラテスに次々と論駁されて次第にその内容が限定され明確化されてついに「弁論術とは、法廷やその他の多くの人々の集まりで、正と不正について人を説得する技術である」と弁論術の本質規定を提示する。これが命題Ｐである。ここまでが、エレンコスの論理構造の㈠と㈡の段階である。岩田は言う。「まだ、誰にも気づかれてはいないのだが、ゴルギアスのこの発言によって、すでにゴルギアスが自爆する時限装置が装着されたのである」と。

ソクラテスの追求はさらに第三段階㈢へと続く。彼は、説得には「正不正の真実を教える説得」と「それらの真実の知とは関わりなく人々の心に〈ドクサ（思い込み）〉を作り出す説得」の二種類があるのではないかと提案して、弁論術はそのうちのどちらに属するのか、と問う。ゴルギアスは後者だと答える。なぜなら、正義や不正義の真実を教えるのは短時間では不可能であるから、法廷や集会ではただ人に信じ込ませるだけの術を行うというのである。これがソクラテスに誘導されてゴルギアスが同意した前提Qである。それでは、「正不正そのものについては、それがどのようなものであるかを、弁論術は少しも知る必要はない。ただ、無知な人々に対して、知っている者のように見せかけて、なにか説得の手管を見つけ出せばいいということになる」とソクラテスは畳み掛ける。事柄の真実の知識は横に置いて、「弁論術は、知らないのに知っていると思い込ませ、正しくないのに正しいと信じ込ませさえすればいい」というこの言明はゴルギアスの本音であった。話がここまで来たとき、ソクラテスは突然対話を止めようと提案する。後はゴルギアスの論述の自己矛盾を暴露するだけの作業で、彼にはこの対話で得るものが何もなくなったからである。

　しかし、聴衆に促されてエレンコスの最終段階㈣と㈤に入る。ソクラテスはこう切り出す。弁論術の教師は、正義の事柄については何も知らないで教えているのか、それとも知って教えているのか、どちらなのか、と。この詰問に対してゴルギアスは「むろん、知って説得の技術を教えている。もしそのことを知らない弟子が来たら、私は教えるだろう」と答える。弁論術を身につけさせるために、正義のなんたるかについて教えると言明したのである。そこでソクラテスは言う。「それなら、あなたが誰かを弁論師に仕立てる時、彼は正邪について必ず知っておかなければなりませんね」。ゴルギアスは答える。「その通り」。ここで、ゴルギアスは「いやしくも弁論術の教師を標榜する者は教えるからには知っておかなければならない」という命題を承認させられたのである。こうしてゴルギアスが最初に主張した命題、つまり「弁論術は正邪善悪の知識にかかわらず相手を説得する技術である」という命題に対する反駁が完了する。

　この反駁的対話においてゴルギアスを失墜させたソクラテスの罠はどこに仕掛けられていたのか。それは、ゴルギアスに「正不正の知識を持って教授している」という命題を容認させた点にある。「弁論術の教師は善悪の彼岸にいて、ただ他人を説得する技術を教えるだけだ。正義不正義などは知ったことではない」と平然と最初の立場を貫徹すれば、自己矛盾に陥らずに済んだはずである。ちなみに、ソクラテス自身は「正不正について知っているとも知らないとも、教えることができるともできないとも」何も言っていない。

だがしかし、ゴルギアスにはそれができなかった。もし「私は実は正邪善悪についてはなにも知らないで教えている」と言ったとすれば、民衆から見放され、弟子たちはみんな去ってしまうからである。それを恐れたのである。ゴルギアスの最初の主張を反駁するためにソクラテスが提案する「知らないで教えることはできない」という「自明の命題」は、大多数の人々が承認するエンドクサにもとづいている。ドクサとエンドクサの食い違いを巧妙に利用しているのである。それゆえ、エレンコスを行なうには第三者の聴衆の存在が不可欠なのである。

エレンコスの可謬性：エレンコスの対話的論証の基礎は「自明の前提」にもとづくものであり、対話者どうしの何らかの合意の上に成立する。しかし「自明の前提」といっても、その命題は必ずしも幾何学の公理のようにそれ以上証明を遡る必要のない基底的なものではなく、むしろ世間一般の多くの人々に共有されている思い込み、つまり、エンドクサ（共同信念）であることが多い。このエンドクサは、当然、相手自身も自分では自覚しないまま無意識のうちにもっている。それゆえ、エンドクサを前提とすれば相手からの同意は得やすい。ソクラテスはそのことをよく心得ていてそういった命題Qを巧妙に見つけ出すのである。

ソクラテスは、誰でもが承認でき、おおくの人々がもっともだと思う命題、つまりエンドクサを通して、一つひとつ相手の同意を得ながら議論を進めていく。この対話技法は、ソクラテスのエレンコスのすぐれた特徴である。と同時に、それが暫定的で仮設的な前提の同意にもとづいて展開される帰納法的推論であるがゆえに、その論証の帰結（エレンコス的真実）にはつねに蓋然性と可謬性がつきまとう。つまり、この対話法では究極の真実性に到達することはできない。その間には絶対的な断絶があり、論理的推理では架橋することが不可能な深淵が横たわっているのである。ソクラテスはこのことをよく知っていた。この自覚が「ソクラテスの無知」ということであろう。

対話の本質規定：ソクラテスと対話者の対話のずれは、ソクラテスがあくまで、たとえば「徳とは何か」というものごとの本質規定を問うのに対して、対話者は智慧、正義、勇気、節度、敬虔など徳のいろいろの属性をあげて答えるところから生じる。本質と現象の相違である。

しかしながら実のところ、「徳とは何か」と徳の本質を詰問されると、「徳は徳である」と答える以外にない。「AはAである」という同一律である。でも、この命題はトートロジー（同語反復）で、何の説明の用もなさない。そこで、「徳は徳でないものである」、つまり、「AはBである」と答えることになる。次に「Bとは何か」と問われると「Cである」と答え、「Cとは何か」と問われたら、「Dである」と続いて、無限遡及に陥る。どんなに言い換えても正鵠を射ることはできない。結局は「AはAである」と答えざるをえない。「Xとは何か」という問いは本来人間の認識の限界を超えているのである。

それでもなお、ソクラテスは執拗に本質の対話的探究を止めようとはしない。相手にしてみれば、辟易して「もういい加減にしてくれ」と言いたくなるところであろう。未知のものに対するあくなきソクラテスの探究心にはほとほと感服させられる。

愛知の精神：ソクラテスの対話はつねに物事の本質規定をめぐって展開される。それは結局未解決のままにとどまらざるをえない。ものごとの本質は終始未知のままである。それは、プラトンの「イデア」やカントの「物自体」がそうであるように、言語以前の認識の彼方にあるものであり、いくら対話を重ねても結論に達することはないのである。それゆえ、対話の相手ばかりでなく、ソクラテス自身もシビレエイに触れられてしびれてしまう。まさに泥沼である。そのことは彼自身充分承知している。にもかかわらず、彼は生涯対話によって「知ること」を求めてやまなかった。彼は言う。「ひとが何かを知らない場合に、それを探求しなければならないと思うほうが、知らないものは発見することもできなければ、探求すべきでもないと思うよりも、われわれはよりすぐれた者になる」。また、『弁明』の次の一文はソクラテスに関する多くの書物で引用されている。

> アテナイ人諸君、わたしは君たちに対して切実な愛情をいだいている。しかし、君たちに従うよりも、むしろ神に従うだろう。そうして、わたしの息のつづく限り、またわたしにその力のある限り、知を愛し求めることをけっして止めないであろう。

これほどまでに彼が愛し求める知とは、いったい何だったのであろうか。それは、「己自身を深く知ること」、「徳の何たるかを知ること」、そして「無知を自覚すること」であった。自分は「何も知らない」ということを「知った」がゆえに、かくまでも知ることに執着したのである。「知らない」ということを「知る」こと、つまり、「無知の自覚」が、真の知的探究の動機だったのである。彼にとって、「知ること」とは「対話すること」であった。これがソクラテスの哲学がエレンコスであるということの意味である。

三　ソクラテスのダブル・バインド

ソクラテスとの対話によって、対話者の主張はつぎつぎと論駁されて、結局は、自己矛盾のアポリアへ追い込まれる。この身動きとれない状態は、現代のコミュニケーション理論でいえば、ダブル・バインド状況である。

ダブル・バインドとは：ダブル・バインド理論は、一九五六年に二〇世紀の知の巨人といわれたベイトソンによって統合失調症の理論として提唱されたものである。ダブル・バインド（二重拘束）は、たとえば、「『あなたが好きよ』

と冷たい眼差しで言う」場合のように、言語メッセージと、それに意味を与えるコンテクスト（メタ・メッセージ）との間に矛盾が生じる事態を基本構造とする。このような逆説メッセージが与えられると、相手は真偽の決定不能なアポリア（袋小路）に追い込まれる。

ただし、エレンコスのアポリアがダブル・バインドと決定的に異なるのは、エレンコスの場合、ソクラテスの巧妙な誘導質問によって対話者自身が自己矛盾する主張を語って行き詰まることである。前述のとおり、ソクラテスとの反駁的対話においてゴルギアスが身動きとれぬ罠にはまった状況はまさにダブル・バインドであるが、ゴルギアス自身が「知識には関係なく教えている」と主張するとともに、「知らずに教えることはできない」とそれを否定する言論を行って自己撞着に陥っている。一般には「知らずに教えることはできない」と信じているかもしれない（エンドクサ）が、「知らずに教える」ところにこそ弁論術の特殊性があるのだと開き直れば、ゴルギアスはダブル・バインドの罠にはまることはなかったはずである。でも、ゴルギアスにそれができなかったのは、第三者の聴衆の存在がそれを許さなかったからである。

療法的エレンコスにおける〈覚醒〉：しかし、ダブル・バインドは、ただ相手を袋小路に追い込むだけではない。そこから新たな認知構造への創造的飛躍を促すという積極的な側面も合わせもっている。これを心理療法にうまく応用したのが治療的ダブル・バインドである。これはソクラテスの産婆術と発想が似ている。

ソクラテスの反駁的対話も、相手を窮地に陥れるのが目的ではなく、その無の地点から新たな高みへ立ち上らせることを目指している。つまり、無知の自覚こそが新たな知の獲得への第一歩となるのである。それゆえ、彼の対話法は母親の職業になぞらえて産婆術と呼ばれるのである。産婆は自分には子どもを生む能力はないが、若い母親の出産の手伝いはできる。これと同じで、ソクラテスは、自分は無知でみずからは知恵を生むことはできないが、対話を通じて相手に自分で新しい知恵に気づかせる精神的出産を援助しているのである。彼は優れた覚醒の対話者であった。

矢野智司によれば、覚醒とは、非連続的な認知の質的飛躍のことであり、対話におけるダブル・バインドによってもたらされる関係のダイナミックな自己変容のことであるという。このような知恵はみずから思いつく以外にはなく、外部から注ぎ込む知識はその誘い水であり補助手段に過ぎない。これは現在でも通用する教育原理であり、治療原理である。ソクラテスは最高の教師であると言われるゆえんである。

内山勝利はヴラストスが提示したエレンコス解釈を紹介している。それによると、エレンコス的対話活動はただ単に相手をアポリアに追い込んで「無知の自覚」を促すにとどまらず、積極的に知を紡ぎ出す技法である。同じ一つのエレンコス的対話に二重の側面があることを指摘しているのである。「真理を探究する〈哲学的エレンコス〉」と「対話相手のドクサ（思い込み）による誤謬を徹底的に吟味して当人を真理へと導こうとする〈療法的エレンコス〉」とである。むろん、「探究的エレンコス」と「療法的エレンコス」とはつねに一体的に働いている。「療法的エレンコス」こそが、ソクラテスにとって、唯一可能な「探究的エレンコス」だったのである。エレンコスの療法的側面が産婆術であり、治療的ダブル・バインドに相当している。

草の三段論法：矢野智司は、トランス・コンテクスチュアルな思考を可能にするのは、メタファーの論理に他ならないとして「草の三段論法」を紹介している。

「草は死ぬ」
「人は死ぬ」
「人は草である」

「草は人である」と結論しても同じである。述語の共通性で二つの主語を結び合わせている。「バルバラの三段論法」

は次のようなものであった。

「人は死ぬ」
「ソクラテスは人である」
「ソクラテスは死ぬ」

この三段論法の小前提と結論の順序を入れ替えると、形式的には「草の三段論法」と同じになる。すなわち、

「人は死ぬ」
「ソクラテスは死ぬ」
「ソクラテスは人である」

でも、「草の三段論法」の場合のように、ソクラテスと人を入れ替えて「人はソクラテスである」とは言えない。人とソクラテスの間には、クラスとそのメンバーという上位・下位の概念的関係の縛りがあるからである。「草の三段論法」においては、「死ぬ」ものであれば何をどう結びつけても構わない。優れたメタファーは類似のパターンの発見によって思いもかけなかったものどうしを結び合わせる。「バルバラの三段論法」は論理的ではあるがそこからは何も新しいものは生まれない。それに対してメタファーの論理は明らかに非論理的であるが、論理を超越した創造力がある。夢や詩や芸術活動、その他統合失調症の融合的同一化の論理もこれに従う。連想がそうであるように、前言語的領域における観念のつながりを伝え合うコミュニケーションの形式はこの「草の三段論法」であり、ソクラテス的対話において認知構造が根底から問い直され、その結果、非連続的な覚醒を促すのもこのメタファーの論理である。

第二節　釈迦の対機説法

本節では、賢者ソクラテスの反駁的対話法を念頭におきながら、覚者釈迦の対機説法・方便説法について論考する。

ソクラテスがソフィストたちと激しい論争を繰り広げたように、釈迦在世当時のインドの自由思想家たちも自分の説こそが正しいと思い込み、決定の邪見にとらわれて互いに激論を闘わせていた。しかし、釈迦はそういった論争からは距離を置き超然としていた。争う必要を感じなかったのである。釈迦の対話の基本は「争わない」説法であると言われている。釈迦の言葉に、「『わたくしはこのことを説く』ということがわたくしにはない」（南　直哉）というのがある。これは、正しい智慧によって「それは私のものではなく、それは私ではなく、それは私の我（実体）ではない」とありのままに見る（如実知見）という「無我説」の立場からすれば当然の言葉である。

一　争わない説法

『大般涅槃経』第五十四章に、世間と争わない釈迦の説法が記述されている。釈迦は、他人の気持ちを勘案して世間と争わないことにしたと高弟の迦葉に告げている。

> もしすべての世間の知恵者が「ある」と説けば私も「ある」と説き、「ない」と説けば「ない」と説くだろう。

迦葉は問う。「世尊、あなたは、世間の知恵者が『ある』と言えば『ある』と説き、『ない』と言えば『ない』と説くと言われたが、その『ある』とか『ない』とかは何を意味しているのでしょうか」。

釈迦は答える。「迦葉菩薩、もし肉体は無常であり、思うようにならず（苦であり）、実体はなく（無我であり）、実在せず、また感覚器官も同じであると世間の知恵者が説いたとしよう。これが『知恵者がある』という意味である。そのように言ったら、私もそのようにあると説くと言ったのである。また、肉体は常住であり（無常ではなく）、安楽であり（苦ではなく）、実在し（無我ではなく）、清浄であることはありえず、また感覚器官の働きも同じであると説いたとしよう。これが『智者がない』という意味である。そのように言ったら、私もそのように説くと言ったのである」。

　ここで、感覚器官は、五蘊（色受想行識）のうち、色（肉体）以外の四つの精神作用（受想行識）を代表している。また、迦葉は次のようにも問うている。「世尊、世間の知恵者は肉体が無常であり、実在しないと説いているのに、あなたはブッダの肉体は恒常であり、不変であるとお説きになっています。これは世間と争うことであり、世間の俗事（常住不変の実体視）に染まることを意味するのではありませんか」。

　釈迦は答えて言う。「ものごとを正しく分別できず、ものには実体があるように誤解し、ありのままに見ることができずに妄想し迷う煩悩の過ちを、ありのままに観察して熟知し、その過ちに気づくことができたなら、それらの煩悩から遠離することができる。この煩悩の過ちに気づかなければ、いつまでも過ちを繰り返し、苦悩することになる。仏道に精進し、そのことに気づいた人のことをブッダ（覚者）といい、ブッダの肉体は常住であり、その感覚器官の働きも常住である。これに対して気づきのない人を凡夫といい、凡夫の肉体とその感覚器官の働きは無常である。世間の知恵者はこれら二つの意味を説明するが、私もこのように二つの意味を説いている。だから私は『世間の知恵者と争わず、世間の俗事に汚されない』と言ったのだ」。

　ここが釈迦の説のもっとも理解し難いところである。それについては次項で取り上げるとして、世間の知恵者が「ある」と言えば「ある」と言い、「ない」と言えば「ない」と言うなんて、なんと主体性のないことかと思われるかもしれないが、その根底には釈迦の深い哲理が存在しているのである。

二　非有非無にして、またこれ有なり

釈迦に対する最大の誤解は、現象を常住不変の実体とみる見解を否定して、縁起なるがゆえに無常・無我とみる見解を主張したというものである。しかし、実体視の偏見から離れるということは必ずしも反対の無常・無我観をとることを意味しない。それもまた一方へのとらわれとなるからである。釈迦の本意は、常住とか無常とか一方へ執着することから解放されることである。

幾度も繰り返すが、「現に今、ここにこうして縁起している」現象は、可能性としては「縁次第で別様にも縁起しうる」。しかし、「現に今、ここにこうして縁起している」ということは「別様には縁起しえていない」というのが現実である。縁起という視点からすれば非有非無であるけれども、現象としてはまぎれもなく有なのである。この厳然たる事実は否定のしようがない。現象はただ一瞬一瞬生成消滅を継続しているだけである。その一瞬一瞬を如実知見することによって、有無、正邪、真偽、善悪、苦楽の二辺を脱分別して平静に至る。覚者が常住であるというのはこういう心境のことなのであろう。凡夫は世俗の知恵に煩わされてこの両極を右往左往絶えず揺れ動いている。釈迦が否定したのは、縁起的な現象そのものではなく、刻々と変化する現象の背後に不変の本質的な実体が存在するという思い込み（決定の邪見）、そしてその虚構の実体に執着することであった。それは非有非無なのである。

釈迦の教説は、第一章で述べたように、四句分別の両否と両是の論理をその根本とする。たとえば、バラモンのプラーナとの対話である。

> プラーナが問う：ゴータマ、ブッダは死後存在するのか、存在しないのか、存在すると存在しないとの両方なのか、存在するのでもなく、存在しないのでもないの両方なのか、いずれの意味ですか
>
> 釈迦が答える：プラーナ、私は、ブッダは死後存在するのか、存在しないのか、存在すると存在しないとの両方なのか、存在するのでもないと存在しないのでもないの両方なのか、などについて説いていない。また、世

間は恒常であるか否かの問題に限らず、他の問題についても同じである。私は世間は恒常である（あるいは無常である）という一方的な見方には誤りがあることを知り、この見方に執着もしないし、それを人々に教えようともしない。

「ブッダは死後存在する」のではなく、「ブッダは死後存在しない」のでもなく、「ブッダは死後存在し、かつ存在しない」のでもなく、「ブッダは死後存在するのでもなく、存在しないのでもない」とは語らなかったと釈迦は語っている。なんともややこしいが、これが釈迦の四句分別の教えである。要するに、「死後の世界が存在するか否か」といった答えようのない形而上学的問題は、あらゆる言論の道から根絶されていて何と言いようもなく語るすべもない。このことの言語表現が四句分別の文章なのである。

西洋の二価値の論理しか頭にない人は、「存在するのかしないのか」どちらかに明確に分別しないと気が済まないが、わからないものはわからない、語れないものは語れない、とあるがままに受け入れる以外にない。

「ある」とか「ない」とか、両極の一方を主張することは、決定《けつじょう》の邪見にとらわれることである。この世のものごとはすべからく「こういうものだ」と決めつけた瞬間に、「こういうものではなくなる」のである。語る端から虚偽になる。釈迦の思想は不定《ふじょう》の論理に貫かれており、有無の二元を超越しているのである。「非有非無にして、またこれ有なり」。これが釈迦の基本的立場である「無記」であった。それゆえ、世間の知恵者が「ある」と言えば「ある」と説くし、「ない」と言えば「ない」と説く。そこにはなんのとらわれもこだわりもない。

三　宗教的ドグマ批判

釈迦は自分の説法が「こういうものだ」とドグマ化されることをとても嫌う。定型化・固定化されると自由に対話することができないからである。『スッタニパータ』（荒牧典俊ら訳）にこのことを示した偈がいろいろと出てくる。

二つだけ引用しておく。

> かくかぎりなくひろい叡知あるひとは、あるいは見た真理であれ、あるいは聞いた真理であれ、あるいは思考した真理であれ、いかなる宗教的真理についても唯一最高の宗教的真理だとして絶対視することがない。（七九三）
>
> 実際、ある宗教的ドグマを固定化してしまっているかぎり、なかなか容易に超克しがたいからである。ここにおいて固定化するとは、さまざまな宗教的真理について、かくかくであると断定してひとつの信念にすることである。そのようであるからこそ、ひとびとは、ここに固定化された宗教的真理について、他の宗教的真理を劣ったものとして拒否したり、その宗教的真理をすぐれたものとしてわがものだと主張したりするのである。（七八五）

同じような偈がまだいくつも記載されている。このように宗教的ドグマや絶対視は、自我意識へのとらわれによって生み出されたものであり、これが争う対話の種となる。だから釈迦は、そのようなものを徹底的に否定するのである。もし釈迦の説はこういう説だと決めつければ、それは決定の邪見を犯すことになる。

四　方便説法

釈迦は人によって、心によって、時によって相手の能力に応じて数えきれないほど種々の説き方で説法した。対機説法とか方便説法とかと呼ばれる。よく「釈迦は二諦で法を説く」といわれる。世俗諦と勝義諦とである。諦は真理を意味する。世俗諦とは、われわれが日常生きている迷いの世界の常識的な考え方である。言葉によって「〈ある〉か〈ない〉か（有無）」を二項対立的に分別して、物事を実体視する無明の知恵のことである。これに対して、勝義諦の勝は優れたという意味で、この諦は言語以前の言葉では表現できない無分別な悟りの世界の真理である。あえて言葉で言えば、「〈ある〉のでもなければ、〈ない〉のでもない（非有非無）」をあるがままに智《し》る智慧である。『大般涅槃経』に、次のような言葉が述べられている。

> 第一義（勝義）の内容を説きながら世俗の真理に合わせ、世俗の真理を説きながら第一義の内容を説いているのだ。
>
> 名医の医術はあらゆる病苦を治療するためにある。それと同じで、私は相手の能力に応じて一つの教えを説くのに二種類の考えを説く。
>
> このような意味で私が決った説法をしていると考えるならば、それは間違いである。

だから、釈迦の説法を聞いた世の人々はその趣旨を誤解し両極に分別して理解することになる。『大般涅槃経』には次のような正反対の理解が二十一も列挙されている。たとえば、

> ブッダは最後には妙寂に入られる／いや結局は妙寂には入られない
> ブッダになる可能性はつねに人々にはある／いやブッダになる可能性は人々と離れている
> ブッダは実体があると説かれている／いやブッダは実体はないと説いておられる

迦葉が「このように言い争っているが、争いを止めるために、どうして真実をお説きにならないのでしょうか」と問うのに対して、釈迦は、答えている。

迦葉菩薩、もしわたしが結局は妙寂に入るとか、妙寂に入らないとか論争する人がいたら、その人たちは私の真意を十分に理解していないから争うことになる。

ブッダになる可能性はあるのでもなく、ないのでもない。時節が到来して因縁が和合した時に果報を結ぶのである。

すべての人々に必ずブッダになる可能性があると言ったら、これはこだわりの考え方であり、もしブッダになる可能性がないと言ったら、これは虚しい考え方である。知恵のある人は「人々のブッダになる可能性はあるともないとも言える」と言うはずである。

実体の有無についても、釈迦は「ある」とも「ない」とも説いていない。二つの極端な考えかたを捨てて、「あるとも言えないし、ないとも言えない」、だから「あるとも言えるし、ないとも言える」と答えるべきことを迦葉に諭している。これが釈迦の根本思想である「中道」の意味である。

なんとも取りつく島がないような突き放した言い方である。でもこのように語りながら、釈迦は「ただ人々はどうすれば私の言葉を理解してくれるだろうか」と案じてもいる。

五　群盲象を撫でる

『大般涅槃経』にあの有名な「群盲象を撫でる」の喩えが出てくる。ある王が盲人たちに象を触らせて、一人ひとりに「象はどんなものか」と尋ねる話である。牙に触った者は「象の形は大根のようでした」、耳に触った者は「象は箕のような形でした」、頭に触れた者は「象は石の形をしていました」、鼻に触った者は「象は杵のような形をしていました」、脚に触れた者は「象は臼のような形をしていました」、背中に触った者は「ベッドのような形をしていました」、腹に触った者は「象は大きな水瓶のような形でした」、尻尾に触れた者は「象は縄のような形をしていました」とそれぞれに自分の経験したことを答えた。ここでいう盲人とは道理に暗い人の喩えである。

釈迦は言う。「師子吼菩薩、盲人たちはそれぞれ象の身体について説明していないとも言えない。彼らが説明した象の形は象自体を言い当てているわけではないが、彼らの言っていた部分を抜きにして別の象があるわけではない」。盲人でなくても、目明きに象を見せて「象とはどういったものか」と見たままをそのまま言葉で表現させても、答えは似たりよったりで大差ないであろう。「徳とは何か」と問うソクラテスの反駁的対話で問題だったのは、徳の本質と現象の相違であった。「象とはどういうものか」とその本質を問われても、それを適切な言葉で表現することは不可能である。

おそらく、釈迦であれば、脚に触れた人には「臼のようなものである」と説き、牙に触れた者には「大根のようなものである」と説くであろう。というのは、次のような話も出てくるからである。

ある時、沙門たちが「ブッダ（釈迦）は身体が原因であると説かれました。一体これは何を意味しているのでしょうか」と舎利弗に問い、各々が自分の理解するところを述べた。

一人の沙門はこう言った。「大徳、私がまだ正しい解脱を得ていない時に、無知の煩悩は身体によると思いました。このように観察した時に阿羅漢のさとりを得ました」。別のある沙門は、「大徳、私がまだ正しい解脱を得ていない時に、渇きに似た欲望や無知の煩悩は身体によると思いました。このように観察した時に阿羅漢のさとりを得ました」、また、別の沙門は、「意思作用、識別作用、……感受作用……五欲はみな身体によると思います」と。

舎利弗が代表して釈迦に「世尊、これらの沙門の中で誰が正しい説を述べ、誰が誤った説を述べているのでしょうか」と尋ねた。釈迦の答えはこうであった。「みんな素晴らしい。一人ひとりの沙門の述べたことはみな正しい説であった」。

六　怒りを受け取らない

釈迦は、世間と争うことを戒め、たとえ相手が怒りをぶつけてののしったとしても、泰然と対応する。石飛道子は、『サンユッタ・ニカーヤ』に記載されている三通りの怒りの対応法を紹介している。それはおよそ次のようなものである。

第一の対応法：バーラドヴァージャというバラモンが荒々しい言葉で釈迦をののしり非難した。これに対して釈迦は、「ののしらない私たちをののしり、怒らない私たちを怒り、争論しない私たちに争論しかけたが、私たちはそれを受け取らない。だから、それは、あなたのものになる」と言った。

相手のののしりに対して自分もののしり返すならば、ののしりの悪循環がエスカレートしてお互いが傷つく。しかし、そのことに気づいて冷静にののしりを受け取らなければ、そのののしりはののしった人のもとへ返ってしまう。『サンユッタ・ニカーヤ』には次のような文章が記載されているそうである。

怒りに対して怒り返す者は、それによって悪いものになる
怒りに対して怒り返さないならば、二つの勝利をえて戦いに勝つのである
他の人が激怒したのを知っても、気づきをもって寂静にある人は
自分と他人との両者にとって為になることを行なっている

二つの戦いに勝つというのは、怒り返さないことによって怒りの悪循環が切断され、自分のためにも相手のためにもなるということである。

第二の対応法：同じようにののしられても、釈迦の対応はその都度違う。今度は「受け取らない」と言葉で言うのではなく、沈黙でお返しをするのである。阿修羅王が激しくののしっても、釈迦は沈黙している。すると王は「あなたの負けだ」と釈迦に向っていう。釈迦は応えて言う。

　ことばで悪口を語りながら、勝ったと思うのが、愚か者である
　了解しているものが忍耐しているとき、かれにとっては、それこそが勝利なのである

第三の対応法：バラモンのビランギカは、心の中に釈迦に対する燃えるような怒りをもっているが、それを言葉で表面に出すことはない。しかし、仏教では、心の思いも行為である。釈迦は彼の心の中の気持ちをするどく察知して言う。

　清らかで汚れのない人、咎《とが》のない人に対して怒りをもつなら、
　その人にこそ悪が戻ってくる
　あたかも、風に逆らって投げた細かな塵のように

大きな怒りを爆発させなくても、小さな怒りのゴミをまき散らすなら、それは、風に乗って自分に降りかかってくる、というのである。

七　バラモンとの対論

『大般涅槃経典』第五十七章には、九人のバラモンと釈迦の対論が記載されている。対論の内容は、複雑微妙な表現

が多く容易には理解し難い点もあるが、全体の構成はほぼ同じである。この構造に焦点を当てて釈迦の対論の特徴を追ってみる。まず冒頭に、釈迦の五蘊（色受想行識）についての思想が述べられる。

　肉体（色）は無常である。この肉体を制御することで、解脱と不変の肉体を獲得できる。感受作用（受）・表象作用（想）・意思作用（行）・認識作用（識）も無常である。この心を制御することで、解脱と不変の心を獲得できる。

これと同じ文章が「肉体は苦である」、「肉体は空である」、「肉体は実体がない」、「肉体は不浄である」、「肉体は生・老・病・死の相をもつ」、「肉体は無明の原因である」、「肉体は生起の原因である」、「肉体は静寂なものではない」とつづき、その一つひとつについて「感受作用・表象作用・意思作用・認識作用も同じである」という言葉で結ばれる。こう述べたあと、「すべての外道（仏教から離れたもの）の考え方は誤りである」と言ったものだから、この釈迦の言葉を聞いた外道のバラモンたちが怒って阿闍世王に訴え出た。そこで、阿闍世王の仲介でバラモンたちと釈迦の対論が開始されるのである。その対論の構成を順を追って眺めてみる。

㈠　バラモンが三回問う。釈迦は沈黙で答える。

セーニカというバラモンが質問した。

「ゴータマ、アートマン（霊魂）はあると思いますか」

釈迦は沈黙していた。するとたたみかけて、

「ゴータマ、アートマンはないと思いますか」

これにも黙して答えなかった。さらにセーニカは再三にわたって同じ質問をしたが、釈迦は沈黙したままであった。

多くの経典では、釈迦が口を開くまで三度尋ねることになっている。質問者が本当に聞きたいのか、その熱意をはかっているのだろうか。

(二) その問いに釈迦が答え、問答が開始される。

ヴァッチャゴッタというバラモンが言った。

「ゴータマ、世間に善なるものがあるのでしょうか」

「そのとおりだ。ある」

「ゴータマ、不善なるものがあるのでしょうか」

「そのとおりだ。ある」

ヴァッチャゴッタとの対話では、釈迦は「そのとおりだ」と全面肯定しているが、石飛道子が紹介している裸形行者のカッサパとの対話では、相手の質問を真っ向から否定している。

カッサパが質問を三度繰り返したあと、釈迦は言う。

「カッサパよ、疑いのあるものを尋ねなさい」

「ゴータマよ、自らつくるものが苦なのでしょうか」

「そうではない、カッサパよ」

「ゴータマよ、他が作るものが苦なのでしょうか」

「そうではない、カッサパよ」

「ゴータマよ、自作であり、そして、他作であるのが苦なのでしょうか」

「そうではない、カッサパよ」

「ゴータマよ、自作でもなく、他作でもなく、偶然生ずるのが、苦なのでしょうか」

「そうではない、カッサパよ」

「作るものが苦なのか」という問いは、現世の行為が原因となり、その果報として来世の苦を受けることになるのかという意味である。どういう問い方をしてもこのように全面否定されると、取りつく島がない。むろん、そのあとで、釈迦は懇切丁寧にフォローしている。

釈迦はバラモンの問いに答えるだけでなく、問いに問いで答えることもある。反問である。闍提首那《じゃだいじゅな》という名のバラモンとの問答にみられる。

「ゴータマ、あなたはいつも世間は無常であると観察することによって解脱を得、その妙寂は常住であると説いていますね。原因が無常であれば、結果がどうして常住なのでしょうか」。この闍提首那の問いに釈迦は問い返す。

「バラモン、あなたが言ったようなことをあなたに向けて質問したい。思うままに答えてくれたまえ」

「わかりました、ゴータマ」

「バラモン、あなたの本性は恒常なのか、それとも無常なのか」

「私の本性は恒常です」

「バラモン、その本性はあなた自身の内や外のものの働きの原因となっているのだろうか」

「そのとおりです、ゴータマ」

「バラモン、本性を原因として生じる諸々のものは恒常なものか無常なものか」

「ゴータマ、我々のいうところの真理の本性は恒常ですが、これらのものは無常です」

「バラモン、あなたたちが説く教えでは原因は恒常であるが、結果は無常となる。しかし私が説く教えでは、原因は無常といっても結果が恒常である。このことになにか間違いがあるだろうか」

闍提首那の問いは現象から本質を問う帰納的質問であり、釈迦の問いは逆に本質から現象に迫る演繹的質問になっている。これは相手の問いの矛盾をつくかなり厳しい反問になっている。この反問の仕方は、ソクラテスの反駁的対話法に類似している。

㈢　自説を説く。

何回かの問答の末、最後の問いに答えて釈迦は自説を諄々と説いて聞かせる。たとえば、前述のヴァッチャゴッタとの善と不善についての問答のあと、彼が、

「ゴータマ、では、私のためにその善と不善のそれぞれのものを教えてください」

と懇願するのに応えて釈迦は説く。

「私は分別してそれらの意味をこれまで広く説いてきた。では、君のために簡略に説明しよう。私は貪りを不善と説いている。貪りから解脱することを善と説いている。怒りや無知も同じである。……もし弟子の中で、善と不善を分別して理解するものがいたら、彼は貪りと怒りと無知と、そしてすべての煩悩を排除して生死輪廻を繰り返すことはないだろう」

貪瞋癡の三毒に分別して説明している。

㈣　理解の確認。

この釈迦の説法を聞いて、最後にバラモンが「世尊、私はいまあなたが筋道をたてて説明された教えをよく理解することができました」と言う。すると釈迦は必ず「バラモン、あなたがどのように理解したかを述べてみたまえ」と確認を求める。

バラモンが釈迦の言葉を繰り返しながら自分の理解したところを陳述すると、釈迦は「よし、よく理解した」と賞讃する。㈢と㈣の好例をバラモン・ヴァシシタとの対論にみることができる。ヴァシシタが最後に問う。

「世尊、私のために恒常と無常について教えてください。なにを恒常とし、なにを無常とするのでしょうか」

釈迦が教えて説く。

「バラモン、肉体は無常であるが、解脱した肉体は恒常である。また、感覚作用のそれぞれは無常であるが、解脱した感覚作用のそれぞれは恒常である。もし肉体と感覚作用を無常とみることができる人がいたら、その人はなにが恒常なものかを知ることができよう」

「世尊、私はいまなにが恒常であり、なにが無常であるかを知ることができました」

「バラモン、あなたはどのように恒常と無常を理解したのか」

「世尊、私のこの肉体は無常であるが、解脱したらこの肉体は恒常となることをいま理解したのです。また、感覚作用もこれと同じであることを理解しました」

「バラモン、あなたはすでにこの身に素晴らしい果報を得た」

㈤　釈迦への帰依。
この賞讃の言葉を聞いて「世尊、私はいま教えを聞いて、ものをありのままに正しく見たり考えたりすること（如実知見）ができるようになりました。仏法僧の三宝に帰依します。どうか慈しんで私を弟子にしてください」と言うところで対論が終わる。経典では必ずこのオチがつけられる。

（追加）止観の勧め。

対論はこのように終わるのであるが、前述のヴァッチャゴッタの場合、釈迦はさらに、

「君はこれから努めて二つのことを修習したまえ。一つは止、つまり心を一点に集中して静めること、二つは観、つまり静まった心で対象をありのままに観察することである」と止観の実践を勧めている。覚りを得ようと願うならば、

この二つのことを実行すべきであるというのである。

八　縁起の公式による争わない対話術

対話は二者間に成立するものであり、縁起関係を基本とする。石飛道子は、釈迦の争わない慈しみの対話術を縁起の公式を活用して巧みに説明している。縁起の公式については第一章で述べた。この公式を前項の対話に適用すると、

〈バラモンの問い〉があるとき〈釈迦の答え〉があり、〈釈迦の答え〉があるとき〈バラモンの問い〉がある
〈バラモンの問い〉がないとき〈釈迦の答え〉がなく、〈釈迦の答え〉がないとき〈バラモンの問い〉がない

答えには、無言の答え、沈黙による答えもあることはいうまでもない。問いなくして答えもないし、答えなくして問いもない。まさに問答は縁起関係である。ソクラテスはもっぱら問う人であったが、釈迦はどちらかといえば答える人であった。石飛は「問われて語るのがブッダの基本的なコミュニケーションのスタイルである」と言っている。問われるまで答えることのない沈黙の人であった。問題はその問い方と答え方である。

石飛は、『アングッタラ・ニカーヤ』から引用して、釈迦の五つの見事な語り方と四つの答え方について紹介するとともに、答え方を応用した三つの推論形式を提案している。五つの見事な語り方とは次のようなものである。

㈠　時にしたがって語られていること
㈡　真実が語られていること
㈢　柔和に語られていること
㈣　利益をともなうことが語られていること

㈤　慈しみの心で語られていること

基本は㈤の「慈しみの心で語られること」である。その言葉は時宜を得たものでなければならないし、優しく穏やかで真心が込められていて、なにより相手の役に立つものでなければならない。このような語りであれば、相手に納得して受け入れられる。ただし、釈迦の説く語り方は、決まり切った紋切り型のものではなく、時と相手によって多種多様な方便が使用されている。

相手の質問に答えるときの四つの答え方は次のようなものである。

㈠　断定的に解答すべき問いに、断定的に解答する
㈡　分けて答えるべき問いに、分けて解答する
㈢　反問して答えるべき問いに、反問して解答する
㈣　捨て置くべき問いを、捨て置く

前述の対論の例を思い出してほしい。ヴァッチャゴッタの「世間に善なるものはあるか」という問いに対して釈迦は「そのとおりだ。ある」、また「世間に不善なるものがあるか」という問いに対しても「そのとおりだ。ある」と断定的に答えている。カッサパの「自分や他人の現世の行為によって来世の苦が生ずるか」という問いに対しては「そうではない。カッサパよ」と四回も繰り返し否定している。これも「断定的に解答すべき問いに、断定的に解答する」答え方である。

裁判の判決文ではまず冒頭に主文がきて、そのあとその結論に至った経過や理由が述べられる。『般若心経』や『修證義』を典型例として、経典の構成もこれと類似している。最初に結論部分が断定的に語られて、その後分別的な細

かい説明が綴られる。「分けて答えるべき問いに、分けて解答する」のである。前述のヴァッチャゴッタの善と不善の問いに対する釈迦の答え方がその例である。釈迦は「私は分別してそれらの意味をこれまで広く説いてきた」と前置きして、貪り・怒り・無知の三毒に分けて答えている。

第三の「反問して答えるべき問いに、反問して解答する」例としては前述の闍提首那との問答があげられる。「ゴータマ、……原因が無常であれば、結果がどうして常住なのでしょうか」という問いに対して、釈迦は「バラモン、あなたが言ったようなことをあなたに向けて質問したい。思うままに答えてくれたまえ」と問いで答え、反問を繰り返して、「原因が恒常であるのに、それから生じる結果が無常となる」という矛盾を引き出している。

対論を始める前に三回質問されても、その問いに釈迦は黙して何も答えない。前述のとおり、セーニカが「霊魂はあると思いますか、それともないと思いますか」と再三にわたって同じ質問をしたが、釈迦は沈黙したままであった。しかし、この問いは釈迦にとって「捨て置くべき問い」ではなかった。なぜなら、この問いを契機としてセーニカとの対論が開始されるからである。本節の対論の中には「捨て置くべき問いを、捨て置く」適切な例はないが、問いに対して「答えない」という答え方も重要なコミュニケーション手段の一つである。

この四つの答え方にもとづいて、石飛は、三つの推論形式を導き出している。たとえば、仏教の「智慧ある人は幻を幻と見、智慧なき人は幻を実体と見る」という言葉を三段論法的推論の題材としよう。

㈠「断定的な答え」を前提とする演繹的な推論

　智慧ある人は幻を幻と見る

　釈迦は智慧ある人である

　釈迦は幻を幻とみる

㈡「分別的な答え」を前提とする帰納的推論

人間には智慧ある人と智慧なき人がいる
ものの見え方には幻と実体とがある
智慧はものごとをあるがままに見る心の働きである
智慧ある人は幻を幻と見、智慧なき人は幻を実体として見る

㈢「反問の答え」を前提とする帰謬法的推論
智慧ある人は幻を実体と見るのではないか
智慧はものごとをあるがままに見る心の働きである
智慧があれば、幻を実体と見ることはできない
智慧ある人は幻を幻と見る

以上の三つの推論形式は、釈迦の説法の中から龍樹が見つけ出したものだという。釈迦は、これらの五つの語り方、四つの答え方、そして三つの推論法を絶妙に駆使してバラモンと巧みな対論を行うのである。

第三節　釈迦とソクラテスの対話法の対比

第一節ではソクラテスの反駁的対話法を、そして第二節では釈迦の対機説法を見てきた。第三節では二人の対話法のそれぞれの特徴を対比して考察する。

一　賢者と覚者

自分の無知を深く自覚していたソクラテスは、「ソクラテス以上の賢者なし」というデルフォイの神託を聞いて驚き、

この神託の謎解きこそ自分に与えられた神からの使命であると堅く信じた。そのために、相手が傷つくのも厭わず、激しい論争に挑んだのである。追い詰められた相手から、殴られたり髪を引っ張られたり非難を浴びても怯むことはなかった。その延長線上に刑死が待っていた。

一方、釈迦は、あらゆる人の心を整え、苦しみを除くことから、医者の王様、医王と呼ばれている。たとえば、『大般涅槃経』では、弟子の迦葉が釈迦に「尊師は心の優れた医師であられ、優れた薬剤師であられます」と賞讃の言葉を贈っている。だからといって釈迦は決して奢ることはなかったが、自らを「一切智者（一切を知る者）」と語っている。これは、釈迦が覚りを開いたすぐあと、カーシーに向う途中で出会ったウパカという人に語った言葉であると伝えられている。六師外道や提婆達多ら多くの敵対者はいたにしろ、彼は大きな争い事もなく人生を全うして安らかな死を迎えている。

また、『大般涅槃経』の中には、智慧第一といわれた高弟の舎利弗が師の釈迦に向って「尊師よ、私は、尊師について、このように信じています」と語ったことが記載されている。「正しい覚りについて、尊師よりももっとすぐれた覚りの智慧のある者は、沙門であれバラモンであれ、かつていなかったし、また、将来もいないであろうし、そして、現在もいません」と。この舎利弗の言葉は、ソクラテスが受けた神託の言葉と同じである。

だが、ソクラテスへの神託は神からの言葉であるのに対して、釈迦の場合は弟子の信心の告白である。ここに大きな違いがある。仏教には、当時の人々が信じていた神や悪魔が登場することはあっても、ユダヤ教やキリスト教のような唯一絶対の創造神は存在しない。神に代わるものとして〈法〉（ブッダの説く真理）とそれを体現する〈自己〉だけを拠り所としている。釈迦の最後の言葉として伝えられている「自灯明」と「法灯明」である。

「尊師以上の優れた覚りの智慧のある者はいない」と言われて、釈迦は舎利弗本人に「どうしてそのようなことを信じるのか」と直接その理由を尋ねている。舎利弗は、釈迦の教え（法）を知り尽くしており、その法を城壁に囲まれた城都に喩えるならば、自分は城門（法の門）の門番であり、古代ギリシアのヤヌス神のように前後ろに二つの顔をもって入る者出る者をよく監視しているので、どのような人がどのような覚りを得たかを熟知している、と答える。むろん、ヤヌス神の話は筆者の挿入で、舎利弗の語りには出てこない。

一方、ソクラテスと釈迦には共通点も多い。内山勝利の指摘によれば、ソクラテスの対話活動はすぐれて「実践的」な意図をもって行われた。しかも、その対話は、たとえば、ゴルギアスとかメノンなど対話相手や場面が具体的に特定されており、決して抽象的な議論ではない。アド・ホックなその場限りの当事者どうしの互いの個の実存をかけた厳しい論争であった。同じことは、釈迦の対話についても言える。舎利弗や阿難らの高弟ばかりでなく、バラモンと対話する場合でも、経典には釈迦の対話者の名前が一人ひとり記載されているし、対話の場所や状況についても明記されている。釈迦は、幾度も触れたように、形而上学的な抽象的議論を好まず、その対話の内容はきわめて具体的で実践的なものであった。

二　問う人と答える人

ソクラテスは「問う人」、釈迦は「答える人」と単純に割り切ることはできない。ソクラテスには、プラトンの『対話篇』以外にも多くの対話の記録が残されているし、あまたある仏典には釈迦の問答で満ち溢れている。その中では、当然、ソクラテスが答えていることもあるし、釈迦が反問することもある。それゆえ、「どちらかといえば」という条件つきであるが、ソクラテスは自分から積極的に相手に問いかけながら対話を進める一方、釈迦は、相手の問いに三度は答えず沈黙を守るが、やがて答えはじめると自ら主体的に問答に参加している。この二人の対話の様子の典型例を比較してみよう。

次のソクラテスとメノンの対話は、メノンが提出した「徳は教えられるか」という問題についての問答である。プラトンの対話篇『メノン』から抜粋する。

ソクラ：もしそれが教えられるものだとしたら、かならずその事柄を教える教師たちと、それを学ぶ弟子たちがいなければならないはずではないかね？
メノン：たしかにそうだと思います
ソクラ：逆に、教える者も学ぶ者もいないようなものならば、その事柄は教えられないものだと推測してもまちがいないといえるのではないだろうか？
メノン：そのとおりでしょう
・・・・・・・
ソクラ：ところで徳を教える人は、どこにもみつからなかったね？
メノン：そうです
ソクラ：教える人がいないとすれば、習う者もいないわけだね？
メノン：明らかにそうです
ソクラ：してみると、徳というものは、教えられうるものではないということになるね？
メノン：私たちの考察がまちがっていなかったとすれば、どうもそういうことになるようですね

ここに、ソクラテスの対話法の典型的な特徴が現れている。ソクラテスの理詰めの問い詰めにメノンはただひたすら「そのとおりです」と答えつづけている。たしかに「？」マークがついていて、あたかも問いであるかのような形ではあるが、「そうでないかね？」という問い方で、一方的に自分の意見を押しつけている。強烈な誘導質問でメノンを結論へと追い込んでいる。このような「ハイ」か「イイエ」でしか答えられない質問を「閉ざされた質問」という。相手の自由な意見の開陳を促す「開かれた質問」の形式ではない。

一方、釈迦の「問いに答える」対話の典型例は、前節のバラモンとの対論にみられる。その中のヴァッチャゴッタ

との対論で述べられた「私は分別してそれらの意味をこれまで広く説いてきた。……」（「自説を説く」参照）という釈迦の教えのつづきの問答はこうなっている。

「ゴータマ、いまのブッダの教えを修行している者の中に、このような貪りや怒りや無知や、そしてすべての煩悩を排除して、輪廻から解脱している修行者が一人くらいいますか」

「ブッダの教えを修行している者には一人、二人、三人、乃至五百人だけにとどまらず、無数の弟子がこのような貪りや怒りや無知や、そしてすべての煩悩を排除して、輪廻から解脱している」

「ゴータマ、男僧は別にして、このような貪りや怒りや無知や、そしてすべての煩悩を排除して、輪廻から解脱している尼僧が一人くらいいますか」

「ブッダの教えを修行している者には一人、二人、乃至五百人だけにとどまらず、無数の尼僧がこのような貪りや怒りや無知や、そしてすべての煩悩を排除して、輪廻から解脱している」

「ゴータマ、男僧や尼僧は別として、正しい習慣を守り、怠けず、禁欲行を正しく実行し、疑いをもたず、安らぎの彼岸に渡っている男の信者（女の信者）が一人くらいいますか」

「ブッダの教えを修行している者には一人、二人、三人、乃至五百人だけにとどまらず、無数の男の信者（女の信者）が正しい習慣を守り、怠けず、禁欲行を正しく実行し、五つの煩悩を断ち、不退転の境地に至り、疑いをもたず、安らぎの彼岸に渡っている」

このような同じ形式の問答がまだつづくが、釈迦は、ヴァッチャゴッタの一つひとつの質問に同じ言葉を重ねながら丁寧に答えつづけている。釈迦の対話に対する応答的態度はソクラテスとは随分趣きを異にしている。

三　争う対話と争わない対話

プラトンの「初期対話篇」において、対話者の主張はソクラテスの徹底的な反駁にあってことごとく論破され、結局は自己矛盾の窮地に追い込まれることで終わる。それほどソクラテスの論破力は威力があったのである。彼は、対立的な論争のうちにこそ、真の対話的な知の探究の可能性があると信じていた。相手は、まるでパブロフの犬の精神錯乱状態のように、混乱して乱暴を振るう者さえいるほどであった。まさに死にもの狂いの「争う対話」だったのである。

ソクラテスにとって反駁的対話は妥協を許さない呵責なき哲学的な知の探究法であった。しかし、釈迦の場合、対話は説法として行われたのであって、知の探究（覚り）はもっぱらサマタ・ヴィパッサナー（止観）によって行われた。これが二人の対話の内実の違いを生んでいる。ソクラテスの議論の焦点は、どの見解が真でどの見解が偽であるかについての判断にあった。彼は唯一の正しい真理は何かを真摯に追求し、そのためにはあえて論争も辞さなかった。

しかし、論理的推論によって、一つの見解だけが真でそのほかはみんな偽であるということを論証することはできない。このことを釈迦はよく心得ていた。だから、釈迦は、自分の見解にこだわって言い争い、自分の主張を他の人に押し付けるような論争をしようとはしなかった。「論争してはならない」というのが、釈迦の大事な教えであった。『スッタニパータ』の「八偈の経」には闘争や論争を戒める言葉が多数述べられている。三つだけ挙げておく。

自身の見解を最上であると考え、それに固執する人たちは
それが世界で最高であると見なし
他の見解はすべて劣ったものと見下す。
それゆえに、論争が絶えることはない。（二一七）

すでに得たものを捨て去り、固執せず
知識に頼ってはならない。
さまざまな異なった見解のいずれにも盲従せず、
いかなる教えにも盲信してはならない。（二二一）

（今枝由郎訳）

そもそも論争なるものは、どちらにしても困ったことになる相対立する二つの結果（勝って奢るか負けて僻《ひが》むか）をもたらすものだとわたくしは思う。このことをしっかりと見極めて論争しないようにするがよい。（八九六）

（荒牧典俊ら訳）

ソクラテスの反駁的対話が「争う対話」だとすれば、釈迦の問答は「争わない対話」であるといわれるゆえんである。しかし、「争う対話」であるとか「争わない対話」であるとか、両極の一方に決めつけることは、決定の邪見にとらわれることになる。釈迦の思想の根本は不定の論理に貫かれており、「争う」・「争わない」の二元を超越しているはずである。事実、釈迦の対話には時として厳しく対立する言論が見られることもある。対機・方便なのである。それゆえ、釈迦の説法は「争わない対話法」と言うよりも、「争うのでもなく争わないのでもない対話法」であると言った方が事実を適切に反映しているように思われる。

四　二種類の論理の違い

ソクラテスは西洋合理主義の論理学の祖ともいうべき哲学者であった。彼のエレンコスは、ある命題が真であるか偽であるかが議論の焦点であり、相手の主張が真・偽の自己矛盾であることを徹底して論証しようとする。相手が、反駁の結果、アポリアへ追い込まれるのは、孫弟子であるアリストテレスの同一律・矛盾律・排中律の三原則を前提にしているがゆえであった。双方とも徹頭徹尾、西洋合理主義の二価値の論理に従っている。この前提なしには、エレンコスは成立しない。

一方、釈迦の対話法の根底には、東洋合理主義の四句分別の思想が潜在している。この両者の論理の違いは決定的である。四句分別の容中律では、そもそも議論が論理的矛盾へ陥ることがない。なぜなら、矛盾そのものが論理の前提として容認されるからである。四句分別の論理には、「真か偽か」だけでなく、「真でもなければ偽でもない」、それゆえ「真でもあれば偽でもある」の両否と両是のレンマが存在する。この容中律では、エレンコスの拠って立つ論理的根拠は雲散霧消してしまう。

西洋の二価値の論理では、真の否定は偽であり、偽の否定は真である。また、ある命題が真であれば、その反対命題は偽である。しかし、四句分別では、真の否定は必ずしも偽にはならないし、偽の否定は真にならない。また、対立命題の一方が真であれば、他方は偽であることにもならない。たとえば、「苦しい」の反対語は「楽しい」であり、「苦しい」の否定は「苦しくない」である。しかし、「苦しくない」は必ずしも「楽しい」を意味しない。病人を看病するとき、「苦しくないですか」とは言えても、「楽しいですか」とは絶対に言えない。さらに、四句分別の論理では、否定の否定、つまり二重否定は、二価値の論理のように肯定になるわけではない。敵の敵は必ずしも味方ではないのである。苦の否定は不苦、不苦の否定は不不苦というが、これは苦のことではない。否定が積み重なるごとに、振り子のように、両極を揺れ動くのではなく、別の次元へと移行するのである。苦と楽の相対立する二つの両極端を超越したところ、つまり非苦非楽にこそ真実がある。「苦しい」と「楽しい」以外の「苦しくもなければ楽しくもない、そのどちらでもない」という、この第三の道が釈迦の思想の中核である「中道」と呼ばれるものであった。このことは真偽や苦楽だけでなく、有無・正邪・善悪など二項対立的な概念のすべてについていえる。真も偽も、善も悪も捨て去ったところに第三の道が開けるのである。

ただし、ここで誤解してはならないのは、釈迦は世俗的な意味での善悪の分別を否定しているわけでは決してない。いやむしろ実践されるべき重要な徳目として積極的に肯定さえしている。経典の至る所で「悪いことはしないで、善いことをしなさい」と説かれている。後の仏教では「諸悪莫作　衆善奉行」と表現される。これが仏教倫理の基本とされている。だがまた誤解してはならないのは、これはあくまでも世俗諦のことであって、釈迦が本来求める究極的な非苦非楽の勝義諦からすれば副次的、二義的なものなのである。非善非悪の如実知見の境地では、意志的に悪いことをしないのではなく、自ずから行ないが善なのである。

五　無知と無明の自覚

釈迦のいう「無明（無知）」とは、本来、縁起なるが故に無常・無我である実体なきものをあたかも実体であるかのように錯覚してその幻に執着することであった。幻に過ぎないものに言葉の働きによって実体を措定することは、「現象と本質」を分別する二元論的世界観を生むことになる。覚りとは、幻を実体と思い違いしていることに気づくこと、すなわち、「無明（無知）の自覚」であった。縁起の法では、実体という超越的な本質を立てることはない。

一方、ソクラテスは「無知の知」、つまり「何も知らないということを知った」が故に、かくも知ることに執着した。彼が愛し求める知とは、「己は何者であるか」、「徳の何たるか」、つまりその本質を知ることであった。彼は、現象と本質を明確に二元的に区別し、一なる本質を哲学的対話によって徹底的に探究した。この本質に対する「無知の自覚」こそが人間の最上の智慧であると確信していた。

対話と瞑想（説法）という方法の違いはあれ、二人はいずれも無知と無明の自覚に目覚めさせることを自らの使命とした点では同じである。字面は似ているが、内実は異なると言ったのはこういうことである。

六　わからなさに安らう

二辺を離れる中道は言葉すら超えている。ロゴスとは別のレンマ（直覚知）の世界である。語るすべも議論するすべもない。石飛道子は「あらゆる言論の道が根絶されている」と表現している。だから、釈迦は言葉を捨て〈ある〉とも〈ない〉とも語らないのである。釈迦の問答は、相手を自己矛盾の窮地に追い込むことはなかった。前述のプラーナとの問答にその典型例がみられる。釈迦は「存在するとも存在しないとも語っていない」と語っていた。釈迦によって説かれなかった教えという教えである。

このような言い方はソクラテスの対話には絶対出てこない。彼の言論の目指すところは、「Xでもあれば、非Xでもある」という肯定的命題の矛盾であった。これに対して釈迦の言説は「Xでもなければ、非Xでもない」という徹底した否定形を特徴としている。この両否を前提に、だからして「Xでもあれば、非Xでもある」の両是が成り立つのである。しかしこれは、ソクラテス的考え方では、どうしても納得できるようなものではない。何を言っているのかさっぱりわけがわからない。ソクラテスはわからなさをそのまま放置することは最大の悪だと考え、強迫的に知ることを欲した。徹底した愛知の精神である。

少し話題はそれるが、心理面接で来談に訪れるクライエントの二大質問は、「どうしてこうなったのですか」と「どうしたらいいんですか」の二つの問いである。自分や家族の問題を前にして、「何がどうなっているのか」、「何をどうしたらいいのか」わけのわからない混乱した状態に悩んでいるのである。この「わけのわからなさ」について、精神分析学派の妙木浩之は興味深い論述を行なっている。若干言い換えているので、文章は筆者の責任である。おおかたの趣旨はこうである。

この「わけのわからない」状態に対する〈不安〉が多くの神経症や心身症の発症原因である。もっといえば、「わけがわからない」ことを気に病み、それにとらわれて、「わけをわかろう」とあがきもがくことがその症状をさらに悪化させる。精神分析は、クライエントの「わけのわからない」状態の無意識的な〈わけ〉を意識化・言語化して自己洞察させることによって、「わけのわかる」状態にすることを治療目標としている。そのためのさまざまの解釈モデルが準備されている。しかし、そのわけがわかったからといって必ずしも病状が寛解するわけではない。むしろ逆で、「わけがわからない」まま治ることも少なくない。その場合、「わけがわかるかわからないか」へのとらわれから解放され、このままでも大丈夫と安心感がもてることが前提である。そのためには「わからなさ」を共感的に共有してくれる同伴者が不可欠である。わかることに越したことはないかも知れないが、わかること、知ることが必ずしもいいこととは限らない。「知らぬが仏、知れば鬼」ということもあるのである。ソクラテスのような哲人ならいざ知らず、われわれ凡人は知ることに伴う苦痛に対する耐性が乏しい。それゆえ、北山　修は言う。「わけがわからない」状態をあえて強迫的に「わかろう」とするよりも、そのことがどうでもよくなることをむしろ望んでいるのである。

あらゆる事柄は、わけもなく、いや、はかり知れないわけによって「現に今、ここにこうしてある」。それを「こうしてあるわけは？」と問うのは、世俗諦の分別思考である。「あるがまま」とは、分別思考の彼方のことである。そのわけを問われても、少々乱暴であるが、「こうしてある」から「こうしてあるのだ」としか答えようがない。いい加減なわけを答えてはならない。そうかも知れないし、そうでないかも知れないし、そうでないのではないかも知れない。煎じ詰めれば「知れない」のだ。

我々人間は、つねにすべてを知ることができるわけではない。いやむしろ現実にはわからないことの方が圧倒的に多い。わかるものはわかるが、わからないものはわからない。語れるものは語れるが、語れないものは語れない。全知全能の神ではないのである。だから、あくまでわかろうとする知的探究へのとらわれから離れて、わからないものはわからないものとして、語れないものは語れないものとして、あるがままに受け止める以外にどうしようもない。このことを真に諦めることこそが肝要なのである。釈迦の説く「非有非無の不定の論理」も、わからないものをあえて「これこそがわけである」と決めつけて（これは決定《けつじょう》の邪見である）わかったつもりになるのではなく、不定《ふじょう》なものは不定《ふじょう》なものとしてあるがままに如実知見してそこに安らうことこそ大切であると諭すものと解釈することができる。

第六章　釈迦はソフィスト？

前章では、釈迦をソクラテスとの対比で眺めてきた。それではソクラテスの敵対者と目されるソフィストとの関係はどうであろうか。紀元前五世紀、同時代を生きた釈迦がもしソクラテスとソフィスト（たとえば、プロタゴラス）に会ったとしたらどちらに思想的親近感をもつであろうか？

本章では、「ソフィストとはいったい何者か」ということを簡単にお復習《さら》いしながら、それと釈迦の思想との関連を考察する。残念ながら、ユダに比べて提婆達多がそうであったように、哲学の祖ソクラテスについては膨大な文献が残されているのに、ソフィストに関しては今もってなおほとんど見る影もない。鷲田清一の解説によれば、二〇一五年現在、わが国においてソフィストについて書かれた本は、田中美知太郎の『ソフィスト』と納富信留の『ソフィストとは誰か？』の二冊しかないという。ただし、納富には、『ソフィストと哲学者との間』というもう一冊の重要な著書がある。以下述べるソフィスト論は、主としてこの三冊に負うている。

第一節　ソフィストの登場

第二章で述べたように、釈迦在世当時、インドには仏教の側から六師外道と呼ばれた自由思想家たちが、不可知論や懐疑論、虚無論、宿命論、唯物論などそれぞれの立場から互いに派を競いあっていた。実は釈迦もそれらの自由思想家の一人だったのである。ほぼ同じ時代、つまり前五〜四世紀に古代ギリシアの思想界ではソフィストと呼ばれる人たちが跋扈《ばっこ》していた。

　ギリシアにおけるソフィストの登場には、当然それなりの時代的、社会的必然性があった。都市国家（ポリス）の成立である。当時のアテナイの政治体制は直接民主制が採用されていた。国家社会の一員としてしかるべき政治的・社会的地位や名声を得るためには、これまでのような家柄や生まれではなく、個人的な徳性や弁論術を身につけることが要請された。それゆえ、アテナイ市民、特に青年たちはそのような能力を授けてくれる専門職業人としての教師を求めていたのである。その要望に応える形で「徳の教師」と称して登場したのがソフィストたちであった。彼らは各地を放浪しながら、人々が望む知識を教授したのである。

　プロタゴラスやゴルギアスに代表されるソフィストの登場に対して、プラトンの『対話篇』におけるソクラテスは徹底して厳しい批判的立場をとった。にもかかわらず、アテナイ市民からはソクラテス自身がソフィストの一人とみなされたのである。「哲学者」を自認していた彼が意に反して「ソフィスト」として処刑されたことを「ソクラテスの逆説」という。当時は、哲学者とソフィストはそれほど明確に区別されていたわけではなかった。ソクラテスは何でも知っているのに「知らないふり（空とぼけ）」をして対話相手の無知を暴き立てたが、ソフィストは何も知らないのに何でも「知ったかぶり」をして相手を欺き金儲けするというのがその時代の一般的なソフィスト像であった。

　ソクラテスの死後、「ソフィストとは何か」という問いが、プラトンの生涯をかけた最大の課題となった。「ソクラテスの逆説」が直接の動機であったとされている。プラトンは、戦略的に「哲学者対ソフィスト」の対立軸を設けて、激しくソフィストを論難することによって哲学者をソフィストから差別化しようとしたのである。それがあの三十数冊におよぶ『対話篇』であった。そのうちソフィストの実名を書名にしたものが数冊ある。とりわけ、初期対話篇の『プロタゴラス』と『ゴルギアス』がよく知られている。それらは、主人公ソクラテスを著明なソフィストと対話的に対決させることによってソフィストと対比して哲学者の本質を明確化しようという構成になっている。後期対話篇の『ソピステース（ソフィスト）』では、このような対決図式は影を潜め、ソフィストそのものの一般的な定義が真正面から取り上げられている。ただそこで作り上げられるソフィストの定義は、あくまでも批判者プラトンのソフィスト観であることを心に留めて読まなければ公平を欠くことになる。

プラトンが生涯かけてソフィストを批判し抹殺しようと真摯に取り組んだことは、まことに皮肉な結果を招いた。なぜなら、ソフィストという名の職業は、ギリシア・ローマという西洋古代社会の終焉とともに消滅し、哲学史上まったく忘れ去られた存在であったにもかかわらず、プラトンの『対話篇』のお陰で現在でもなお我々にその名をとどめているからである。彼らの存在は哲学者にとってよほど脅威だったのであろう。プラトンがあれほどまでに執拗に敵対視していたのがその何よりの証拠である。厳しいソフィスト批判こそ、「ソフィストではない」という仕方で、唯一絶対的な真理の探究者として哲学者を彫像する重要な契機をなしていたのである。古代ギリシア哲学の成立にとって、その対極に位置づけられる彼らの果たした役割は決して看過されるものではない。

一　徳育家プロタゴラス

前五世紀半ば、最初のソフィストが登場する。プロタゴラスである。彼は自ら「ソフィスト（知者）」を名乗り、「人間として、また国家社会の一員として、ひとかどの人物となるための徳」を教える専門職業人、つまり、「徳の教師」であることを公然と宣言した。自らそう標榜しただけでなく、市民の誰からも当代随一の「ソフィスト」と認められていた。彼は、これまで詩や音楽、体育などの教育の中で行われていた伝統的な徳の教育を、はじめて弁論を通じて純粋に独立して取り扱ったのである。ところが、この点が哲学者の非難の標的とされた。徳や正邪善悪の何たるか、その本質を何も知らないのに、言葉巧みな弁論によってあたかも知っているかのように信じ込ませ、虚偽の知識を切り売りして金銭を要求するのは詐欺行為であるというのである。

プロタゴラスは、いろいろ異説はあるが、ロメイエ＝デルベによれば、紀元前四九二年頃、ギリシア領北東部の新興都市アブデラに生まれ、地中海に面したギリシア各地に足跡を残して、前四二二年頃、約七〇年の生涯を閉じた。

そのうち、ソフィストとして活躍したのは後半の四〇年間ぐらいであったらしい。ソクラテス裁判（前三九九年）の時にはすでに他界していた。

不敬神：彼は『神々について』において「神々について私は、あるとも、ないとも、姿形がどのようであるかも、知ることができない」と不可知論を明言して、不敬神の咎《とが》で告訴された。著作は焚書に付され、アテナイから追放された。追放と死刑の違いはあるが、後にソクラテスもアニュトスらから「ポリスの認める神々を認めず、他の新奇な神霊を導入することのゆえに、不正をなしている」と同じ不敬神の廉《かど》で告発されることになる。アテナイ市民からは、ソクラテスの方がよほど危険視されていたのであろう。

人間尺度論：プロタゴラスの「人間は万物の尺度である。あるものについてはあるということの、ないものについてはないということの」という主張は「人間尺度論」としてよく知られている。彼の人間尺度命題は、「各々のものは、私に現れるように、そのように私にとってあり、君に現れるように、そのように君にとってある。君も私も人間であるので」（納富信留）と表現される。ここで「人間である」というのは、全知の「神」ではないということである。またこの説には「それがそう現れたその時に真となり、それがそう現れている時間だけ真である」（田中美知太郎）という〈時〉の条件が付されている。刻々と移り変わる〈今〉の現れこそがその人にとっての実在なのである。彼は、「各人にそう思われれば、そうありもする」という言い方で、人間の思いが存在を規定すると主張するのである。

このプロタゴラスの主張は、「万物の尺度は自然である」とする自然学の考えや「神が万物の尺度である」とするプラトンの絶対主義とは真っ向から対立する大胆な相対主義の宣言だったのである。もっとも、プラトンの盛期はプロタゴラスの死後であるから、プロタゴラス自身はプラトンのことについてはまったくあずかり知らない。プラトンは、プロタゴラスの理解する善は多面的で色とりどりであって、それ自体で本来あるべきような唯一無二の善ではないと非難する。しかし、この事物の真理は事物それ自体のうちにしか成立しないという実体論的主張は、釈迦の縁起説とはまったく相入れない。プロタゴラスの主張も、「ものは各人の見る通りにあるのであって、各人の見るところがどのように違っていても、それがまさに事物のあるがままであり、ものはこれ以外に自分だけで何かであるというようなことはない」というものであったから、後のプラトンの絶対論とは完全に相反していた。事物の真理は人間のうちにしか見出されないというのが、「人間は万物の尺度である」という定式化の意味するところである。

ロメイエ＝デルベは、このプロタゴラスの定式化の根本原理を、「対象の存在は現象性であり、あらゆる現象はそれを知覚し思惟する意識によって規定される」と解説している。プロタゴラスの「意識こそがあらゆる真理の本質的契機である」という言説は、近代における主観的観念論の祖型であり、彼が観念論の先駆者とみなされるのはこのゆえである。

弱論と強弁：たしかに個別的な各人が万物の尺度であるが、その言説が孤立した個人的言説に閉ざされている限り、それは「弱論」である。その言説が他の多くの人々の同意を得て、他と共有されてはじめて「強弁」となり、間主観的な普遍的真理となる。言説によって喚起される合意こそが、その言説に力を付与するのである。それゆえ、プロタゴラスが考える優れた人とは、強弁のできる人、すなわち、他の人々から同意を取りつける言説を行う能力のある人のことである。

道徳や正義についても同様のことが言える。何が美徳で何が不道徳か、何が正義で何が不正義か、あるいは何が敬神で何が不敬神であるかは、万民の認めるところ（ノモス）や人々に共通する思いなし（エンドクサ）によって決るものであり、人間を離れて自然（ビュシス）に、つまりまさにおのずからあるところの本質なのではない。ノモスやエンドクサは共同幻想である。それゆえ、道徳であれ正義であれ、すべてのものは仮象的なものである。だが、プロタゴスの主張では、仮象の他に別に真実があるわけではない。万人の認めるノモス、仮象こそがそのまま真実なのである。

このような仮象的な正義が、真の正義を求めるプラトンに容認されるはずがない。この仮象（相対主義）と真実（絶対主義）のパルメニデス的対立が、プロタゴラスらソフィストとソクラテスに代表される哲学者とがもっとも尖鋭に峻別される点である。だからといって、哲学者の主張こそ絶対正しいというわけではない。主観的相対主義の定式化が、第三章で述べた唯識論の「ただ識のみ」と極似していることは注目に値する。

二　弁論家ゴルギアス

ソフィストの二大巨頭のもう一人はゴルギアスである。彼はプロタゴラスとほぼ同時代の人で、前四八五年頃、イタリアの南西、シチリア島の小都市レオンティノイで誕生した。彼は長命で百十歳近くまで生きたとされている。ソクラテスの生きた期間は前四六九－三九九年であったから、プロタゴラスもゴルギアスもソクラテスよりおよそ十数年以上年輩である。ソフィストとしてのゴルギアスの登場は比較的遅く、前四二三年の政変で彼がシチリア島を追われ、ギリシア本土のテッサリアに移り住んで以降のことである。それゆえ、活躍の時期はプロタゴラスとは少しずれている。しかし、長命であったため、ソクラテスの刑死（前三九九年）後もずっと活躍しつづけ、プラトンの盛期と時期が重なっている。そのせいか、プラトンの批判は、プロタゴラスよりゴルギアスの方がよほど手厳しい。

ゴルギアスはまずなによりも弁論術の専門家であった。彼は「弁論家」であることを自負し、プロタゴラスへの強烈な対抗意識からか、自らを「ソフィスト」と呼ばれることも「徳の教師」とみなされることもきっぱりと拒否している。弁論術というのは、法廷や議会、審議会などの市民の集会において、論争に勝利するために必要な説得力を生み出す技術のことである。それゆえ、どのような論題であれ、何が真で何が偽であるかの本質的な知識はさほど問題にならない。とはいえ、ゴルギアスも、そのことを明らかに表明することはなかったにしろ、相手の求めに応じて「正義の何たるか」についても教えていた。一方、ソフィストは「徳の教育」を標榜しながら、実際には弁論術を教えていたから、ソフィストと弁論家とはさして異なるところはない。事実、ゴルギアスは、彼の思惑に反して、紛れもなくソフィストの代表者のひとりとみなされていた。

時宜：ゴルギアスは即興弁論の創始者である。彼は、聴衆に向って好きなことを何でも質問させ、それがどんな問いであれ、その場で即座に答えるという冒険的な試みをあえて行った。それはおそらく、自分が何でも知っており、どのような事柄でも時宜に適って論じることができることを誇示するためであったと考えられている。彼は、「即興言論」において「時宜」（カイロス）を何よりも重視していた。一般に、ソフィストの多くは、聴衆からのどのような質問にも即興で見事に答える臨機応変な弁論能力を売り物にしていた。ソフィストのこの弁論における「時宜」は、その場の聴衆の感情や欲求に適合した一回限りの言論であり、釈迦の対機説法との関連を思い出させる。だが、経験主義的に重要な「時宜」という弁論術の特徴が、物事の真理を深く探究するプラトンら哲学者の側からは厳しい批判に晒された。

真実《まこと》らしさ：ゴルギアスの弁論術の技法で強調されるもう一つの特徴は、「真実《まこと》らしさ」、あるいは「ありそうな」（エイコス）である。大勢の聴衆を説得する弁論においては、聴衆のもつ正邪善悪の思い（エンドクサ）を把握しそれに上手に対応する術が重要である。当時の裁判では、告発者と被告が多数の市民で構成される裁判員に直接語りかけ、その評決の結果で白黒が決定されていた。判決は弁論の優劣に大きく左右されたのである。そこでは、「まことのこと」よりも「まことらしさ」、「絶対的な真」よりも「ありそうなこと」という実践的論法の方が効果的であった。ところがまた、ゴルギアスらソフィストのこの真実の軽視と真実らしさの重視が、普遍的で絶対的な真理を信奉するプラトンらの絶対許せないところであった。

彼らは、ゴルギアスが依拠する「まことらしさ」や「ありそうな」というあいまいな概念を決定的に劣悪なものと非難し、それを拠り所に言論することをまやかしの詐欺行為であると断じた。しかし、哲学者がいうような究極的な「真理」が果たしてほんとうにあるのか、もしあるとして神でもない人間がそれに到達することが認識的に可能なのか、とソフィストたちは反論する。納富信留は、哲学の営みを、普遍的な絶対的真理の追求であるとすることは、人間理性への誤った信仰であると、批判している。

哲学者が自負するほど彼らの言論が完璧な真理に基づいているわけではない。蓋然性という点においては、弁論家の言論と似たりよったりではないか。実際には、不完全な基盤に立っているに過ぎないのに、あたかも確実な真理を説いているかのような哲学者の言説こそ質《たち》の悪い衒学的なレトリックである、というのがゴルギアスらソフィストからの哲学者批判である。ソクラテスは自らの無知を自覚することによって、徹底的な「真理」の知的探究者となった。これが彼が哲学者とみなされる根拠であった。ところが、弁論と哲学とは、プラトンが主張するほど截然と区別できるものではなかったのである。

実際家のソフィストたちにとっては、裁判で有罪か無罪かの判決を勝ち取ることこそが差し迫った切実な問題なのである。いくら徳の何たるか、正邪善悪の何たるかを何も知らないままただ巧みな弁舌で裁判員たちを説得しているだけだと非難されても、そんなことに関わり合う暇《いとま》はないのである。納富信留の哲学者批判は手厳しい。「もし現実の法廷の場に哲学者が登場し、すべてを〈真理〉の規準で裁断しようとしたら、場違いもはなはだしい」。どんなに議論を尽したとしても哲学者の求める「真理」を明らかにすることはできず、審議は永遠に終結しないからである。自分の語ることこそ「真実」であり、相手の言うことはすべて「虚偽」であると互いに言い争う法廷の場で、どちらが正でどちらが不正であるかを絶対的に判定することは論理的に不可能である。ソフィストたちは「たとえ真実を知っていてそれを語ったとしても、それだけでうまく説得できるわけではない」という経験的な知恵をもっていた。

納富信留はソフィストを擁護して述べている。「弁論家にとって、〈真実〉は百パーセント確実な論証知識ではありえず、〈ありそうな〉という弁論技法を用いた説得が聴衆を納得させさえすれば、それで十分弁論的真理であった」。

弁論家にとって、プラトンが主張するような絶対的な「真理」は使い物にならない。ゴルギアスの弁論の秘訣は、「まことらしい」、あるいは「ありそうな」という弁論的真理を巧妙に駆使することによって、哲学的な「真理／虚偽」の区別を妖しくなし崩すところにあるという。釈迦の無記の説法を思わせる。

第二節　ソフィストの弁論術

ソフィストは「徳の教育」と称して言葉を巧みに使って人々を説得する技術、つまり、弁論術を教えた。彼らは言葉のもつ威力にはじめて気づき、それを使いこなすためのさまざまな技術を開発したのである。

言論は弁論術と問答法に大別される。弁論術は主として法廷や議会など大勢の聴衆を相手に一方的な長広舌で説得する技術である。一方、問答法は、ソクラテスのエレンコスがそうであったように、一問一答形式の短い会話で互いに相手の同意を得ながらすすめる一対一の対話である。真偽正邪を言い争う場合、相手を言い負かすために、正論のみならず詭弁を弄することもある。弁論家は「争論術」と呼ばれる短い問答によって数々の詭弁をくり出しながら相手を矛盾に追い込む論駁法も得意としていた。

ここで論ずるのは、ソフィスト一般の弁論術というよりも、ゴルギアスの弁論術である。納富信留は、ゴルギアスの弁論技巧を緻密に分析して、「重層論法」と「枚挙論法」の二つが巧妙に使い分けられていることを明らかにしている。これは、ゴルギアスが「ありそうな論理」を追求する言論の技法として自ら編み出したものである。以下、納富の言うところを簡潔に紹介する。

重層論法：重層論法とは、一つの命題をいったん否定し、その否定された可能性を仮に認めた上で、さらにそこからの帰結を検討して否定を重ねる論法のことである。その畳掛けのやり方は、二段階で行う場合もあれば三段階の場合もある。

二段階の重層論法の例として、ゴルギアスの『パラメデスの弁明』が挙げられる。これは、パラメデスがオデュッセウスの怨みを買って彼からトロイア戦争のときに敵方に内通したという「裏切りの罪」を告発されたのを受けて、告発者や裁判員に自分の無実を弁明する言論である。

> 彼（告発者）が真理を語っていないと、私は二通りの仕方であなた方に証示しよう。すなわち、私はこういった行為を試みることを、望んでも為すことができず、また、為すことができても望みはしなかったであろう。

パラメデスは、まず第一段階で「裏切り行為を望んでも行うことができない」と行為の不可能性を論じ、第二段階で「もし仮に裏切り行為を行うことができるとしてもそれを望むことはない」と意図の不可能性を主張する。この二段階で展開される重層論法が完結した後、「したがって、私はギリシアを裏切ることなどできなかったし望むこともあり得なかったことは、これまで語られたことをつうじて証明された」と告発者を論駁している。

三段階の重層論法の例としては、ゴルギアスの『ないについて、あるいは、自然について（略称：ものの非存在について）』と題する論文があげられる。

㈠　何ものも存在しないこと

㈡　たとえ存在するとしても、その把握は人間に不可能であること

㈢　またその把握がたとえ可能であるとしても、これを隣の人に言い伝えることはできないということ

と三段階で否定を重ねて「ものの非存在」を論証している。哲学的には、いったん否定したものをあえて仮定するこ

とは非常に奇妙な仕方であるが、このような重層的に議論を積み重ねる技法は弁論における説得には有効に機能する。存在非存在の論理を述べたこの論文は、ゴルギアスの「存在の〈無〉」を主張するものとみなされ、あるいはまた「懐疑主義」、「不可知論」、「虚無主義」の思想を示すものとしてしばしば哲学史家によって引用されている。

枚挙論法：枚挙論法とは、一つの命題を否定するために、その命題を含意する複数の可能性を選択肢として枚挙し、それらを一つずつ否定することによって、最終的に当の命題を否定する論法である。

枚挙論法の例として、ゴルギアスの『ヘレネの頌《しょう》』があげられる。ヘレネはゼウスの娘とされる絶世の美女である。メラネオスの妻でありながら、トロイア王子パリスに誘惑されて駆け落ちし、トロイア戦争の原因を作った不貞の女として、後世の人々から「悪女」呼ばわりされた。ゴルギアスは彼女の汚名を濯《そそ》ぐために「枚挙論法」を次のように用いている。

ヘレネがあのような所行をあえてするに至ったのは、
㈠　運命や神の意志もしくは必然の決定によったのであるか、
㈡　暴力によって奪い去られたのであるか、もしくは
㈢　言葉によって説得されたためであるか、あるいは
㈣　愛欲の奴となったためであるか
（のいずれか）でなければならない。

このように、まずヘレネ出奔の起こりそうな四つの可能性を枚挙し、その一つひとつを否定することによって、最終的にヘレネの無実が証明されるのである。「以上いずれの場合においても、責めはヘレナにないのであるから、ヘレ

ネを非難することは正しくないであろう」と。

もう一つ、ゴルギアスの『ものの非存在について』の論証についても枚挙論法が用いられている。第一論証では、「何ものも存在しない」ということを帰謬法を用いて「何かある」という三つの仮定を一つずつ否定して、最終的に証明するという構造をとっている。

もし何かがあれば、
㈠あるものがあるか、
㈡ないものがあるか、
㈢あるものとないものの両方があるか、
のいずれかである。だが、
㈠あるものがあることはなく、
㈡ないものがあることもなく、
㈢あるものとないものがあることもない。
したがって、何もない。

この「何かある」についての㈠、㈡、㈢の三つの選択肢は排他的にすべての可能性を尽している。ここで第三の「あるものとないものの両方がある」という選択肢は、四句分別で幾度も取り上げたように、われわれにはなんら違和感はないが、当時のソクラテス派の哲学者たちからみれば、ありえない選択肢であったろう。ゴルギアスがこれを前二者の選択肢と対等に取り上げていることは、たとえそれが否定される運命にあるにせよ、四句分別との関連できわめて注目すべきことである。

さらに、㈠の「あるものがある」の否定の論証についても同じ手が使われている。存在は存在することはない。なぜなら、もし存在が存在するならば、それは永遠なるものであるか、あるいは生成されたものであるか、あるいはその両者でなければならない。いずれも否定されて、結局、存在は永遠のものでもなければ、生成されたものでもなく、また両者を併せたものでもないとすれば、存在は存在しないということになる。その実際の論証は煩瑣を極めるので割愛する。

枚挙論法は、相手の議論を論駁する場面で用いられることが多い。これは、論理的に可能性を尽して、理詰めで追い込む場合もあれば、大まかな枚挙に留まり、したがって、論理よりもレトリックが勝る場合も見られる。ゴルギアスの修辞技法には、現代の臨床語用論にも通用するさまざまなテクニックがふんだんに盛り込まれている。

問答法：問答法の始祖はエレア派のゼノンであると認められている。彼は、たとえば、「もし存在が多であるならば、有限であり、またもし存在が多であるならば、無限である」と、一種の詭弁を用いて、同じ一つの前提から、相矛盾する帰結を導き出すという独特の論法を編み出した。これは相手の反対論を矛盾に陥らせるための争論的な討論形式である。田中美知太郎は、ゼノンの論法を「弁論術のうちよりも、問答法のうちにおいて、より多くの発展性をもちうる」ことを指摘している。ソフィストは、長広舌の法廷弁論ばかりでなく、一問一答の問答法にも熟達していた。問答法の技能を巧に使うことが「詭弁家」としてのソフィスト像を作ったのであろう。

問答法では、双方で同意できるような前提から出発して、一つひとつ相手の否応を確認しながら対話が進められる。問い手は互いに矛盾する二つの命題を並べて、答え手にそのどちらかを選ばせる選択の自由を許しつつ、パラドクスの結論へ陥れるのである。プラトンは「ものを学ぶ人は賢い人か愚かな人か」という問答について述べている。以下は、田中美知太郎からの引用である。

問い手：ものを学ぶ人は賢い人か愚かな人か
答え手：賢い人です
問い手：しかし学ぶ時に、君は学ぶ事柄を知っていて学ぶのであろうか
答え手：知らないで学ぶのです
問い手：しかし知らない人が賢い人だろうか
答え手：賢い人ではありません
問い手：賢くなければ愚か者ではないか
答え手：そうです
問い手：だから、ものを学ぶのは賢い人ではなくって、愚か者でなければならぬ。君の最初の答えは間違っていたのだ

問答はこれで一勝負つく。が、これでは終わらない。

問い手：しかし先生の言うことを学ぶ（＝覚る）のは、どちらであろうか。賢い子であろうか、愚かな子であろうか
答え手：賢い子です
問い手：すると、ものを学ぶのは賢い人であって、愚か者ではないことになるから、君のいまの答えも間違っていることになる

ものを学ぶ人は賢い人でもなければ愚か者でもない。問い手は、「学ぶ」という言葉の両義性を悪用し、巧妙な誘導

質問で答え手を言論の行詰まりに追い詰めていく。この例は問答法が比較的短い会話であること、および勝負の過程が簡単でたやすく了解できるものであることを示している。

ゼノンの問答法の論理は、ゴルギアスの思想にも受け継がれている。前述の『パラメデスの弁明』において、無罪の弁論の後、告発者への反論としてパラメデスにこう弁じさせている。「君は私を二つの正反対のことで告発している。知恵と狂気だ。その両方を同じ人間が持つことなどできないのに」。つまり、オデュッセウスの訴えは、パラメデスが智慧者であり、かつ智慧者ではないという矛盾を主張するもので、信用できないと主張しているのである。また、オデュッセウスが告発したのは、「(事実を) 知ってしたのか、知らずに思い込み (ドクサ) だけのいずれかでなければならない」と述べて、それぞれについて事細かに論駁する。枚挙論法のところでゴルギアスの「非存在」の論証について述べたが、そこでも見られたように、議論する個々の事柄を細かく分けて一つひとつを否定することによってパラドクスに導くという煩瑣な論じ方がゼノンの問答法の特徴である。第五章第二節で、相手の質問に答える釈迦の四つの答え方について論じたが、その一つに「分けて答えるべき問いに、分けて解答する」というのがあった。問答法では「分けて問う」問い方が常套である。

第三節　ソフィスト定義をめぐって

「ソフィスト」のギリシア語ソピステースは、「知恵のよく働く人」、あるいは「知恵の働きをよくしてくれる人」、つまり一言でいえば、「知者」を意味する。ソフィストという語はただ「知のある者」というだけの意味なのである。にもかかわらず、たとえば、辞書などでは「詭弁家」と解説されるように、ソフィストは「偽物の知識を売り物にして人を欺き、若者を誑《たぶら》かす不道徳な似而非《えせ》知者」であるとみなす風潮がすでに当時のアテナイ市民の間にあった。

一　悪名高いソフィスト

悪の烙印が押されたソフィスト像を後世に伝え定着させたのは、いわゆるソクラテス学派の哲学者のソフィスト批判に起源を発する。ことにプラトンの対話篇の影響は決定的であった。彼は、対話篇において、ソクラテスをプロタゴラスやゴルギアスらソフィストを代表する人たちと次々に対決させ、臆面もなく「知者」を名乗って「徳の教育」を施すソフィストの仮面を剝がしていく。彼の規定によれば、ソフィスト術の本質的特徴とは、弁論の演示によって、「何も知らないのに、何でも知っている」という見せかけの「現れ」を造りなすことである。こうして、詭弁を弄して弱論を強弁して無垢な若者をたぶらかす不貞の輩という図式的なソフィスト像が形成されたのである。皮肉にも、この悪イメージを作った張本人のプラトン自身が論敵からは非難の意味を込めてソフィストと呼ばれていたらしい。

この戯画化されたプラトン的ソフィスト観は、他の学派の人たちにもすべて同じように共有されていたわけではなかった。プラトンがいくら偉大な哲学者であるにせよ、彼の見解のみを鵜呑みにするのはソフィストにとって不公平である。プラトンによる虚構は、歴史上の本来的な実像に必ずしも妥当するものではないかもしれない。納富信留によれば、当時においてすら、プラトンの見解とは反対に「ソフィストこそ真の知者であり、優れた教育者である」と評価する有力思想家たちがいたそうである。ソフィストの思想や活動は、ギリシアの哲学のみならず、一般の人々にも絶大な影響を及ぼしていたのである。ただ、ソフィストという言葉が悪名のレッテルとして広く一般に通用したという事実が問題である。

二　ソフィストの反撃

ソフィストは、人によってさまざまな姿で現れる。それを定式化すると、

㈠　ソフィストは、知者である、と若者たちに現れる

㈡　ソフィストは、知者ではない、と哲学者たちに現れる

この二つの命題を、プラトンは、

㈢ ソフィストは、知者であると現れるが、実際は知者ではない

という一つの命題に統合する。そこで、ソフィストは、「『実際は知者でないのに、知者である』という似而非《えせ》の像を造る者」と定義される。誰でもすぐ気づくのは、この統合命題には、「誰々にとって」という対象の限定句が欠落している。「限定句脱落の誤謬」と呼ばれる。この「ソフィストは、知者である、と現れるが、実際は知者ではない」という統合命題は明らかにプラトンら哲学者側のものである。若者たちからから見れば、正反対の表現になる。なぜ若者たちよりも哲学者の方が優位なのか。哲学者は真理の対話的探究に長けているが、若者たちはそうではないというのがその理由とされている。このプラトンによるソフィスト定義に対してソフィストから激しい反撃が試みられる。その論拠は、パルメニデスのテーゼとプロタゴラスの相対主義に基づいている。

パルメニデスのテーゼ：パルメニデス（前五一五〜）は、初期ギリシア哲学の父とみなされるエレア出身の大立者である。彼は、思惟によってのみ把握できる不生不滅・唯一不可分の「存在」を説き、一切の変化を仮象とみなしたことで知られる。彼は、ものは「ある」か「ない」かのいずれかであるという根本命題から出発して「あるものはある、ないものはない」という単純明快で絶対確実な真理を基礎づけた。そしてこれを根本命題として「ある」と「ない」とを峻別し、両者を結びつけることを厳禁した。つまり、「あるはない、ないはある」という命題定立の不可能性を主張したのである。これをパルメニデスのテーゼという。これはアリストテレスの同一律、矛盾律、排中律の原型であり、その後の哲学的思索を厳しく縛ることになった。

先に述べた「ソフィストは、知者である、と現れるが、実際は知者ではない」というソフィスト定義は、つまるところ、「あるはない」と表現されており、パルメニデスの禁止を犯している。したがって、この定義は成り立たない、というのがソフィストの言い分である。「ない」は「あるものがない」という言明であって、「ない」は「ある」を前

提にしているので、「ない」は語ることも考えることもできない。ただし、「語ることはできない、と語る」ことも自己矛盾である。なんともはややこしい。それはさておき、この反撃によって哲学者の定義は矛盾に追い込まれる。

プロタゴラスの相対主義：プロタゴラスの教説は、「すべての現れ、言表は相対的に真実であり、実在であって、虚偽は存在しない」という主張であった。いわば「現れ」一元論であって、現れ（像）と実在（実物）の区別を一切認めない。「こう現れたり思われたりするのに、実際はそうではない」ことは不可能である。逆の言い方をすると、「実際はそうでないのに、そう現れる」可能性を全面否定するのである。したがって、「真なる現れ」とか「偽なる現れ」とかの言表は成り立たない。虚偽が存在するということは、「ないは、ある」を前提にしている。

「虚偽の像を造る者」という哲学者のソフィスト定義に対してソフィストは真実の像であれ虚偽の像であれ、そもそも「像」などというものは存在し得ないと反論する。そして、その理由を像の定義に求める。以下は、納富信留の興味深い解説に依拠している。ソクラテスの影像を例にする。

第一に、像は［実物の］ソクラテスではない。像は実物とは異なるから。

第二に、では、「ソクラテスである」とは言えないのか、というとそうとも言えない。似ているから。

第三に、像はソクラテスを表現しているという仕方で、「ソクラテスである」

この三つの命題をまとめると、ソクラテスの影像は「ソクラテスではなく、ソクラテスでないものでもなく、ソクラテスである」となる。この「F（実物・真正のもの）ではないが、Fでないものではなく、Fである」という言い回しは、なんと驚くことに、われわれに馴染み深い「不定の論理」の「非有非無にして、またこれ有なり」とまったく同じ表現形式ではないか。この像の定義には「ある」と「ない」の奇妙な結合が含意されているところがパルメニデスのテーゼに抵触する、とソフィストに問題視されるのである。

プロタゴラスによれば、真の言表は「あるをある」と語り、「ないをない」と語る。偽なる言表は、「あるをない」と語り、「ないをある」と語る。それゆえ、プラトンによるソフィスト定義は偽なる言表であり、偽りの像（現れ）など存在しないというのである。

三　哲学者の防衛

パルメニデスのテーゼに基づくソフィストの反撃によって自己矛盾の窮地へと追い詰められた哲学者は、ソフィスト定義が矛盾なく成立することを論証するために、パルメニデスに反旗を翻して「ないは、何らかの意味で、ある」、「あるは、何らかの仕方で、ない」という命題をあえて立証することを余儀なくされる。「父親殺し」と見紛う作業である。後期対話篇『ソフィスト』におけるプラトンの作業は煩瑣を極める。結論だけ言うと、要するに、「ない」が「ある」の反対であれば、パルメニデスの禁止を犯すことになるが、「ない」は「ある」の「反対」ではなく、「異なる」のであるから、ソフィストの主張が見かけだけのでっちあげた矛盾に過ぎない、というものである。なんだか無理なこじつけのような印象を受けるのは筆者だけであろうか。プラトンがエレアからの客人に語らせる論理は筆者の理解の範囲を越えている。

一方、プロタゴラスに対する反論については、誤解の可能性をも顧みず、筆者なりに理解したところを分りやすく言い換えてみると、こういうことらしい。プロタゴラスの「現れ」一元論に対して、「現れる」（現象）と「ある」（実在）とを明確に区別して、いわば「現れと実在」二元論を主張する。そして、像を像たらしめる実物の存在の優位性を強調するのである。「実在」は常住不変で常に同一性を保ち真なるものとしてあるのに比べて、「現れ」は共時的に多様であるばかりでなく、通時的にも時々刻々と変化する。それゆえ、「現れ」は信頼に足るものではないと否定的に捉えられ、「今、私に現れていることは常に真であり、たとえそれが過去のものと異なっていたとしても、そうである」とするソフィストの主張は手厳しく批判される。プラトンの絶対主義的思考からすると、変化こそが真実であるとするプロタゴラスの相対論的「現れ」説は反論の好餌だったのである。

哲学者は、この実在を真偽の判断規準として採用することによって、真なる現れと偽なる現れの区別を明確にする。これは、「すべての現れを真とみなして偽を認めることを一切拒否する」ソフィストの主張を否定し、虚偽の可能性を論証するためである。しかし、プロタゴラスの「現れ」一元論はそもそも実在の存在そのものを否定しているのであるから議論は噛み合わない。

プラトンの反論の基本は、常住不変の実体的な実在の容認にある。これは、釈迦の縁起説とは相容れない。むしろプロタゴラスの「現れ」説の方が無常・無我論に添うものと考えられる。現れの真偽の区別についても、釈迦は、すべての「現れ」の真偽について判断停止し、ただあるがままに受け入れるに違いない。虚偽の可能性を否定することによって、ソフィストは真理と虚偽の区別を取り払い、現れと実在の区別を破壊する点では、釈迦の考えに近いといえる。

四　公理の違い

ソフィストの反撃も哲学者の防衛も、いずれもパルメニデスの「あるかないか」の二価値の呪縛に捕らわれて身動きがとれない。対話篇の議論では過剰に矛盾するか否かが問題にされる。プラトンは『ソフィスト』において四苦八苦して「あるはない、ないはある」を論証しなければならないハメに陥った。この「ない」の困難がギリシア哲学における最重要課題の一つであった。

ところが、東洋思想はもともとテトラ・レンマの論理を大前提にしているから、両否・両是の論理を肯否の二価値の論理で無理矢理論証する必要はない。前述の「FではないがFでないものでもなく、Fである」という像の定義はプラトンにとって困難な論証の対象であるが、「非有非無にして、またこれ有なり」という不定の論理はテトラ・レンマから直接的に導かれるものであり、そもそも論証の対象ではない。

これはユークリッド幾何学と非ユークリッド幾何学の関係に似ている。そもそも二つの幾何学は推論の根拠となる公理が異なっているのである。球面幾何学を平面幾何学の公理で証明しようとしても困難なことは当然のことである。ここでなぜ突然幾何学の話を持ち出したかというと、『ソフィスト』の主役であるエレアからの客人（パルメニデスとその弟子ゼノンらのエレア学派に属する知を愛し求める仮想の人物）の対話相手であるテアイテトスがいわゆるユークリッドの『幾何学原論』の重要な部分に関わっていたとされているからである。

テトラ・レンマの論理に従えば、ソフィスト定義の言い方は別段矛盾でも何でもない。ただし、ソフィスト側からの「ソフィストは、（哲学者には）知者でない、と現れるが、実際は知者である」という定義も同等の権利で成り立つことを認めた上でのことである。

第四節　ソフィストと釈迦

これまでもその都度必要に応じてソフィストと釈迦の類似性に触れてきた。ここでまとめて整理しておこう。

一　諸国歴訪

前章で述べたように、アテナイ生まれのソクラテスは、三回の兵役以外でアテナイを離れることはなく、生粋のアテナイ市民であった。これに対して、ソフィストの多くは、アテナイ出身ではなく、当時の文化の中心地であったアテナイを拠点にしてギリシア各地のポリスを歴訪しながら教育活動に従事していた、いわば国際人であった。このことが、哲学者によって根無し草と悪口を叩かれる。ところが、釈迦も成道後四十五年間にわたって、王舎城の竹林精舎や舎衛城の祇園精舎を拠点としながら、安居期間を除いて一箇所に定住することはなく、各地を歴訪して布教活動を行った。それゆえ、経典で釈迦の逸話を述べる場合には、たいてい「釈尊がコーサラ国のバラモンたちが住む大富豪の村に滞在していたとき」というような文章で始められる。

　諸国遍歴という点で、釈迦とソフィストはソクラテスとは異なっている。

二　教育の職業化と平等性

　ソフィストと呼ばれるための判断基準の一つは、教育活動に対して応分の金銭的報酬を要求することである。教育を職業化したのである。現在の教師のはしりということができる。われわれもまた乏しい知識を切り売りして世過ぎしている。ところが、このことがまた悪評の種となる。ちなみに詩や音楽、体育の教育で報酬を得ても何の問題にもならないのに、言論による「徳の教育」だけがことさらに言挙げされて非難の対象にされたのである。ソクラテスは「人柄も素質も問わずに、誰にでも金銭さえ出せば知識を授けるなどというのは、一種の売淫的行為である」と口汚く罵っている。ソクラテス自身は弟子たちから授業料を取るようなことはけっしてなく、石工を職業として質素な生活を送った。しかし、クリトンらの有力なパトロンはいた。自分の労働報酬として授業料を取るのとパトロン関係との是非の判断には微妙なものがある。

　釈迦は、托鉢して大勢の貧しい住民から布施を受けているし、富裕な長者や王侯貴族のパトロンもいた。マガダ国の頻婆沙羅王は最初の有力な外護者であり王舎城の近郊に竹林精舎を寄進したし、また舎衛城近くの祇園精舎はコーサラ国の長者が提供したものである。ただし、釈迦は布教に対して報酬を得ることを厳しく戒めている。『スッタニパータ』（中村　元訳）の第四経に有名な「田を耕すバーラドヴァージャ」の逸話がある。田を耕すバラモン・バーラドヴァージャが釈迦に告げて言う。「道の人よ、わたしは耕して種を播く。耕して種を播いたあとで食う。あなたもまた耕せ、また種を播け。耕して種を播いたあとで食え」と。釈迦は答えた。「バラモンよ、わたくしもまた耕して種を播く。耕して種を播いてから食う」。むろん釈迦が耕すのは土地ではなく心である。そしてバーラドヴァージャに「わたくしにとっては、信仰が種子《たね》である。苦行が雨である。智慧が軛《くびき》と鋤《すき》とである。……」と安穏の境地へ至る道を諄々と説いて聞かせる。心服したバーラドヴァージャが乳粥をささげた。問題はそのあとである。釈迦は「法を説いて（報酬として）得たものを、わたくしは食うてはならない」と乳粥を斥《しりぞ》けて水の中に投げ捨てさせた。報酬に対する態度はソフィストとはまったく違う。

ソフィスト活動は、「金銭さえ払えば誰にでも知識を授ける」と非難されたが、それまでは特権階級のみに独占されていた知識が身分を問わず一般大衆に開放されたという意味で重要な社会的意義をもつものであった。それは、既存社会における貴族や奴隷といった階級差別への果敢な社会批判でもあったのである。哲学者たちの批判は、この重要な点に盲目的であったと指摘されている。同様に、釈迦の説法の対象者は、王族や長者のみならず、むしろ売春婦や犯罪者を含む凡夫が中心であった。求める者には誰にでも法を説くという平等の精神は、厳然として存在するインドのカースト制への挑戦であった。万人平等を説く釈迦の精神にソフィストとの共通性を窺い知ることができる。

三　時宜と真実《まこと》らしさ

ソフィストたちは、聴衆から問われるどのような問いに対してもその場の時宜に合わせて即興で臨機応変に答えることを特技としていた。ゴルギアスは即興弁論において「時宜」を何よりも重視した。「時宜」に適う弁論術は、たとえプラトンら哲学者の気に障るものであったにしろ、釈迦の説法の仕方には通じるものがある。釈迦は人によって、心によって、時によって相手の能力に応じて種々の説き方で説法した。対機説法である。

ゴルギアスの弁論術の技法で強調されるもう一つの特徴は、「真実《まこと》らしさ」であった。これは哲学の絶対的真理とは性質の異なる実践的な弁論的真実であった。しかし、この「真実らしさ」は、釈迦の不定の論理に置き換えれば、「非真非偽にして、またこれ真なり」となろう。哲学者の求める絶対的な真ではないが、では偽かというと偽ともいえない。どちらかと詰問されれば、便宜的に真であるといわざるをえない。先にゴルギアスの弁論の秘訣として、「『真実らしさ』という弁論的真実を巧みに駆使して哲学的な『真理／虚偽』の区別を妖しくなし崩す」という納富信留の言葉を紹介しておいた。この言葉は、不定の論理の別の表現ではないかと解釈される。

前章であげた釈迦の五つの見事な語り方のうち、最初のふたつは次のようなものであった。

㈠　時に従ってかたられていること
㈡　真実が語られていること

この二つは、ゴルギアスの弁論における「時宜」と「真実らしさ」とほぼ同じことを言っている。「時に従う」とは、「時宜に適う」ということである。また、「真実が語られる」ということについては、「釈迦は二諦で法を説く」といわれる。世俗諦と勝義諦とである。世俗諦は弁論的真理に近く、勝義諦は哲学的真理に近い。対機説法はこれを方便として巧妙に使い分けるのである。

ソフィストの弁論術においても、釈迦の説法との近親性が高い。ただし、弁論術はあくまで激しい論争に勝つための技術であるが、対機説法では争うことを厳しく禁じている。この重要な相違はけっして見落とされるべきではない。

四　言論のあり方をめぐって

言論のあり方からみれば、賢者ソクラテスは反駁的対話法、知者ソフィストは説得的弁論術、そして覚者釈迦は争わない対機説法であった。三者三様であったが、これまで見てきたように、釈迦は、どちらかといえば、ソクラテスよりもプロタゴラスやゴルギアスらのソフィストとの親和性が強いように思われる。一例として、対話篇『プロタゴラス』（中澤　務訳）における「快は善で、不快は悪」と言えるかどうかについてのソクラテスとプロタゴラスの対話を挙げる。

ソクラ：そうすると、快く生きるのは善いことであり、苦しく生きるのは悪いことだということになります

・・・・・・

プロタ：ソクラテス、君が質問するように、快いものはすべて善いもので、苦しいものはすべて悪いものだと、単純な答えをしてよいものかどうか、私にはわからない。……こう答えておくほうが、より安全だと思える。すなわち、快いもののなかには善いとはいえないもの、また苦しいもののなかには悪いとはいえないものがある。他方、「快いものと苦しいものそれぞれのなかには」そうだといえるものがある。そして、「それぞれのなかには」善いとも悪いともいえない第三のものもあるとね

・・・・・・

ソクラ：ですから、わたしが「快いものは、それが快いという点だけから判断するなら、善いものなのではないでしょうか」というのは、そのことなのです。つまり、快楽そのものは善いものではないのかとお尋ねしているわけです

もし、ソクラテスが釈迦に同じ問答を仕掛けたとすると、釈迦はプロタゴラスと同じような答え方をするに違いない。なぜなら、ソクラテスのように「快は善で、不快は悪だ」と決めつけることは決定《けつじょう》の邪見を犯していることであり、釈迦のもっとも嫌うところだからである。世の中のことはすべからく「こういうものだ」と決めつけた瞬間に「こういうものではなくなる」ものなのである。すべては不定《ふじょう》なのであるから、快・不快いずれの生き方についても、「善いとも言えないし、悪いとも言えない」と答えるはずである。

第五節　徳と慈悲

プラトンの対話篇のなかで、特に「徳」を中心テーマとしたものとしては、『プロタゴラス』と『メノン』が有名である。いずれも初期対話篇に属するものであるが、『プロタゴラス』はそのもっとも初期、『メノン』は終わり頃の著作だと推定されている。対話の時代設定は、『プロタゴラス』では、ソクラテスがまだ三十六歳の血気盛んな頃、対話相手のプロタゴラスはすでに六十歳近くで手練《てだ》れの大ソフィストとしてギリシア中に名を馳せていた。それに対して『メノン』では逆に、刑死の三年前の頃であるからソクラテスはもう六十七歳の最晩年であり、アテナイ訪問中のテッタリアの青年メノンはまだ二十歳前後でゴルギアスの若き心酔者であった。両篇を読むとき、このことは十分頭に置いておく必要がある。しかし、徳についての対話の内容には重なる部分も多いのでまとめて考察する。

一　徳について

徳のギリシア語アレテーの本来の意味は、人間のみならず、ものがもつ固有の優れた性質のことである。たとえば、馬なら速く走る能力、ナイフならするどい切れ味というふうに、人間以外のものにもそれぞれのアレテーがあるのである。高尚な人格とか品性といった道徳的価値を意味する日本語の徳の語感とは少し違う。それでは、人間のもつべき固有の徳《アレテー》をソクラテスやソフィストはどのように捉えていたのであろうか。

徳の教育可能性：両対話篇はいずれも、「徳は教えることができるか」をめぐって対話が展開される。この問いは、当時のアテナイ市民にとって切実な関心事だったのである。なぜなら、ソフィスト登場のいきさつでも述べたように、徳を身につけることが、市民社会で立身出世するための実利的手段として必須の要件だったからである。「徳の教育」

が社会的成功を約束してくれる鍵だったのである。

「徳の教師」を自認するソフィストの代表格プロタゴラスは当然「徳は教えることができる」という立場に立つ。それに対して、ソクラテスは「徳は教えられない」と主張する。「もし徳が教えることができるものであるとすれば、それを教える教師がいるはずである。だが、父親は優れているのにその息子の多くが凡庸な人物であるのは、自分の優れた徳性を息子へさえ伝授することができずにいるからである。また、徳の教師を名乗るソフィストたちも本当に徳を教える人であるとはいえない。徳を教える教師はどこを探してもどこにも見当たらない」という事実を根拠に、ソクラテスは「だから、徳が教えられるとは思えない」と徳の教育可能性を否定するのである。

これに対してプロタゴラスはこう反論する。徳《アレテー》の重要性については、社会が十分に認識しているがゆえに、そのしつけに、親や家族のみならず、社会のみんなが気を配り一生懸命に努力している。このことが、徳《アレテー》が、生まれつきのものでも、ひとりでに身につくものでもなく、教えられて身につくものであることのなによりの証である。いわば、すべての人々が各自の力の及ぶ範囲で徳の教師であるというのに、そんなふうには見えないと君は言い張る。それはわれわれの母国語であるギリシア語の先生は誰なのかと探しても、ひとりも見つからないのと同じことなのだ。しかもそれを身につけるのにはそれぞれの個人に能力の差があるから、優れた父親の息子がつまらない人物になったり、逆につまらない父親の息子が優れた人物になることはしばしば起こることであり、なんら不思議なことではない。そして、最後にプロタゴラスは自分こそが人を立派で優れた者にする（つまり、徳へと導く）ことにかけては、他の誰よりも優れた教師であると付け加えることを忘れない。

「徳の教師がいない」ので、「徳は教えられない」というのがソクラテスの言い分であった。が、「徳の教師がいない」ということと「徳は教えられない」ということとは直接的には結びつかない。「徳の教師がいない」ということはただ「徳の教師がみつからない」というだけのことであって、「だから」ということにはならない。ソクラテスの論理には飛躍がある。

徳の一性と多性：「徳は教えることができるか」という最初の問いに対して、ソクラテスは、それに答えるにはまず、「そもそも、徳が何であるか」を明らかにする必要がある、と「徳それ自体の本質規定」の探究を提案する。「Xとは何か」というXの実相探究がソクラテスの哲学的常套手段である。ソクラテスが徳についてプロタゴラスの見解を求めたのに応じて、彼はレトリックとして神話的物語と理論的説明を駆使して演説を始める。

神々が生き物を作るとき、それぞれが生きていけるように固有のアレテーを分配してやった。たが、最後に残った人間に分配する余力が尽きていた。それを知った最高神ゼウスが社会生活を営むことができるようにすべての人間に謙譲心と道義心を与えた。

プロタゴラスの長広舌を煎じ詰めれば、こういう話である。彼は、道義心（いましめ）と謙譲心（ひかえめ）を徳の基本として、知恵、正義、勇気、節度、敬虔の五つの徳目をあげる。これは当時のギリシアにおいて、人間が人間としてもつべき共通の徳目として重視されていたものである。

ソクラテスは、それらの徳目が徳という一つのものであるか、それとも別々のものであるか、という徳の一性と多性の問題を提出する。ソクラテスの対話の基本的前提は、「あるひとつのものの本質は一であるべきであり、多であってはならない。また、あるひとつのものの反対物は一であって、多ではない」というものである。『プロタゴラス』にはそうとはっきり述べられてはいないが、これまでの文脈からすると、プロタゴラスは相対主義の立場から、徳の多様な現れはその一つひとつが真実であり、その現れ以外に別に一つの真実があるわけではないと主張するであろうし、一方、ソクラテスは、さまざまな現れの背後には、徳を徳たらしめている一つのものが存在し、現れはその一なるものの仮象に過ぎないと主張するであろう。

対話篇『メノン』においても、同様の対話が繰り広げられている。「徳とは何かね」というソクラテスの問いにメノンはゴルギアスから習い覚えた徳の定義を得々と論じ立てる。

> 男の徳とは国をよく治めること、女の徳は家をよく斉《ととの》えること、そして子どもにはまた別の子どもの徳があるし、年輩の者には年輩の、自由人には自由人の、召使いには召使いの徳がある

人には為すべき役割に応じてそれぞれの徳があるというのである。この定義はプロタゴラスの相対主義そのものである。絶対的な徳の本質を問題にしているソクラテスに受け入れられるはずがない。さらにメノンがプロタゴラスと同様に節制、正義、勇気、知恵、度量の大きさ、支配力など種々の徳目をあげると、ソクラテスは音を上げて「一から多を製造するのはやめてくれ」と一（本質）を多（現象）で説明することを禁じる。彼は、メノンがあげる徳目の一つひとつを厳しく吟味して反駁し、徳を徳たらしめているただ一つのものは何かと問い詰めていく。ついにメノンはシビレエイに触れたように答えに窮して行きづまる。

その後、ソクラテスは、メノンの求めに応じて「何であるか」の問を棚上げして、最初の「徳は教えることができるか」の問いに戻る。そして、それにやむなく「仮設（前提）の方法」を用いて、もし「徳が善き（有益な）ものである」とすれば、「徳は知識である」という結論に達する。これがよく知られたソクラテスの徳の定式化である。知識こそが徳の一なる本質であるというのである。ただし、この帰結はあくまで窮余の策として立てられた「仮設の方法」によって導かれた暫定的なものである。そもそも「本質は一でなければならない」という前提は必ずしも自明ではない。ソフィストにとっては多でもありうるのである。

もう一つの前提は、「ひとつのものの反対物は一であって、多ではない」というものであった。この前提からすると、たとえば「無分別の反対は知恵である」と「無分別の反対は節度である」という二つの命題は矛盾する。それを解消するためには知恵と節度が同じひとつのものでなければならない。こう主張するための論拠として反対物の一対一対

応の規準が持ち込まれるのである。これと同じ論法で他の徳目、たとえば正義と敬虔がほぼ同じものであると主張される。そして結局は五つの倫理徳目はすべて一つの共通項、つまり、「徳は知識である」という一性に収斂する。

しかし、この前提は余りにも限定的でありすぎる。反対物は必ずしも一つとは限らない。複数あるという前提に立てば、二つの命題は矛盾なく、それぞれに独立して成立する。ソクラテスの議論の進め方は牽強付会の感なしとはいえない。

「快楽に征服されて」の正体は「無知」：人間はしばしば、それが悪いことだとわかっていて、しかもそれをしないでいることができるのに、快楽に駆り立てられて、それをしてしまう。逆に、人間は何をするのがもっとも善いかをわかっていて、しかもそれをすることができるのに、快楽に征服されて、それをしようとはしない。この「善いと知っていながらそれをしなかったり、悪いと知っていながらそれをする」原因は、一般的常識では、そのときの「情欲や快楽に征服される」ためであると考えられる。この考えを否定して、ソクラテスは「快楽に征服されて」の正体は「無知」であると主張する。

岩田靖夫によれば、善悪のもっとも単純な定義は、善とは人を益するものであり、悪とは人を害するものである。逆も真なりで、人を益するものが善であり、人を害するものが悪である。快楽原則に従えば、人は快（益）を求め、不快（害）を避ける。その帰結として、人は本来善を求め、悪を避けるのが倫理原則である。これは証明したり根拠づけたりする必要のない自明の根源的な事実である。それゆえ、人間は何が善で何が悪かを本当に知ったならば、善を求めて行動するものであり、悪を行うことはしないはずである。あらゆる行為の動機は善の追求である。

それなのに、悪いと知って悪を行うのは、悪を善と取り違えているからである。「快楽に征服されて」ではない。単なる無知のせいである。「悪事を働く者はみな心ならずもそのような行為に陥っている」。有名なソクラテスのパラドクスである。悪いことを為すものは、それが自分に害になるとは思いもせず、むしろ自分の益になると誤解してそうしているのである。逆に、善（益になること）を正しく知ったならば、善きことを為す他はない。人間の本性は善（益）を欲するというのが根源的事実なのであるから。以上の行為論は、ソクラテスの主知主義の思想を反映したものである。

割り切りと矛盾：「徳は知識である」という主知主義的結論に辿りつくまでのソクラテスの論証の過程は紆余曲折し長く複雑なものである。しかし、『プロタゴラス』におけるその結末は意外なものであった。というのも、そう結論することによって、ソクラテス自身がアポリアへ落ち込んだからである。なぜなら、「徳が知識である」とすれば、「徳は教えることができる」ことになり、最初の主張とは矛盾するからである。また、プロタゴラスにしても、徳とは「いましめ」と「ひかえめ」のことであって必ずしも知識ばかりとは言えないという見解をとる限り、逆に「徳は教えられない」ことになり、やはり彼の最初の主張とは矛盾する。エピローグでそう語られている。

しかし、これは、「徳が知識であれば教えられるが、知識でなければ教えられない」という命題を前提にすればそうなるということであって、これもソクラテス流の独断の論理である。「徳が知識でなくても教えることができる」というのがプロタゴラスの主張ではなかったか。そうであれば、ソクラテスはアポリアへ陥っても、プロタゴラスはそうはならないはずである。『プロタゴラス』では、このような惨めな結末を迎えて、ソクラテスは推論のどこかで間違ったので最初に戻って対話をやりなおそうと提案する。が、プロタゴラスにすげなく袖にされて、対話はここであえなく終結する。

では、推論のどこが間違っていたのだろうか？ソクラテスの対話の仕方は、たとえば、「快は善であり、不快は悪である」とか「有益なものが善で、有害なものは悪である」など単純明快に割り切った断定的な命題を提案して、それに同意するかしないかと有無を言わさず二者択一の解答を迫るのが特徴である。その背景には肯定か否定かの二価値の論理が厳然として控えている。それを合理的というならきわめて合理的である。それゆえ、プラトンの対話篇の対話においては、主張が矛盾するか否かがもっぱら議論の中心課題となる。

一方、プロタゴラスの方は、ものごとはそう単純に二分法的に割り切れるものではないという考えである。前述のソクラテスの「快く生きるのは善いことであり、苦しく生きることは悪いことである」と言う主張に対して、プロタゴラスが「(そう) 単純な答えをしてよいものかどうか、私にはわからない。……［それぞれのなかには］善いとも悪いともいえない第三のものがある」と反論している。『プロタゴラス』の対話篇の問答のなかでこの箇所が白眉であると筆者は思う。もう一つ例を挙げよう。

ソクラ：わたしは正義は敬虔なものであり、敬虔は正しいものだと主張するでしょう。さあ、どうでしょう。このように答えることを、あなたは拒否されますか？それとも、あなたはこれに賛同していただけますか？

プロタ：わたしには、正義が敬虔なもので敬虔が正しいものだと同意できるほど、事柄が単純だとは思えないよ。そこには、何か違いもあるんじゃないかな

これは「快は善で、不快は悪」とまったく同じ問答である。しかも、プロタゴラスが「同じものが「～にとって」有益とも有害ともなる」と相対主義的論調を張るのに対して、ソクラテスが提案する命題はたいてい限定欠如の絶対主義的なものである。この割り切りと断定的に決めつける物言いは、釈迦のいう「決定《けつじょう》の邪見《じゃけん》」であり、これがソクラテスが嘆く矛盾の原因なのである。プロタゴラスのように、二価値の論理を離れて、「不定《ふじょう》の論理」に近づけば、矛盾は雲散霧消して問題にすらならない。

徳の概念の相違：「徳の教師」を名乗るソフィストの説く徳は、現実の切実な社会的要求に応えるものであり、同じ

徳という言葉であっても、ソクラテスが求める哲学的真理探究の対象としての徳とはそもそもまったくレベルが違う。ソクラテスが「ソフィストは徳を教えることができない」というとき、彼のいう徳の内実はソフィストのそれとは異なっているのである。議論が噛み合わないのは当然である。しかし、徳の本質をとことん探究することが哲学するということであろうが、それは実際の現実には役立たない。あらずもがなの哲学になる。だから実社会から厳しい哲学無用論が浴びせられるのである。

たとえば、メノンが多ではない一つのものとしての「徳とは何か」と問い詰められて「徳とは、美しきものを欲求してこれを獲得する能力があること」と答えると、すかさずソクラテスは「美しいもの」を「善きもの」に置き換えて、次のような対話に持ち込む。

ソクラ：君は、徳とは善きものを獲得する能力をもつことだと、こう主張するわけだね？
メノン：そうです
ソクラ：善きもの、と君が呼んでいるものは、たとえば健康とか富とかいったようなものではないかね？
メノン：それに、金や銀を手に入れることも、国家において名誉や官職を得ることもそうです
ソクラ：君が「善きもの」と言うのは、そういったものにほかならぬと考えてよいのだね？
メノン：そうです。そういったすべてのもののことを私は言っているのです

勝負あったという感じである。ソクラテスの巧妙な誘導質問にひっかかって、メノンは露骨な実利主義的な徳の把握を語らされている。しかし、これはソフィストの本音でもある。実際、『メノン』と同時期の著作と考えられている『ゴルギアス』において、ソクラテスから「人間にとって最大の善きものとはいったい何であるか」と問われたゴルギアスは、「（それは）言論によって人々を説得する能力である」と答えている。つまり、ソフィストたちが現実に教え

ていたものは、徳そのものではなく、「人を弁論に秀でた者にする」弁論術だったのである。

ソクラテスが「徳は知識である」と言うとき、その知識とは、「善を知ること」であり、「善を知ること」とは「魂のすぐれてあること」を知るということである。「魂がすくれてあるように常に心掛ける」ことがソクラテスの思想の根本であった。この「魂の善さ」こそが彼にとって徳そのものの本体なのである。前にも言ったように、彼が「ソフィストは徳を教えることができない」と言うとき、このような意味の徳をソフィストのやり方では教えることができないと言っているのである。

「徳は知識である」という命題は、対話篇ではあたかも長く複雑な対話の帰結として論理的に導き出されたもののように扱かわれているが、実はそうではない。「魂がすぐれてあること」を知るというこの根本命題は、対話以前にすでにソクラテスが懐いていたそもそもの大前提だったのである。なぜなら、『プロタゴラス』の冒頭に導入部の話として次のような対話が出てくるからである。大プロタゴラスがアテナイに来ていることを知った若いヒポクラテスが熱狂して会いに行こうとソクラテスを誘ったとき、ソクラテスが君はプロタゴラスの弟子になって彼から何を学び何になるつもりなのかと問いかけて、彼を冷静にさせようとする場面での二人の会話である。

ヒポク：ソクラテス、心は何によって養われるのでしょうか？
ソクラ：もちろん、「学んで身につけられる」知識によってだよ

これは二人がまだプロタゴラスに会う前の会話である。むろん、対話はまだ始まっていない。このときすでに、ソクラテスは「心を養う」、つまり「魂をすぐれてある」ものにするのは「知識である」と語っているのである。「徳は知識である」という命題は、対話以前の大前提だったというのはこういうことである。

最後に、一言触れておきたい。『ゴルギアス』と『メノン』の両対話篇は、いずれも「徳は教えることができるか」

という問いで対話が開始されるが、対話の辿りつく結末は異なっている。『ゴルギアス』では、「徳は知識である」と帰結することによって、ソクラテス自身が推論のどこかで間違いを犯したと狼狽し、ひどい混乱状態に陥る。このときソクラテスは三十六歳の血気盛んな年頃であった。これに対して『メノン』においては「もしこれまでの探究と議論の進め方がすべてまちがっていなかったとすれば、徳とは、生まれつきのものでもなければ、教えられるものでもなく、むしろ、徳のそなわるような人々がいるとすれば、それは知性とは無関係に、神の恵みによってそなわるものだということになるだろう」とソクラテスは結ぶ。このとき、ソクラテスは六十七歳であった。刑死の三年前である。神への信仰が篤く霊魂不滅を確信していた彼の達観した姿が浮かぶ。

二　智慧と慈悲

一言でいえば、ソクラテスの徳は「知識」である。善悪を考量するための知識である。善を知るということは、彼にとって、「魂がすぐれてある」ことを知ることであった。一方、ソフィストの代表格プロタゴラスの徳は道義心（いましめ）と謙虚心（ひかえめ）を基本とする五つの徳目（知恵・正義・勇気・節度・敬虔）であった。それは国家社会の一員として身につけるべき優れた能力のことであった。

それでは、釈迦の徳は何であろうか。いわずと知れた「慈悲」である。慈悲は最初期の原始仏教における実践倫理の基本原理であった。経典には「慈悲は仏道の根本なり」と説かれている。成道後の初転法輪にはじまる釈迦の生涯にわたる説法活動は、衆生を真理に目覚めさせて苦から救いたいという、まさに慈悲行そのものであった。

智慧と慈悲の成立典拠：智慧と慈悲は釈迦の思想の二大核概念である。筆者は、その成立典拠を『大念処経』の釈迦の言葉に求める。『大念処』の四念処における各部の随観は、身・受・心・法の語が入れ替わるだけですべて同じ定型文で結ばれている。この結びは釈迦がサティの実践法の基本を教示したものとしてきわめて重要である。簡単にま

とめると、

一、内の身（自己）と外の身（他者）において身を観つづける
二、身において生起と滅尽の法を観つづける
三、〈身がある〉との念が現前する
四、それは他でもない、智のため念のためになる
五、世のいかなるものにも執着することがない

最初の言葉（一）は、まず内の身（自己）において身を観つづけ、次に外の身（他者）の身において身を観つづけ、最後に内と外の身において身を観つづける、という三つの随観を一つにまとめたものである。この順序が重要なのである。自己の今この一瞬一瞬の経験を熱心に念と正知をそなえてよく観察しつづければ、おのずから自己のみならず、自己を自己たらしめている他者のことも、そして自己と他者を含む全体のこともまったく同事（同じ一つ事であって、別の事柄ではない）であると観えてくる、というのである。ここに慈悲の起源が胚胎されている。また（二）には、生起と滅尽の法を観つづけることによって、ものごとの真相をあるがままに如実知見する智慧が生まれる、という考えが示されている。

（三）の「〈身がある〉との念が現前する」とは、サティの深まりによって、自己とか他者とかが消えて、ただ生滅を繰り返す呼吸とか歩行とかの「身のみあり」ということである。分りやすくいうと、「私が息をしている」、「あなたが歩いている」というのではなく、片山一良の言い方を借りれば、「息が息をしている」、「歩きが歩いている」という感じになるのである。ただ吐く息吸う息だけがあり、ただ右足左足の一歩一歩があるだけである。このことに気づき正しく知ることを智慧という。こういう状態にまで達するとおのずから智慧が高まり、何事にも執着することがなく、

安らかな平静の心境に至る、と説かれている。

この短い結びの中で、サティの実践によって智慧と慈悲が同時成立することが簡潔に示されている。釈迦にとって、智慧と慈悲とは同事であって、銅貨の表裏の関係にある。

智慧とは：『ダンマパダ』には、「智慧」に触れた偈がいくつも出てくる。次の偈は、第一章の「三法印」で挙げたものである。ここでは智慧に焦点がある。

「世のもろもろのことはすべて、無常である」と
叡知によって理解したならば
苦しみはなくなる
これが清浄に至る道である（二七七）

「この世のもろもろのことはすべて、苦である」と
・・・・・・・・・・（二七八）

「この世のもろもろのことはすべて、我ではない」と
・・・・・・・・・・（二七九）

第一行目だけが異なっていてあとの三行はすべて同文である。智慧によって、あらゆる現象の無常・苦・無我の三つの相を如実知見したならば、それらを実体視することがなく、煩悩にまみれた分別の相を滅尽することができる。

これまでの表現でいえば、智慧とは「決定の邪見」を離れて「不定の真理」に目覚めることである。「無明」を自覚する、あるいは「非有非無にして、またこれ有なり」という真理を正知する働きであるといっても同じである。この真理を自己のみならず、他者にも、そして万物にも敷衍し、自己と他者（あるいは、万物）が同事であることに気づくところに慈悲が生まれるのである。

慈悲の語義：「慈」はパーリ語のメッタ（mettā）、「悲」はカルナ（karunā）の漢訳で、もともとは別の語である。和語では、慈を「いつくしみ」、悲を「あわれみ」と表現される。慈は衆生に楽を与えること、悲は衆生から苦を抜くことを意味し、「与楽抜苦」と呼ばれる。慈を父の愛、悲を母の愛に譬えられることもある。子どもが病のとき、父親は一時的に苦痛を与えてでも灸をすえて病を治そうとする。が、母親はただ子どもの苦しみを我が身に引き受けて共に苦しむことによって子どもの苦しみを癒す。

とはいえ、慈も悲も相手を思う同じ心情に由来するものであるから、実際には区別されることなく、「慈悲」という一つの合成語が一般に用いられている。日本語の慈悲には、いつくしみやあわれみに加えて、なさけ、いたわり、思いやりなどさまざまな意味が含意されている。いずれも、自己の心情への気づきを相手に投影した対人感情である。慈悲はキリスト教の愛（アガペ）に相当する。イエスが「山上の垂訓」で「汝の敵を愛し、迫害する者のために祈れ」と語ったマタイ伝の言葉は誰でもよく知っているが、釈迦の高弟舎利弗が「それ故に、おのが敵に対しても慈しみを起こすべし」といった言葉は誰も知らない。筆者自身も梅原　猛の著書で知った。

ただ筆者が福音書を読んでどうしても納得できないのは、イエスが「汝の隣人のみならず、あまつさえ敵すら愛せよ」と戒めの言葉を説いていながら、マタイ伝の二三－一三・二三（並行ルカ伝一一－四七・八）において彼らのもっとも身近な隣人であり、かつ敵であるパリサイ派や律法学者たちに対して「わざわいあれ、汝ら偽善なる律法学者よ、パリサイ派よ」と呪いの言葉を執拗に繰り返していることである。彼らを「汝ら盲目なる道案内人よ。愚かなる盲人どもよ」と口汚く呼び捨てにするばかりか、最後には「へびよ、まむしの裔《すえ》よ。汝らがどうしてゲヘナ（地獄）の裁きをまぬがれようか」（ルカ伝二三－三三）とさえ言っている。福音書に書かれていることはイエスのいっさい与《あずか》り知らぬこととはいえ、とうてい救いの御子の言葉とは思えない。慈悲を説いた仏典にこのような言葉があることを筆者は知らない。

慈悲の瞑想：テーラワーダ仏教（東南アジアに伝わる原始仏教、上座部仏教ともいう）の「慈悲の瞑想」では、

一、私が幸せでありますように（慈）
二、私の悩み苦しみがなくなりますように（悲）
三、私の願うことがかなえられますように（喜）
四、私に悟りの光があらわれますように（捨）
（地橋秀雄）

と、まず最初に臆面もなく「自分の幸せ」を唱えてから、この「私」の箇所に「私の親しい人」、「親しくも親しくもない人」、「私の嫌いな人」、「私を嫌っている人」という言葉を入れ替えて唱え、最後に「すべての衆生が幸せでありますように」と三回繰り返して念ずることになっている。「私」を中心にして慈悲の輪が次第に広がるのである。この「慈悲の瞑想」はそれぞれ基本の四行から成り立っていて、各行は主語が違うだけですべて同じ定型句である。これは仏教の最重要徳目である「四無量心（慈悲喜捨）」を表している。

先に引用した阿含経に出てくるコーサラ国の王パセーナディと王妃マッリカーの会話を思い出してほしい。「この世で一番愛おしいのは自分自身である」というこの利己的な考えに疑問を感じた二人が釈迦に教えを乞うと、釈迦は

「そのとおり、自分より愛おしいものは他にいない。だが、同じように他の人も自分を一番愛おしく思っていることに気づくべきである。だから自分への愛おしさを知る者は、他の人を害してはならない」という例の諭しの話である。原始仏教では、人は何人といえども、自分が一番愛おしいという自明の道理に基づいて、他人もまたそうなのだということへの気づきを慈悲成立の立脚点としている。まず自分なのである。

なぜ「私の幸せ」からかと、これを猛烈に批判したのが西暦一世紀頃に勃興した大乗仏教の宗教改革である。自分の幸せは後回しにして先に他人の幸せをこそ願うべきではないか、というのである。いわゆる菩薩の利他行である。これが日本人の建前となった。

世間は誤解しているが、釈迦は「一切衆生を救済する」ために出家したのではない。第一章で述べたように、ただ自分の堪え難い苦悩を解脱するためだったのである。それが結果として二千数百年にわたって「一切衆生を救済する」ことになったのである。釈迦は人間の心の機微に長けていた。自分自身が幸せでなくして、どうして他者に対する本当の慈悲心が発露できようか、自分が救われていないのにどうして他人を救うことができようか、と説いたのである。マルコ伝に「己を愛する如く汝の隣人を愛せよ」というイエスの言葉がある。「汝の隣人を愛せよ」という言葉はよく知られているが、その前に「己を愛する如く」という言葉があることにはあまり気づかれていない。しかし、これは十分注目に値する。

実は、大乗仏教の「自《じ》未《み》得《とく》度《ど》先《せん》度《ど》他《た》」、つまり、自分が救われる前にまず他人を救おうという発菩提心そのものがとりもなおさず自分の救いなのである。仏教の自利利他行である。中村　元は言う。「自己が救われるということは、他人を救うというはたらきのうちにのみ存する」。この真実を知る智慧が現象的世俗のうちに現れたときに〈慈悲〉となるのである、と。

釈迦は、自らの成道体験をもとに、自らが辿ったその同じ道を共に歩くことによって比丘たちを救いに導いたのである。原始仏教徒たちが自己研鑽に精励したのは当然のことである。

一人《いちにん》の道・多人の道：このことに関連して、増谷文雄は『中阿含経』から興味深い例を紹介している。「一人の道」か「多人の道」かの基本的な問題である。一人のバラモンが問う。「あなたたちのやっていることは自分一人のための修行で〈一人の道〉ではないか」と。釈迦は答える。「この世に正覚者があらわれて次のように説いたとしよう。いわく、これが道である。これが実践である。わたしはこの道をゆき、これを実践して煩悩が尽き解脱することを得た。なんじらもまた、来たって共にこの道をゆき、この実践をおさめて、煩悩を滅尽し、解脱するがよい、と。かくのごとくして自由を得た者が幾万人にもおよんだとする。バラモンよ、どう思うか。これは『一人の道』であろうか『多人の道』であろうか」。釈迦独自の反問対話である。バラモンの返答は聞くまでもない。「一人の道」を歩むことが実は「多人の道」を歩くことなのである。釈迦が厳しく「一人の道」を説くのはこういう意味においてである。彼は決して「一人の道」に終わらせることを許さなかった。比丘たちに自分が身につけた法を衆生に説くことを義務づけたのである。これが究極の慈悲なのである。

『ダンマパダ』の第十二品の「自己」に次の偈がある。今枝由郎訳による。

先ず自分を正しくととのえ
次いで他人を教えよ
そうすれば賢明な人は
煩わされて悩むことがないであろう（一五八）

滋経の偈：慈悲については『スッタニパータ』に収録されている『滋経』の十偈がよく知られている。その一部を紹介する。今枝由郎訳による。

あたかも母親が
命がけで一人子を護るように
生きとし生けるものに
限りない慈しみの心を抱け（八〇）

全世界に対し
限りない慈しみの心を抱き
誰に対しても、恨むことなく
敵意を持たず、慈しむべし（八一）

行住坐臥
命ある限り
慈しみの心を持ち続けよ
これが崇高な境地である（八二）

『滋経』における慈悲は「我が一人子への母の愛」をプロトタイプとしている。釈迦は比丘たちにひとり静処に坐してこの詩偈を一心に念ずることを教えている。自己の内奥に深く踏み止まってよくよく観察するならば、自己も他己も生きる悲しみを同じように担っていることを正知することができる。そのことへの気づきが滋（メッタ）であり悲（カルナ）なのである。

深く掘れ
慈悲の地下水脈に至るまで
己の底を
深く掘れ

三　敵の敵は敵か味方か

仮に、釈迦の敵をソクラテスとする。ソクラテスの敵はソフィストである。問題はソフィストが釈迦の敵か味方か、ということである。結論を先取りしていうと、「敵ではないが、味方でもない。だがどちらかというと、味方に近い」という断言命題を避ける釈迦特有の言い回しである。釈迦の徳は、サティの実践によって現実が生滅変化を繰り返すよるべなきはかない存在であることを正しく知る智慧であり、それがまた他者を気遣う慈悲であった。それは現実に即した具体的な実践でなければならなかった。いうまでもなく、釈迦は宗教家であり、ソクラテスは哲学者、ソフィストは弁論家である。三者を同レベルで論じることはできないが、釈迦の思想の独自性を顕現化させるためにあえて比較してみる。

まずソクラテスが求める徳とソフィストの主張する徳の内実の相違について整理しておこう。

理念重視か現実重視か：ソクラテスの徳は「知識」であった。その知識とは「善を知ること」であり、「善を知ること」とは「魂のすぐれてあること」を知ることであった。この「魂の善さ」こそが彼にとって徳の本体であった。これは彼のあくなき一なる本質の哲学的探究による極めて理念的なものであった。

一方、ソフィスト（プロタゴラス）の説く徳は「道義心（いましめ）と謙譲心（ひかえめ）」を基本とする五つの徳目（知恵・正義・勇気・節度・敬虔）であった。これは現実の切実な社会的要求に応えるものであった。なぜなら、これは当時のギリシア市民としてしかるべき社会的地位を得るための実利的手段として必要要件だったからである。

第一章の「毒矢の喩え」に如実に示されるように、釈迦は現実主義者であって、超越的形而上学的議論は好まなかった。ましてや「魂の存在」については「あるとも言えないし、ないとも言えない」と判断停止して無記の態度を譲らない。ただ今為すべきことを為す。為すべきでないことは為さない。為すか為さないかは縁次第。これが釈迦の実践徳目の基本的態度であった。

本質規定対現象規定：対話篇『メノン』において「徳とは何かね」というソクラテスの問いにメノンは、人には為すべき役割に応じてそれぞれの徳があると答える。この徳の規定はプロタゴラスの相対主義そのものである。しかし、一なる徳の絶対的な本質を問題にしているソクラテスに受け入れられるはずがない。さらにメノンが節度、正義、勇気、知恵、度量の大きさ、支配力など種々の徳目をあげると、ソクラテスは音を上げて「一から多を製造するのは止めてくれ」と一（本質）を多（現象）で説明することを禁じ、徳を徳たらしめるただ一つのものは何かと問い詰める。ソクラテスは徳それ自体の本質規定を求めるのに対してソフィストは徳の多様な現象規定を主張して譲らない。

ソクラテスの絶対主義的な徳の考え方は、「人によって、役割によって」という限定条件が欠如している。この限定条件は「行いによって」と置き換えるならば、釈迦の行為存在論になる。第一章で挙げた『スッタニパータ』に述べられていたように、人はどのような行いをするかによって、バラモンにもなれば、バラモンではない者にも、つまり、農夫にも職人にも商人にもなるのである。

排中律対容中律：ソクラテスの対話の仕方は、たとえば、「快は善であり、不快は悪である」とか「有益なものが善で、有害なものが悪である」など単純明快に割り切った断定的な命題を提案して、それに同意するかしないかと有無を言わさず二者択一の解答を迫るのが特徴である。その背景には二価値の論理が厳然として控えている。

一方、プロタゴラスの方は、ものごとはそう単純に二分法的に割り切れるものではないという考え方である。ソクラテスの「快く生きるのは善いことであり、苦しく生きることは悪いことである」という主張に対して、プロタゴラスは「（そう）単純な答えをしてよいものかどうか、私には分からない。……『それぞれのなかには』善いとも悪いともいえない第三のものがある」と反論している。また、ソクラテスの「正義は敬虔なものであり、敬虔は正しいもの」という主張に対しては、「正義が敬虔なもので敬虔が正しいものだと同意できるほど、事柄が単純だとは思えない。そこには、何か違いもあるんじゃないか」と言い返している。

ソクラテスの提示する命題は排中律であるのに対してプロタゴラスの主張は容中律である。釈迦の徳が「二辺を離れる」中道説であることは論を待たない。

神の存在の有無：ソクラテスの命を賭けた哲学的対話活動は、デルフォイの神託によって神から与えられた使命であった。それゆえ、これをやめることは彼にとって神の命令に背くことであった。また、彼は人生を通じてダイモンの声に忠実に従った。彼は生涯論理的理性を貫き通しながらギリシアの伝統的神への信仰が篤く、彼の思索は根底において合理性とともに神秘性が色濃いく宿されていた。

一方、プロタゴラスは「神々について、私は、あるとも、ないとも、姿形がどのようであるかも、知ることができない」と不可知論を明言し、不敬神の咎《とが》で告訴されている。神の存在の有無に対する釈迦の見解が無記であることは言うまでもない。

以上、ソクラテスと対比してソフィストの考え方についてその特徴を四点だけ挙げた。いずれの点においても、「釈迦はソクラテスか」と問われれば、「釈迦はソクラテスであるとは言えない」とは言えるであろう。ソクラテスは断言命題を好むが、釈迦は何事によらず一つに決めつけることを嫌った。自分の説についてさえ「こういうものだ」と断定しようとはしない。

　では「釈迦はソフィストか」というと、「ソフィストである」とも明言できない。なぜなら、哲学者によるソフィスト定義の矛盾にパルメニデスの「あるはない、ないはある」の禁止を使って反撃しているからである。逆に「ソフィストではないのか」というとそうとも言い切れない。例の釈迦の無記の立場をとる以外にない。しかしあえて、「どちらでもないのか」と詰問されると、どちらかというという限定条件つきで答えるならば、「ソクラテスよりもソフィストの方に近い」と言うことはできるであろう。プロタゴラスは二辺を離れて第三のものを容認しているし、「変化こそが真実である」という相対論的「現れ」を主張しているのだから。ただ、真でなければすべては偽であると二価値の論理を主張する哲学者には与《くみ》しないことだけは確かである。

　要は、そんなどうでもいいことにこだわるな！というのがオチである。

追補　朝晩のお勤め

筆者は現在、永平寺で厳しい修行を積まれた曹洞宗の僧侶・鎌田厚志禅師（真龍峰直指庵住職）のもとで在家得度し、自己流の修行に励んでいる。本格的にやりはじめてもうかれこれ二十数年は続いている。

毎朝、家の仏間の壁に向かって坐り、「調身・調息・調心」に努めている。姿勢を正し、呼吸を調えるところまでは、なんとかできていると思うが、心を落ち着かせるのは至難の業で、無念無想どころか妄念妄想がどうしようもなく湧き起こり毎回乱心に悩まされている。

坐禅が終わると、習い覚えたとおり一息半趺《いっそくはんぷ》の「経行《きんひん》」を行う。腰から上は坐禅の時と同じ姿勢を保ち、両腕を叉《しゃ》手《しゅ》に組んで静かに呼吸しながら、動いているのか動いていないのかわからないほどゆっくりと歩くのである。参禅堂でみんなと一緒にやる分にはいいが、家でひとりでやっているのを端から見ると狂気の沙汰と思われるに違いない。

経行の後、『般若心経』、『普勧坐禅儀』、『坐禅和讃』、『修証義』、『仏遺教経』の「八大人覚」などの読経を欠かさない。線香を一本立て、一点の火を見つめながら読経する。一筋の白い煙がゆらぎながら立ち上る。火の上には少しずつ灰が積もり、一センチ余りになるとポトリと落ちる。これが道元が「現成公案」でいう「前後際断」なのか。線香が燃えて灰になる、その灰が元に戻って線香となることはない。当たり前のこと。だが、線香は線香であって灰になるのではないし、灰は灰であって線香になるのではない。線香のときは線香があるだけ、灰のときは灰があるだけ。その前後の際《きわ》は断ち切られているのである。火は気づかないほどゆっくりと下り、読経が終わる頃には燃え尽きる。火は私の命。自分の人生もかくの如くかと思い定めて一日がはじまる。

これが毎朝のお勤めである。なお、写経と仰臥禅は夜のお勤めとして行っている。

一　坐禅はゼロへのリセット

手を組み足を縛って身動きひとつできない姿勢で坐り、坐禅の瞑想をしているとき、ふと気づいたことがある。「あっ今、俺胎児か」。悟りの境地というのはよくわからないけれども、もしかして、坐禅は人生をゼロへリセットする行為ではないか、ひょっとして自分の心を「ご破算」状態にすることではないか、と感じた。

私如き在家の凡夫が、坐ろうと坐るまいとどうでもいいことである。沢木興道にいわせれば、「徳利の川流れ」の野狐禅（独りよがりの禅）に過ぎない。もう二十年以上毎朝坐ってはいるが、別にどうってことはない。いくら続けても時間の浪費である。ではなぜ坐るのかと尋ねられたら、困る。そうするのが習慣になっているからただ坐っているだけだとしか答えようがない。坐禅といえば、「悟る」ためとか「仏になる」ためという能書きが通り相場になっている。健康のためとか、長生きのためとか、ストレスが解消されて仕事に役立つとかという算盤勘定もあるかもしれない。が、坐禅はそういうことには何の役にも立たない。無功徳なのである。

ここが坐禅と同じ瞑想でありながら、ストレス低減やうつ病の再発予防、その他エビデンスにもとづく何らかの治療効果を直接の目的とするマニュアル化されたマインドフルネスと根本的に異なる点である。大谷　彰（二〇一六）は、近年アメリカで起きたマインドフルネスにおける仏教パラダイムから臨床パラダイムへのパラダイム・シフトに鑑《かんが》み、前者をピュア・マインドフルネス、後者を臨床マインドフルネスと名づけて、二つに概念区分している。彼（二〇一四）は、「仏教的な『あることモード』を目指すピュア・マインドフルネスと方略的な『することモード』を目指す臨床マインドフルネスを混同しない」ように注意を促している。臨床マインドフルネスは、ストレスやうつ、不安その他の心身疾患の治療を目的にマインドフルネスをストラテジック（方略的）に活用する。これに対して、ピュア・マインドフルネスは、「今ここ」での体験が無常・無我であることに気づき、それをありのままに受け入れることを通して、人間としてのあり方、生き方を深く探究することを基本とする。それゆえ、臨床マインドフルネスが狙いとする方略的な治療成果は二義的、随伴的なものにすぎない。

　現在ブームになっているのは、いうまでもなく、治療を目的とした臨床マインドフルネスである。しかし、このブームも遠からずして去る。それが無常、世の習いなのだから。その時、一見目に見える臨床的効果が何も期待できないピュア・マインドフルネス（純粋に仏教的な気づきの瞑想）がどのような力を発揮できるか、それが日本の臨床家に負わされた大きな責務であり、ここが正念場なのである。日本人は、荘子のいう「無用の用」をよくわきまえているはずである。

　何かの目的のために手段としてする二元的な禅を「習禅」という。道元は『普勧坐禅儀』のなかで「謂《いわ》ゆる坐禅は習禅には非ず」と厳しく戒めている。ましてや私如きが作仏をはかる、つまり、仏になろうと考えるなどおこがましいことはなはだしい。と自己卑下すると、また沢木興道に叱られる。凡夫などにはとうていできないと自己卑下するのが一番いけない。それは大間違いで、『普勧坐禅儀』にも「上智下愚を論ぜず、利人鈍者を簡《えら》ぶこと莫《なか》れ」と示されているではないか。上智と下愚、利人と鈍者の区別なく、「専一に功夫せば、正に是れ弁道なり」と述べられているように、正しい坐禅なら誰がやってもそれが悟りであり仏なのだというのである。

　この言葉に背中を押されて、わけもなくただ坐っているのであるが、その作法は『普勧坐禅儀』もどきである。夥しい解説書の中で数冊を参考にして実践している。『普勧坐禅儀』は序文、正宗分（本文）、流通分（結び）の三部構成になっている。その本文に坐禅の作法が事細かに記載されている。簡単にお復習《さら》いしておく。

　坐禅するときは、静かな部屋で、日常の煩わしい人間関係や雑事をすべて放り捨てて仕事も休む。このように状況設定して、次に坐るに当っての心構えが述べられる。善悪是非の二元的判断を停止する。心意識の運転や念想観の測《しき》量《りょう》という一切の思慮分別の妄想を止める。そして仏になろうともはからわない。ただ坐るだけである。この段の締めは「豈《あに》坐《ざ》臥《が》に拘《かかわ》らんや」である。坐臥とは、坐ること、臥すことである。これは行住坐臥の四威儀の短縮形である。

この言葉はいろいろに解釈されている。原田祖岳（『普勧坐禅儀』）によれば、以上の心得は、坐禅に限らず一切の行住坐臥にかかわっている。日常生活のこまごましたすべての行為もその通りにせよという教えである。つまり、寝るときはただしっかりと寝るだけ。眠ろう眠ろうと思っていると、かえって眠れない。何事につけてもそのことに成り切ってただそれをやるだけ。三昧である。やろうと思ってやってはならない。作仏をはかるのと同じことになるからである。

　ここから次に坐禅の身構えについて一つひとつ丁寧に筆述されている。座蒲団に丸い坐蒲《ざふ》を置き、その上に尻を乗せて坐る。両足は蝶結びのように片方の腿の上に置く。これを結跏趺坐《けっかふざ》という。片蝶結びのように一方の足だけを片方の腿に安置することもある。半跏趺坐《はんかふざ》である。筆者は、若いころは結跏趺坐で坐っていたが、最近は年取って骨が硬くなったので半跏趺坐にしている。手は右手の掌の上に左手を掌を上にして重ね、両拇指の先が軽く触れ合うように楕円形に閉じて趺坐した足の上に置く。この手の組み方を法界定印という。背筋をすっと伸して正身端坐し鼻で深く静かに腹式呼吸する。これがふつうの坐禅の身構えである。

　次に坐禅においてもっとも大切な坐禅の要術が述べられる。「兀兀《ごつごつ》として坐定《ざじょう》して、箇《こ》の不思量底《ふしりょうてい》を思量せよ。不思量底如何《いかん》が思量せん。非思量。これ即ち坐禅の要術なり」。薬山和尚と弟子との問答から引用した言葉である。「兀々として」というのは、どっしりと山のような不動の姿勢で坐り込むことである。その後に続く肝心の言葉は理解困難である。解説者によって少しずつ表現が異なるが、南　直哉の解釈を採用させていただく。「不思量底」は、言語的な分別思考ではとうてい考えの及ばない処（境地）のことである。その処を思量せよ。つまり、考えの及ばない処を考えよとわけのわからないことを言っている。当然、「不思量底如何が思量せん」となる。どのように考えたらいいのだろう。どう考えようもない。ただ「うん？」と途方にくれるばかりである。どのように考えたらいいかわからない状態に踏み止まって、見えれば見えたまま、聞こえれば聞こえたまま、思えば思うたまま、無用な分別思量を離れて、ただ坐る。この「ただ坐る」が「非思量」ということである。この「ただ」が坐禅の要術なのだという。南は「非思量」を第一章で述べた「無明の自覚」の行為だと定義している。

ただし、これは「流布本」における坐禅の要諦である。『普勧坐禅儀』には二種類のヴァージョンが現存する。「流布本」と「天福（真筆）本」とである。道元は宋から帰国した嘉禄三年（一二二七）に最初の著書『普勧坐禅儀』を撰述した。「嘉禄本」と呼ばれる。しかし、その原本は散逸して現存しない。その六年後、つまり、天福元年（一二三三）にこれを浄書したのが「天福本」である。これらは宋の慈覚大師長蘆宗賾《ちょうろそうさく》の『禅苑清規《ぜんねんしんぎ》』（一一〇三）第八巻に収蔵された「坐禅儀」を下敷きにしたものとされている。今日一般に口唱されている「流布本」は、道元がほぼ十年かけてこの「天福本」に推敲を重ね、削除・加筆・修正して仁治三年（一二四二）から翌寛元元年（一二四三）頃に完成されたものと推定されている。両書の間にはかなり大幅な相違がみられるが、坐禅の心得としては「心意識の運転を停《や》め、念想観の測量《しきりょう》を止《や》めて」という同じ文言が見られる。この言葉を道元がサティを禁じたと解釈する向きがある。問題は坐禅の要術の相違である。流布本の文言は前述のとおり。ところがもともとの天福本では「念起こらば即ち覚せよ。之を覚せば即ち失す。久々に縁を忘じ、自ら一片と成らん。此れ坐禅の要術なり」となっている。ここでいう「念」は、サティのことではなく、「念想観」の「念」と同じく心に浮かぶ思い（つまり、サティの対象）のことである。「覚す」がサティ（気づき）である。同じ天福本の中で坐禅の心得としては「念想観の測量を止めよ」と言いながら、要術としては「念起こらば即ち覚せよ」と述べられている。一見矛盾しているようであるが、言われていることの違いはわかる。

内山興正は『坐禅の意味と実際』において、天福本に直接触れているわけではないが、まるでその要諦の解説ででもあるかのような坐禅観を「生命の覚触」の図入りで分りやすく説明している。坐禅中といえども、石が坐っているのではないから、頭に思いが浮かんだり、考え事をしたり、眠気が起こるのは自然のことである。だが、その思いを追ったり考え事に耽ると坐禅にならない。正身端坐の姿勢が崩れてしまう。だからといってそれらが起こらないように無理して「無念無想」になることではない。そんなことをすればかえって「妄念妄想」に悩まされることになる。起こったら起こったことにありのままに気づく。気づけば自ずから消える。消えたらもとの正しい姿（今ここ）に戻る。思いの手放しである。「気づいて手放して今ここに戻る」。これを、内山は瑩山《けいざん》禅師の言葉を借りて「覚触《かくそく》」と言い表している。覚触というのは、「はっきり覚めて（覚）実物を実物すること（触）」である。「実物を実物する」という表現は内山独特の言い回しであるが、要するに「まさしく思いを手放して坐禅の姿そのものに安らう」という意味である。ネルケ無方は覚触を字義どおり、「覚」、つまりサティが働いて「触れること」と解釈している。「見る」のではない。見ることには「見るもの」と「見られるもの」との間に距離があるが、「触れる」には、その距離がない、直接なのである。そういえばマインドフルネスの基本技法は「タッチ・アンド・リターン」と表現されていた。坐禅とは、「気づいて手放して今ここに戻る」、ただそれだけの繰り返しである。それを長く続けていると、自然に身・息・心が調って一つになる。それが「自ら一片と成る」ということであろう。何と天福本の要術そのままではないか。おそらく内山の頭に天福本があったことは間違いない。

　内山はこの「覚触」がすなわち「非思量」であるとみなしている。だが、果たしてどうなのであろうか。ネルケ無方は「非思量はサティを超えている」と主張する。道元は、若い頃天台宗の止観（サマタ・ヴィパッサナー）を熱心に修行していたが、その限界に気づき、只管打座に宗旨変えしたことを例に挙げている。天福本の「念起こらば即ち覚せよ。之を覚せば即ち失す」とサティそのものを述べた一文が後の流布本で「非思量」に書き換えられている。このことには、何か坐禅に対する道元の根本的な思想の変革があったのではないか。

　今私の手元に、宗賾の「坐禅儀」と道元の『普勧坐禅儀』の「天福本」・「流布本」の三種類の読み下し文がある。先達の論文や著書を参照しながら、その異同を読み比べている。所詮ど素人の筆者にはその辺の微妙なニュアンスの違いを読み解く力はない。ただ専門家の解釈を「ああ、そういうことなのか」と了解するだけで満足している。

　私は毎朝『普勧坐禅儀』を読経し、高名な禅僧の解説書を熟読しているが、いざ坐るときには、「須《すべか》らく言《こと》を尋《たづ》ね語《ご》を逐《お》うの解行《げぎょう》を休《きゅう》して」あまり気を張り過ぎず、気楽にやらせていただいている。誤解しているとは思うが、「坐禅とは、仏ごっこをして遊ぶことである」という沢木興道の言葉は心に響く。

二　経行《きんひん》は歩行禅である

経行は、古くよりインドで健康法として実践されていたものが仏教の修行法に取り入れられたものである。経行の「経」とは、織布の縦糸のことで、直線的に歩くから「経行」と呼ばれている。坐禅と坐禅の間や坐禅の終わりに身心を調えるためにまっすぐゆっくりと緩歩するのである。

私が不思議に思うのは、宋から帰国して最初に著した道元の『普勧坐禅儀』には坐禅の意義と作法についてあれほど微に入り細にわたって具体的に記述されているのに、経行については一言も触れられていないことである。『正法眼蔵』の「行持」の巻には単語だけ記された箇所があるが、何の説明もない。道元に随侍し、永平二世を嗣《つ》いだ懐奘《えじょう》の『正法眼蔵随聞記』にも経行については何も記述されていない。随侍しはじめた四年間の師の教えを聞いたままに書きとめたはずなのに、道元が話さなかったのか、話はあったが記録するまでもないと軽く聞き流したのか。だからだろう、禅宗においては、「歩く」ことは「坐る」ことほどには重視されていないように思う。

在宋中に先師の天童如浄禅師から学んだことを日記風に綴った『宝慶記《ほうきょうき》』には経行のやり方について師自らが歩いて見せてくれたことが記載されている。水野弥穂子の訳によると「僧家の僧堂に寓する工夫の最要は、直に須く緩歩すべし」と道元に伝えている。

経行についての『宝慶記』における記述はこうである。

「僧家の僧堂に寓《ぐう》する工夫の最要は、直に須《すべから》く緩歩《かんぽ》すべし。近代の諸方の長老、知らざる人多く、知る者極めて少なし。緩歩は息を以て限りと為して足を運ぶなり。脚跟《きゃくこん》（あしかかと）を観ず、然して窮《くぐま》らず仰がずして歩を運ぶなり。傍より之を観見すれば、只一処にのみ立つが如し。肩胸《けんきょう》等、動揺して振るべからず」

「坐禅より起って歩する時は、須く一息半趺《いっそくはんぷ》の法を行ずべし、歩を移すこと半趺の量を過ぎず、足を移すこと必ず一息を経る間なるを謂《い》ふ」

坐禅から立って経行するときは、一息半趺の法を行わなければならない。一息吐いて吸う間に半歩だけ前に進むのである。半歩というのは、爪先から踵までの半分の歩幅のことで、これを右足左足と交互に繰り出す。経行の歩き方は、静かに立って、歩いているのかいないのか分らないほど緩《ゆる》やかに歩くのである。傍から見ると同じ場所に立っていて少しも動いていないかのようであるが、気がつけばいつの間にか移動しているという感じである。坐禅は静中の工夫、経行は動中の工夫と区別されているが、経行はむしろ動中の静、静中の動の工夫といえる。

手は叉手《しゃしゅ》といって、左手の親指を内にして握り、手の甲を外にみぞおちのあたりに軽く当て、右の手のひらでこれを覆う。まず姿勢を正して静かに呼吸を調え、足を踏み出すときは必ず右足から出し次に左足を出す。目は半眼で前方を俯瞰し、ゆっくりとまっすぐに歩く。もし方向を変えなければならないときは、必ず右まわり、これを順行という。左に曲がってはならない。歩くときの姿勢はかがんだり仰向けにならず、背筋をまっすぐに伸す。上半身は坐禅とまったく同じで、足だけが動くともなく静かに前へ進む。

このように『宝慶記』に、経行の作法については詳しく書かれているが、何のためにそうするのか、その目的についてについて如浄禅師からどう習ったのかは一切記されていない。

瑩山《けいざん》禅師の『坐禅用心記』にも、経行の歩き方について記した箇所がある。「経行の法は、一足恒《つね》に半歩なり。行けども亦行かざるが如し。寂静にして動ぜず」と道元禅師とまったく同じ表現で記されている。しかし、何のためにやるのかというと、坐禅中に眠気が起こったら、目を大きく見開いたり、体を動かしたり、いろいろやってみてどうしてもだめなときは、「坐を起《た》って経行すべし……順行して若し一百許歩《いっぴゃくこほ》に及べば昏睡必ず醒めん」と眠気醒ましの手段の一つとして行うことになっている。これを受けてか、禅宗では、眠気を醒ますために坐禅のかたわら補助的に経行が行われる慣わしになっている。沢木興道も『坐禅の仕方と心得』のなかで「経行の儀則」に触れているが、坐禅中に眠くて仕方がないとき、眼を醒ます方法として取り上げているに過ぎない。

しかし、眠気を醒ましたり、足の痺れを解いたり、疲れを休めるためだけであれば、何で一息半趺の法というような厳密な作法を定めて極めて動きを抑制した調身・調息・調歩を行う必要があるのか。なぜ右足から出したり右まわりの順行をしなければならないのか。別にそんなややこしいことをしなくても、ふつうに歩いてもいいし（そうする宗派もある）手足を伸して屈伸運動したり、軽いストレッチ体操をした方がよほど効果的である。マインドフルネス療法のマインドフル・ウォークは似て非なるものである。

『宝慶記』の四十二段に、釈迦が坐禅から起《た》って経行した遺跡が西インドのウディヤーナ国に残されていることを、如浄が語って聞かせてくれたとある。現在でもブッダガヤの大塔周辺に経行廊があり、釈迦が経行を行ったと言い伝えられている。釈迦在世時にはすでにインドで実践されていたのである。つまり二千数百年、あるいはもっと前から続けられていたということである。単なる眠気醒ましや疲れ休めの手段以上の何かがなければこんなに続くはずがない。いってみれば、手の組み方と坐る歩くの違いはあるが、あとはまったく坐禅と同じ行として実践されていたに違いない。歩行禅といわれるゆえんである。修行法の一つとして緩歩するということは、その一歩一歩の動きに成り切って、そこに精神を集中させ、足で地面（床）を体感するということである。坐禅という静禅と経行という動禅は一体のもので、この二つの行為の中に自己を解体し融合することが深い修行になるということではなかろうか。

坐禅を如来の姿とすれば、経行は菩薩の姿であるという言い方がある。如来の世界から現世へ移行する中間段階に位置する行ということである。坐禅の瞑想から日常生活へ戻るための移行段階とみなしてもよい。筆者も毎朝の坐禅の後には必ず経行をていねいに行っている。自分でやってみてわかることであるが、経行で坐禅中と同じ呼吸を維持しようとすれば、一息半歩しかできない。ふつうに一歩踏み出すと呼吸がふつうに戻ってしまう。

三　就寝前にぜひ仰臥禅を！

仏教では、日常生活における活動の形を行・住・坐・臥の四種類で代表させる。これを「四威儀」という。つまり、歩く・立つ・坐る・横になることである。四威儀の行のうち、〈行・住〉は経行で、〈坐〉は坐禅で行った。残るのは〈臥〉である。これもわが国において古来より仰臥禅として実践されている。

それに倣って私も毎晩就寝前にベッドの上で仰臥禅を試みている。やり方の基本は、江戸時代の儒学者・貝原益軒の『養生訓』（一七一三）に従っている。日常の雑事はすっかり放念して仰向けに安臥する。手足は自然に伸す。両足の踵《かかと》は約十五センチ、両手と体もほぼ同じ十五センチほど間隔をとる。『養生訓』では、手はしっかり握り絞めることになっているが、私は手のひらを軽く開いて下向きに敷蒲団の上に置いている。枕は用いても用いなくてもいいが、私は用いていない。その方が背筋がすっと伸びるからである。顎は少し引く。目を閉じて深く静かに丹田呼吸（腹式呼吸）をする。息を吸いながら腹が膨らみ、息を吐きながら腹が縮むのを感じている。ただこれだけのことを繰り返すのである。時間はその日によって違う。繰り返しているとやがてあくびが出る。私は三回あくびが出ると横向きになってそのまま寝ることにしている。

ただこれだけで十分である。貝原もここまでしか述べていない。だが、私はこれに加えて蛇足を行っている。息を吸いながら足裏の土踏まずから気が入り、脛、腹、胸、顔を通って頭頂に至りそこでいったん止まる。次に息を吐きながら気が頭の後ろ側から肩、背中、腰、ふくらはぎを通って土踏まずから出る。このように呼吸に合わせて体全体をめぐる「気の循環」を観想するのである。これは、同じ江戸時代の臨済宗の禅僧・白隠禅師の『夜船閑話』（一七五七）に記載されている「内観の法」と「軟酥《なんそ》の法」の影響である。

白隠禅師は近代精神医学の祖師と呼ばれている（直木公彦）。彼の「内観・軟酥の二法」は一種の自己暗示療法で、不安・ストレス・ノイローゼ（特に実存神経症や実存心身症）などの精神療法として後世に大きな影響を与え続けている。

彼は二十六歳頃の青年期に、あまりにも過激な修行のために心身の過労から強度の気の失調（神経症と肺疾患）を患った。医師からも見放され、生きてこのような苦しみを味わうくらいなら、早く死んでこの体を捨ててしまいたいと憂愁苦悶した。それが何の幸いか「内観の秘法」を会得して自己治療した結果、著しい疲労回復の奇効が現れて全快したというのである。

彼の内観法の核心は「熟睡一覚」である。彼は言う。「このような疾病には、何をおいてもまず熟睡こそが必要である」。荒井荒雄（『夜船閑話』）によれば、そのために内観法があるという。なぜなら、このような患者の主訴は不眠症だからである。不眠症の患者にただ寝ろと言っても土台無理な話である。頭にこびりついた不眠への不安や妄想を取り去る必要がある。そのための方法が内観の秘法だというのである。

正身仰臥の姿勢は貝原益軒の法とほぼ同じである。だが白隠の法においては、深く静かに丹田呼吸をしながら「内観の四句」を一心に何度も繰り返して念ずるところがミソである。

一、丹田こそ我が「本来の面目」である
二、丹田こそ我が「本分の家郷」である
三、丹田こそ我が「唯心の浄土」である
四、丹田こそ我が「己身の弥陀」である

この四句は白隠禅師の『坐禅和讃』の締めの言葉である「当処即ち蓮華国　この身即ち仏なり」と同じ意味で、「本分の家郷」と「唯心の浄土」はいずれも同じ「蓮華国」を指しており、「本来の面目」と「己身の弥陀」も同じく「仏なり」のことを言っている。同じ言葉を重ねることで効果的にこの一念を潜在意識に植えつけるのである。自己暗示法の常套手段である。

白隠禅師の内観法は、荒井荒雄によって現代風にアレンジされ『仰臥禅』（一九六四）に体系化されている。姿勢は貝原益軒の基本とほぼ同じであるが、足の踵を揃えたり、手は法界定印（または略式で八の字型）に組んで下腹部の上に置く点は異なる。もっとも大きな違いは、彼が自己催眠法を強調していることである。就寝時の半睡状態の中で、丹田呼吸をしながら、「私はくつろいでいる」「私はくつろいでいる」と内言で繰り返す。その上で、数息観や合掌運動暗示によって催眠状態を深めていく。この準備段階を経て本番に入り、白隠の「内観の四句」の観想に該当する第一、第二の公案を内観する。第一公案は、いわば一般暗示である。

生きながら
死人となりて
なり果てて
思いのままに
なすわざぞよき

一行ずつ区切って吸気の場合のみ唱える。これを五回繰り返して、第二公案を唱える。第二公案は特殊暗示で、「思いのままに　なすわざぞよき」を受けて、では思いのままになにを具体的にするのか、今、自分が願っていることを短い言葉にしたものである。したがって、これは人によっても時によっても異なる。「常念必現」でいつかは必ず実現する、と荒井は言う。

この一般暗示と特殊暗示の区別は二十世紀初頭の自己暗示療法の創始者エミール・クーエの暗示法と同じである。クーエの一般暗示は、

日に日に（day by day）
あらゆる面で（in every way）
私は（I'm getting）
ますますよくなる（better and better）

である。「あらゆる面で」の「あらゆる」を、たとえば、成績とか健康、その他、今自分がそうなってほしいと願う言葉で置き換えたのが特殊暗示である。

荒井の夜の就寝時の「仰臥禅」の場合、「これで仰臥禅を終了する。この一日も終わった。おのれをゆるし、人もゆるして、今夜はぐっすりと眠る」と最後の締めの言葉を心に唱えて眠りに入る。

荒井の提案する仰臥禅はあまりにも複雑に技法化され過ぎているように思う。オッカムの剃刀で削ぎ落として、「やってもやらなくてもいいものは、やらないほうがいい」。私が実践している仰臥禅では、自己暗示は一切用いない。ただ「気の循環」の観想を行うだけである。これは白隠の『夜船閑話』の「内観の法」と並ぶ二本柱のもう一つである「軟酥の法」にヒントを得たものである。「軟酥の法」は、白隠が若い頃重病に苦しんでいたとき白幽仙人（架空の人物）から授けられた法であるとされている。

軟酥とは、仮想の物質で、乳製品のバターのようなものである。鴨の卵大の軟酥の丸薬が頭の上に乗っていると想像する。その丸薬が体温でとろけて霊液となり、頭から両肩、両腕、胸部、腹部、背骨、腰部、両脚、そして足裏の土踏まずまで満遍なく潤み下って、体中の気の滞りが流失すると想像する。さらに、足裏まで潤み終わった軟酥の余流が今度は身体のまわりに積もり堪えて、あたかも腰湯を使うように臍から下を暖め浸すとイメージする。これを繰り返し繰り返し一心に観想するのである。そうすると、心身の不調や体の凝り、疲労感がすっかり消え去り、いかなる病苦も快癒するというのである。

現代のマインドフルネス・ブームの火付け役となったカバットジンが白隠の『夜船閑話』を読んでいたかどうかは知らないが、彼のボディー・スキャンの技法は「内観の法」や「軟酥の法」を思わせる。引用してみる。

「まず、あおむけになって、目を閉じ、注意を体のさまざまな部分へ移動させてください。

最初は、左足の先から始めて、ゆっくりと足の付け根のほうへ注意を移動させます。移動するにつれて生じてくる感覚を感じとりながら、呼吸にも注意を向けます。骨盤に達したら、右足の先に注意を戻し、同じように足の付け根のほうへ注意を移動させます。

その次は、骨盤から上に向かって胴体全体、つまり腰と腹部、背中と胸、肩へと移動させます。

次は、両手の指先に注意を集中し、左右同時に腕から肩に移動させ、首、のど、それから顔のすべての部分、後頭部、そして頭のてっぺんに注意を集中します。

頭のてっぺんに鯨の噴水孔のような穴があいていて、そこから呼吸しているというイメージを作ってください。頭のてっぺんから入ってきた空気は、体全体を通って足の先から出てゆき、今度は足の先から入った空気が頭のてっぺんから出てゆく。一方の端からもう一方の端へ、体全体で呼吸しているつもりになってください。

これで、ボディー・スキャンは終了します」（春木　豊訳）。

言葉は違うが内容はほぼ同じで、まるで『夜船閑話』の概要を読んでいるようである。筆者が毎晩やっている「気の循環」の観想ともよく似ている。ボディー・スキャンは、ストレス低減法やうつ病の治療法の一環として実践されているので、非常に細部にわたっているが、私の仰臥禅は、ただ一日の締めくくりとして安らかな眠りにつくために就寝前に行っているだけなので、何のはからいもなくとてもおおざっぱなものである。

これと関連して興味深い事例が、カバットジンの『マインドフルネスストレス低減法』に報告されている。なかなか寝つけない上に、夜中に何度も目がさめて、また寝れなくなる、と不眠を主訴とする五十四歳の女性患者が、四週間のボディー・スキャン・プログラム終了時には、規則正しく眠れるようになった、という症例報告である。睡眠障害が改善したばかりか、高血圧も安定し、背中と肩の痛みも驚くほど軽くなり、それと同時にそれまで二ヶ月間、彼女が訴え続けてきた肉体的な症状が激減したというのである。

この症例報告は、白隠が『夜船閑話』で強調している「内観の法」や「軟酥の法」の治癒効果があながち誇張ではなかったということの傍証となるかもしれない。

高山　峻は『白隠禅師　夜船閑話』（一九四三）のなかで、「白隠の仰臥の型式もまた坐禅の一種である」と認めつつ、「これはよほど修行せねば睡ってしまう恐れがある」と警告を発している。その上で「自分は相当永く経験しているが、実によく睡れて到底坐禅としての効果は挙げ得ない。それでも、腹の調子は非常によくなり、またよく睡る結果は頭脳も相当明瞭となり得る利益だけは痛切に感じられる」と副次的効果を賞揚している。

四　写経すれば無になれる？

坐禅や読経のほか、修行の三本柱の一つとして毎日欠かさず写経を金釘流でやっている。なにしろ、筆を手にするのは初めての経験だったので書なんてものじゃない。まったくの自己流である。筆者が写経を始めたきっかけは、退官記念に教え子たちが写経道具一式を贈ってくれたからである。その一式の中に利根川秀佳の『ゼロから始める写経』という本が含まれていた。そこに書かれていた「写経は、字の上手下手はあまり問題ではありません。美しい文字を目指そうというよりも、じっくりと一文字一文字に心を込めて書いてみてください。書いているうちに自然と筆に慣れていくでしょう。そして、きっとあなたが求めている境地にたどりつけますよ。……写経すると自然に心が落ち着き、平穏な気持ちになれるのです。なぜか心は無になり、何も考えないすばらしい時間が持てます。そして書き終えると、心がきれいになっている。……ふしぎですね」という一文に目が止まったのである。

そうか、書くことに一心になることが大切であって、字の上手下手は問題ではないのか、それなら私にもできるかもしれない、と思ったのが写経を始める動機であった。なにしろ根が「不器用ですが生真面目」だけが取り柄のアスペ・タイプの私だから、一つのことに集中してこつこつとやりつづけるのは性に合っている。

「所謂《いわゆる》写経は習字には非ず　唯是れ一筆一筆のみ」である。この言葉は、道元を少しかじった人なら、すぐあれをもじった言葉だとおわかりのはずである。そう。『普勧坐禅儀』に出てくる「所謂《いわゆる》坐禅は習禅には非ず　唯是《ただこ》れ安楽の法門なり　菩提を究尽《ぐうじん》するの修証《しゅしょう》なり」のもじりである。この「坐禅」を「写経」、「習禅」を「習字」に置き換えただけのことである。

先に述べたように、坐禅というものは悟りをひらくための修行として行うものではない。只管打坐である。なぜなら、修証一等といって、坐禅そのものが悟りの姿なのだから。そこには悟りをひらこうというはからいも意志もなく、うちなる仏によっておのずから坐らされている感じである。よく禅宗は自力の典型みたいにいわれるが、自力も他力もない。ただ坐るだけのことである。それが安楽の法門なのである。これが道元のいう坐禅の要術であった。写経もこれとまったく同じである。習字は、字が上手になるために字の書き方を習うことである。でも、写経は習字とは違う。そういう目的や手段のためにやるのではなく、ただひたすら経を一字一字写すだけである。そこに何の功徳も求めない。

すでに『般若心経』の写経は一千巻奉納した。その後、白隠禅師の『坐禅和讃』を写経している。五百巻は超えた。この経を選んだのは、長さが一枚に収まってちょうどいいのと漢字だけでなく、ひらがなを書いてみたかったからである。

先日、寺の写経会にテレビの取材が入った。参加者は私を含めて五、六人であった。写経が終わった後、アナウンサーが二、三人に感想を聞いていた。みなさん大人だから、「写経をすると気が落ち着きます」とか「心が澄んで清々しくなります」などディレクターの思惑通りの話を素直にされていた。私は黙ってそれを聞いていた。取材終了後、ディレクターが私に向かって「何か一言」と促した。「オフレコですよ」と言うと、ディレクターが頷いたので「無功徳、何の功果もない。長年毎日写経しているけれども、これまで一度も『心が清らかになったことも、安らかになったこともない』。書き終わったら、ああ書き終わった、とほっとするだけだ」と正直に発言したら、一瞬にして座がしらけてしまった。へそ曲りにも困ったものだ。ところがである。数日後、知人に会ったら「先生は写経なさっているんですか」と尋ねるから、「どうして？」と聞くと、「先日、テレビに映っていましたよ」。「エエッ！」

時たま、タレントが有名な寺で写経する番組がテレビで放映される。タレントも私の写経仲間と同じように「初めての写経でしたが、気持ちがすっきりして落ち着きました。写経っていいものですね」とおりこうさんのコメントをする。嘘虚仮。一回の写経で、しかも、カメラを意識しながら気が落ち着くわけがないだろう。こういう番組を見るたびに鼻白む。でもこれが世間一般の常識的なあり方なのだから、もっと素直にならなければ。

五　私の作務　トイレ考

私の作務は食後の後片づけと洗濯や部屋の掃除である。すべて何かしたあとの後始末である。

風呂は家族で一番最後に入る。湯船を洗うのはもちろんのこと、浴室の天井から壁、最後に床まで水滴をきれいに拭き取る。入浴だけだと十五分もあれば済むのに、その後の風呂掃除にほぼ同じ時間がかかる。茶碗洗いも、茶碗、皿、湯飲み、鍋などを洗い終わった後、洗い桶や水屋、食台をきれいに拭く。茶碗や鍋は台所全体の一部なのだから。

尾籠《びろう》な話で恐縮だが、トイレを使用した後、もし便器が汚れていたらきれいに拭き取る。次の人が気持ちよく使用できるためではない。そうしないと自分が汚れているようで気持ちが悪いからである。まるで不潔恐怖症である。私は自分がやらなければならないこれらの細々した仕事をやるからには手を抜かずマインドフルにやっている。些事入魂である。修行僧がやる作務と同じで、茶碗洗いや洗濯・掃除は自分の心をきれいにする行為なのだ、という意識はない。ただ習慣でそうしているだけのことである。

話は変わるが、トイレ掃除の話をしたついでに、余計な無駄話をひとつ。

先日、ある禅寺の月例座禅会に出席した折のことである。坐禅が終わった後、お茶をのみながら参加者全員で語り合う場が設けられていた。一人ずつ何か一言話すことになっていた。順番が私にきたので、最近トイレ掃除をやっていて気づいた何でもない話をした。

トイレ掃除をするとき、これまで、柄のついたタワシで便器を洗った後、そのタワシを風呂場で洗っていた。便器は汚いという固定観念があったせいであろう。便器でタワシを洗うという発想はまったくなかった。でも、考えてみるまでもなく、わざわざ風呂場で洗わなくても、きれいになった便器でタワシを洗っても何の不都合もないはずだ。水を流しながらタワシで便器をごしごし洗いつづけていると、便器がきれいになるばかりでなく、タワシもきれいになる。便器を洗っているつもりが意図せずタワシを洗っていることになっている。つまり、「タワシで便器を洗う」ことと「便器でタワシを洗う」こととは一つ事なんだ、ということに気づいたのである。

こんな七面倒臭く言わなくても、いつもトイレ掃除をなさっている主婦の方にとっては、あまりにもあたりまえ過ぎて、何を今更とぼけたことをと馬鹿馬鹿しく思われるかもしれない。が、私にとってはノーベル賞級の大発見だったのである。

というようなことをその座で話したら、参加者の一人の男性が、「私は便器を手で洗います」と発言された。ただ便器を汚いとは思わないというだけの意味でおっしゃったのだと思う。なのに、私は大人気もなく「その後、手はどこで洗われますか」といらざる質問をしてしまった。「もちろん、洗面台です」。その瞬間こともあろうことか「便器で洗ったら」と思わず口走ってしまった。「物言えば唇寒し」である。ほんとにいい歳して人間が未成熟である。恥じ入って自己嫌悪に陥ってしまった。幸い、話はこれだけで話題が別に移って救われた。

こだわるようで恐縮だが、私の話の文脈からすると、タワシが手に代わっただけのことで、手を洗面台で洗うことは、タワシを風呂場で洗うことと同じではないか、「手で便器を洗う」ことと「便器で手を洗う」こととは一つ事だ、ということが一瞬頭をよぎったのである。でも、タワシと手とでは大違い。タワシなら便器で洗えても、手を便器で洗うことなど到底できるはずがない。もし相手の方が「それなら、あなたは便器で手を洗えるのですか」と開き直られたら、頭《こうべ》を垂れながら小声で「洗えません」と答えるしかなかった。ここが善悪、美醜、浄垢の二元的現世を生きている者の辛いところである。般若心経の「是諸法空相　不生不滅　不垢不浄　不増不減」と何万回唱えて、たとえ空相においては、不垢不浄なんだと頭でわかったとしても、「手で便器を洗う」ことはできても、「便器で手を洗う」ことは生涯できないだろう。空を体得するとは、つまるところ、「便器で手を洗う」ことができるかどうかにかかっているのかもしれない。

以上が、月例坐禅会のお茶会の顚末である。こんなどうでもいいくだらないことを真剣に考えて無理矢理筋を通そうとするのが元教授の悪い点で、ここが人から煙たがられるところなのである。なにも便器で洗うことにこだわらなくても、洗面台がすぐ横にあるのだから、そこでごくふつうに手を洗えば済むことである。便器で手を洗うのは異常、傍から見ても異様である。もし人に見られたら間違いなく精神科送り、やらない方がいい。後悔先に立たずで、相手の方には気分を害させてしまい大変申し訳ないことをしてしまったと深く反省している。いつか機会があれば詫びたいと思っている。

むすび

「すべての言葉にはそれを言った人がいる」。

オートポイエーシス理論の創始者マトゥラーナの言葉である。誰が言ったかでその言葉の意味が決る。

本書を「むすぶ」にあたって、最後に筆者の学的経歴を詳《つまび》らかにしておかなければならない。長年心理臨床の実践に携わってはきたが、もともと臨床家育ちではない。出自を辿れば、理論好きの生粋の実験屋であった。

筆者の恩師・故秋重義治教授は、著明な道元禅の心理学の専門家で、この道の第一人者であった。山折哲雄の『坐の文化論　日本人はなぜ坐りつづけてきたのか』で教授の研究成果が紹介されているし、水野弥穂子の『道元禅師宝慶記』には必読の論文とまで評価されている。その一方で、曹洞宗の高僧・瑩山禅師の『坐禅用心記』を精神医学の視点から解説した平井富雄からは、その著書『禅と精神医学』のなかでA博士と名指しでこっぴどく批判されている。このように著名人からの毀誉褒貶が激しいということは、恩師がひとかどの学者であったことのなによりの証である。

「門前の小僧習わぬ経を読む」で、筆者も学生の頃から道元に親しみ、よくはわからないまま道元の『正法眼蔵』や弟子懐奘《えじょう》の『正法眼蔵随聞記』の解説書などを渉猟していた。ところが中年過ぎには関心が親鸞に移り、弟子唯円の『歎異抄』をきっかけに『教行信証』の関連本を読みあさり、親鸞に深く傾倒するようになった。第二章で述べた「王舎城の悲劇」を知ったのもその頃のことであったように思う。振り返ってみると、仏教といえば中国経由の大乗仏教のことだとばかり誤解して、主として鎌倉仏教を中心に学んでいた。日蓮の『立正安国論』もかじってはみたが、意に染まなかった。しかし、還暦が近づくにつれて、やはり「釈迦か」と原点回帰志向が強くなり、釈迦の言動をもっともよく伝えているといわれる『大念処経』や『スッタニパータ』、『ダンマパダ』などの原始仏教経典に強く惹かれるようになった。そこに描かれている人間釈迦像は大乗仏教の神格化された仏陀とはまったく異なっていて驚かされた。

　通説では西暦五三八年とされる仏教伝来以来、日本人の文化や精神世界を支配してきたのは大乗仏教であった。これが千五百年の歴史に培われて、気づかないうちにわれわれの血となり肉となっている。その大乗仏教から小乗と蔑視されてきた原始仏教の価値に気づかされたのは、残念ながら、ヨーロッパの仏教学者の影響によってである。明治時代に入ってからのことである。われわれ日本人は実は釈迦についてあまりよく知らなかったのである。

　釈迦が教えてくれた。人間のもっとも根源的な行為は「生きること」である。そして、もっとも根本的な知恵は「その生き方を知ること」である。このことに若い頃から深い関心を寄せていた。職業柄もあって、心理臨床学関連の専門書は言うに及ばず、宗教書や哲学書、教養書、その他何でも寸暇を惜しんで読みあさってきた。私の人生、読書禅かといいたくなるほど、読書三昧であった。

　その中で筆者が思想的に決定的な影響を受けたのは、なんといっても山内得立の名著『ロゴスとレンマ』であった。この書で彼は、西洋合理主義の「有か無か」の二価値の論理と対照して、インド古来より受け継がれてきた東洋合理主義思想の淵源であるテトラ・レンマ（有でもなければ無でもない）を克明に説き明かしている。本文で、釈迦の中道説がテトラ・レンマをベースにしていることは何度も触れてきた。ちなみに、筆者の筆名（ペンネーム）「空我」は、釈迦の中心思想である「非有非無（空）にして、またこれ有（我）なり」に由来している。

　こういう経歴をもつせいか、筆者は心理臨床の世界に身を置いて西洋流の理論や技法を実践しながら、なにかしら馴染めないものを感じていた。いつも冷めた眼で眺めていた。その違和感は、われわれが身につけた心理療法の諸理論の底流に流れているどこかしら割り切ったディジタルな西洋合理主義にあった。現実の心の動きはアナログである。

0と1の間に中なるものが無量に存在している。本書において、主として釈迦の中道思想に焦点を当てたのは、そこにテトラ・レンマの具体的な実践例を見たからに他ならない。

本書は、とうに盛りを過ぎた筆者の「老い書き」である。書き終えた後はいつもそうであるが、今回もまた不全感だけが残った。まだ読み込まなければならない文献、まだ考え抜かなければならない箇所が多々ある。だが、どこかで区切りをつけなければならない。精神療法の思想的土壌作りが本書執筆の目的であった。とはいえ、たとえ土壌ができたとしても、種を蒔かなければ、実りはない。どのような種を蒔き、どのような収穫を得るか、この実践的な問題こそが、実は釈迦がもっとも重視した点であった。釈迦の教説は、われわれ心理療法家にとって尽きることのない貴重な宝庫を提供する。余命のある限り、ぼけない限り、残された課題に真摯に取り組みたいと願っている。しかし残念ながら、それが形になることはもはやないであろう。

日暮れて道半ば

参考文献

第一章

秋重義治　一九八六　禅の心理学　悟りの構造　法政大学出版局
相川圭子　二〇一七　八正道　河出書房新社
荒牧典俊・本庄良文・榎本文雄　二〇一五　スッタニパータ　釈尊のことば　講談社学術文庫
アルボムッレ・スマナサーラ　二〇一一　小さな「悟り」を積み重ねる　集英社新書
アルボムッレ・スマナサーラ　二〇一六　大念処経　ヴィパッサナー瞑想の全貌を解き明かす最重要経典を読む　サンガ
羽矢辰夫　二〇〇九　ゴータマ・ブッダ　春秋社
仏遺教経　［全］　現代語訳付　二〇〇九　青山社
藤田一照・山下良道　二〇一三　アップデートする仏教　幻冬舎
藤田一照・永井均・山下良道　二〇一六　〈仏教3・0〉を哲学する　春秋社
堀田和成　一九九三　八正道のこころ　釈迦が説いた救いと調和の原点　法輪出版
井上ウィマラ　二〇〇五　呼吸による気づきの教え　パーリ原典「アーナーパーナサティ・スッタ」詳解　佼成出版社
今枝由郎　二〇一三　ダンマパダ　ブッダの〈真理の言葉〉　トランスビュー
今枝由郎　二〇一四　新編スッタニパータ　ブッダの〈智慧の言葉〉　トランスビュー
片山一良　二〇一二　パーリ仏典にブッダの禅定を学ぶ　『大念処経』を読む　大法輪閣
小山一行　二〇〇八　釈尊の道　その生涯と教え　山喜房佛書林
鎌田茂雄　二〇一三　仏陀の観たもの　講談社学術文庫

中村　元　一九八四　ブッダのことば　スッタニパータ　岩波書店
中村　元　二〇一一　釈尊伝　ゴータマ・ブッダ　法蔵館
中村　元　二〇一二　ゴータマ・ブッダ　上　春秋者
中村　元　二〇一五　ブッダ伝　生涯と思想　角川ソフィア文庫
増谷文雄　一九七〇　原初経典　阿含経　筑摩書房
増谷文雄　二〇一三　釈尊のさとり　講談社学術文庫
南　直哉　二〇一八　超越と実存「無常」をめぐる仏教史　新潮社
岡野守也　二〇〇四　道元のコスモロジー『正法眼蔵』の核心　大法輪閣
朴　光駿　二〇一二　ブッダの福祉思想「仏教的」社会福祉の源流を求めて　法蔵館
ラリー・ローゼンバーグ（井上ウィマラ訳）二〇〇一　呼吸による癒し　実践ヴィパッサナー瞑想　春秋社
副島正光　二〇一五　釈迦　人と思想四　清水書院
田上太秀　二〇〇〇　人間ブッダ　第三文明社　レグルス文庫
ティク・ナット・ハン（山端法玄・島田啓介訳）二〇一一　ブッダの〈気づき〉の瞑想　草野社
ティク・ナット・ハン（島田啓介訳）二〇一二　ブッダの〈呼吸〉の瞑想　草野社
地橋秀雄　二〇〇六　ブッダの瞑想法　ヴィパッサナー瞑想の理論と実践　春秋社
十島雍蔵　二〇一八　ブリーフセラピーについて、今考えるとすれば　サティ：気づけば、変わる　日本ブリーフセラピー協会編
Interactional Mind XI（二〇一八）八九―一〇四頁
東郷日出男　二〇一七　ブッダは生きている　幻冬舎
友松圓諦　一九八一　発句経講義　講談社学術文庫
友松圓諦　一九八五　法句経　講談社学術文庫
友松圓諦　二〇〇五　ブッダ真理の言葉　法句経を読む　大法輪閣
豊原大成　二〇一三　釈尊の生涯　法蔵館
山内得立　一九七四　ロゴスとレンマ　岩波書店

第二章

アルボムッレ・スマナサーラ　二〇一五　沙門果経　仏道を歩む人は瞬時に幸福になる　サンガ文庫

ひろさちや　二〇〇〇　阿闍世王物語　新潮社

五十嵐明宝　一九八九　王舎城の悲劇と救い　彌生書房

井上ウィマラ　二〇〇五　呼吸による気づきの教え　パーリ語原典「アーナーパーナサティ・スッタ」詳解　佼成出版社

浄土宗総合研究所（編）　二〇一一　［現代語訳］浄土三部経　浄土宗

カバットジン・Ｊ．（春木　豊訳）　二〇〇七　マインドフルネスストレス低減法　北大路書房

三明智彰　二〇一四　親鸞の阿闍世観　苦悩と救い　法蔵館

鍋島直樹　二〇〇四　アジャセ王の救い　王舎城悲劇の深層　方丈堂出版

永原智行　二〇一四　阿闍世のすべて　悪人成仏の思想史　法蔵館

中村　元　二〇〇三　浄土経典　現代語訳・大乗仏典4　東京書籍

及川真介　一九九四　未生怨経　村上真完・及川真介校注　阿闍世王経　文殊師利問経他　大蔵出版

ローム・Ｄ・Ｉ．（日笠摩子・高瀬憲一訳）　二〇一六　マインドフル・フォーカシング　身体《からだ》は答えを知っている　創元社

定方　晟　一九八四　阿闍世のすくい　仏教における罪と救済　人文書院

佐藤春夫・石田充之　二〇一五　観無量寿経　ちくま学芸文庫

佐藤成順　二〇〇六　善導の宗教　中国仏教の革新　浄土選書三四　浄土宗出版

芹沢俊介　二〇〇八　親殺し　ＮＴＴ出版

芹沢俊介・他　二〇一〇　阿闍世はなぜ父を殺したのか　親鸞と涅槃経　ボーダーインク

シーガル・Ｚ．Ｖ．他（越川房子監訳）　二〇〇七　マインドフルネス認知療法　うつを予防する新しいアプローチ　北大路書房

親鸞著・金子大栄校訂　一九五七　教行信証　岩波文庫

田上太秀　一九九六・七　ブッダ臨終の説法　完訳大般涅槃経二・四　大蔵出版

山田重誓　一九七六　王舎城の悲劇　観無量寿経の真実　北国出版

山折哲夫　二〇〇七　親鸞を読む　岩波新書

山折哲夫　二〇一〇　『教行信証』を読む　親鸞の世界へ　岩波新書
チク・ナット・ハン（山端法玄・島田啓介訳）二〇一一　ブッダの〈気づき〉の瞑想　野草社
地橋秀雄　二〇〇六　ブッダの瞑想法　ヴィパッサナー瞑想の理論と実践　春秋社

第三章

長谷川誠也　一九三六　遠近精神分析観　岡倉書房
五十嵐明宝　一九八九　王舎城の悲劇と救い　彌生書房
板倉昭二　二〇〇六　「私」はいつ生まれるか　ちくま新書
小浜逸郎　一九九八　無意識はどこにあるのか　洋泉社
南　直哉　二〇一八　超越と実存　「無常」をめぐる仏教史　新潮社
永尾雄二郎・クリストファー・ハーディング・生田　孝　二〇一六　仏教精神分析　古澤平作先生を語る　金剛出版
鍋島直樹　二〇〇四　アジャセ王の救い　王舎城悲劇の深層　方丈堂出版
ニーチェ（秋山英夫訳）一九六六　悲劇の誕生　岩波文庫
岡野守也　一九九九　大乗仏教の深層心理学　『摂大乗論《しょうだいじょうろん》』を読む　青土社
岡野守也　二〇〇四　唯識と論理療法　仏教と心理療法・その統合と実践　佼成出版社
岡野守也　二〇一〇　仏教とアドラー心理学　自我から覚りへ　佼成出版社
小此木啓吾　一九八二　日本人の阿闍世コンプレックス　中公文庫
小此木啓吾　一九九一　エディプスと阿闍世　青土社
小此木啓吾・北山　修　二〇〇一　阿闍世コンプレックス　創元社
太田久紀　一九八三　仏教の深層心理　迷いより悟りへ・唯識への招待　有斐閣選書
定方　晟　一九八四　阿闍世のすくい　仏教における罪と救済　人文書院
芹沢俊介・他　二〇一〇　阿闍世はなぜ父を殺したのか　親鸞と涅槃経　ボーダーインク
島田雅彦　二〇一五　一〇〇分de名著ソポクレス　オイディプス王　ＮＨＫテレビテキスト

ソポクレス（藤沢令夫訳） 一九六七 オイディプス王 岩波文庫
ソポクレス（高津春繁訳） 一九七三 コロノスのオイディプス 岩波文庫
武田 専 一九九〇 精神分析と仏教 新潮選書
横山紘一 二〇一六 唯識の思想 講談社学術文庫

第四章

荒井 献 一九七一 原始キリスト教とグノーシス主義 岩波書店
荒井 献 一九八六 新約聖書とグノーシス主義 岩波書店
荒井 献 二〇一五 ユダとは誰か 原始キリスト教と『ユダの福音書』の中のユダ 講談社学術文庫
太宰 治 一九六七 駆け込み訴え 走れメロス 新潮文庫
遠藤周作 一九八一 沈黙 新潮文庫
遠藤周作 一九八二 イエスの生涯 新潮文庫
遠藤周作 一九八二 キリストの誕生 新潮文庫
現代思想 一九九二 特集 グノーシス主義 vol.二〇-二 青土社
ハーバート・クロスニー（関利枝子ら訳） 二〇〇六 ユダの福音書を追え 日経ナショナル ジオグラフィック社
平川 彰訳 一九八七 釈尊の過去世物語 本生経 筑摩書房
掘 堅士 一九七三 仏教とキリスト教 イエスは釈迦である 第三文明社 レグルス文庫
五十嵐明宝 一九八九 王舎城の悲劇と救い 彌生書房
岩本泰波 一九七四 キリスト教と仏教の対比 創文社
岩本泰波 一九八三 ユダと提婆達多 救いなき人間の救い 第三文明社
カトリック生活 二〇一二 四 特集イスカリオテのユダ
河合隼雄 一九八七 影の現象学 講談社学術文庫
河合隼雄 二〇〇九 ユング心理学入門 岩波書店

鍋島直樹　二〇〇四　アジャセ王の救い　王舎城悲劇の深層　方丈堂出版

中　勘助　一九九一　提婆達多《でーばだった》　岩波文庫

日本聖書協会　一九八六　聖書

庭野日敬　二〇一三　新訳 法華三部経　6　佼成出版社

大貫　隆編著　二〇〇七　イスカリオテのユダ　日本キリスト教団出版局

大貫　隆　二〇一一　グノーシスの神話　岩波書店

ロドルフ・カッセル・他編著（藤井留美・他訳）　二〇〇六　原典　ユダの福音書　日経ナショナル　ジオグラフィック社

定方　晟　一九八四　阿闍世のすくい　仏教における罪と救済　人文書院

佐藤春夫訳・注　二〇一五　観無量寿経　ちくま学芸文庫

芹沢俊介・他　二〇一〇　阿闍世はなぜ父を殺したのか　親鸞と涅槃経　ボーダーインク

杉本卓洲　一九八三　デーヴァダッタの善玉化　仏教における悪者の救済　楠　正弘編著　解脱と救済　第三章　平楽寺書店

竹下節子　二〇一四　ユダ　烙印された負の符号の心性史　中央公論新社

利倉　隆　二〇〇六　ユダ　イエスを裏切った男　平凡社新書

湯浅泰雄　一九九八　ユングとキリスト教　講談社学術文庫

第五章

荒牧典俊・他　二〇一五　スッタニパータ　［釈尊のことば］　講談社学術文庫

石飛道子　二〇一六　ブッダの優しい論理学　争わない対話術　サンガ

今枝由郎　二〇一三　ダンマパダ　ブッダの〈真理の言葉〉　トランスビュー

今枝由郎　二〇一四　新編スッタニパータ　ブッダの〈智恵の言葉〉　トランスビュー

岩井靖夫　二〇一四　増補ソクラテス　ちくま学芸文庫

ジャン・ブラン（有田　潤訳）　一九六二　ソクラテス　白水社

クセノフォーン（佐々木　理訳）　一九五三　ソークラテースの思い出　岩波文庫

妙木浩之　二〇〇五　精神分析における言葉の活用　金剛出版
中村　元　二〇一一　原始仏典　ちくま学芸文庫
中野孝次　一九六七　ソクラテス　人と思想3　清水書院
納富信留　二〇〇二　プラトン　哲学者とは何か　ＮＨＫ出版
納富信留　二〇一五　プラトンとの哲学　対話篇を読む　岩波新書
プラトン（久保　勉訳）　二〇一七　ソクラテスの弁明　クリトン　岩波文庫
プラトン（藤沢令夫訳）　一九九四　メノン　岩波文庫
末木剛博　二〇〇一　東洋合理思想　法蔵館
田上太秀　一九八一　釈尊の譬喩と説話　第三文明社　レグルス文庫
田上太秀　一九九六・七　ブッダ臨終の説法　完訳大般涅槃経二・四　大蔵出版
田中美知太郎　一九五七　ソクラテス　岩波新書
十島雍蔵　二〇〇一　家族システム援助論　ナカニシヤ出版
十島雍蔵・十島真理　一九九二　童話・昔話におけるダブル・バインド　思惟様式の東西比較　ナカニシヤ出版
内山勝利　二〇〇四　対話という思想　プラトンの方法序説　岩波書店
矢野智司　一九九六　ソクラテスのダブル・バインド　意味生成の教育人間学　世織書房
山内得立　一九七四　ロゴスとレンマ　岩波書店

第六章

アルボムッレ・スマナサーラ　二〇一六　大念処経　ヴィパッサナー瞑想の全貌を解き明かす最重要経典を読む　サンガ
平川　彰　一九八七　釈迦の過去世物語　本生経　筑摩書房
石飛道子　二〇一六　ブッダの優しい論理学　争わない対話術　サンガ
今枝由郎　二〇一三　ダンマパダ　ブッダの〈真理の言葉〉　トランスビュー
今枝由郎　二〇一四　新編スッタニパータ　ブッダの〈智恵の言葉〉　トランスビュー

一条真也　二〇一四　慈経　三五館
岩井靖夫　二〇一四　増補ソクラテス　ちくま学芸文庫
片山一良　二〇一二　パーリ仏典にブッダの禅定を学ぶ『大念処経』を読む　大法輪閣
ジルベール・ロメイエ＝デルベ（神崎　繁・小野木芳伸訳）　二〇〇三　ソフィスト列伝　白水社文庫クセジュ
香西秀信　二〇一〇　レトリックと詭弁　禁断の議論術講座　ちくま文庫
増谷文雄・梅原　猛　一九九六　知恵と慈悲〈ブッダ〉　角川ソフィア文庫
中村　元　一九八七　慈悲　サーラ叢書1　平楽寺書店
中村　元　二〇一五　ブッダ伝　生涯と思想　角川ソフィア文庫
水崎博明　二〇一三　ソピステース　櫂歌書房
納富信留　二〇〇二　ソフィストと哲学者の間　プラトンの『ソフィスト』を読む　名古屋大学出版会
納富信留　二〇一五　ソフィストとは誰か？　ちくま学芸文庫
プラトン（加来彰俊訳）　一九六七　ゴルギアス　岩波文庫
プラトン（藤沢令夫訳）　一九八八　プロタゴラス　ソフィストたち　岩波文庫
プラトン（藤沢令夫訳）　一九九四　メノン　岩波文庫
プラトン（中澤　務訳）　二〇一〇　プロタゴラス　あるソフィストとの対話　光文社古典新訳文庫
田上太秀　一九九七　ブッダ臨終の説法　完訳大般涅槃経4　大蔵出版
田川健三　二〇一八　新約聖書　本文の訳　作品社
田中美知太郎　一九七六　ソフィスト　講談社学術文庫
地橋英雄　二〇〇六　ブッダの瞑想法　ヴィパッサナー瞑想の理論と実践　春秋社
魚川祐司　二〇一五　仏教思想のゼロポイント「悟り」とは何か　新潮社

追補

秋重義治　一九五三　普勧坐禅儀考　哲学年報・九州大学大学院人文科学研究院（一四）　四五九‐四八〇

荒井荒雄 一九六四 仰臥禅 白隠禅師内観の秘法による心身改造 明玄書房
荒井荒雄 一九九六 夜船閑話 白隠による健康法 大蔵出版
東 郁雄 一九九一 天福本普勧坐禅儀について 曹洞宗宗学研究（三三） 一七三–一七八
大洞良雲 一九八二 現代講話 普勧坐禅儀 黎明仏教叢書
藤田一照・山下良道・ネルケ無方・永井 均 二〇一九 哲学する仏教 内山興正老師の思索をめぐって サンガ
原田祖岳 一九七九 白隠禅師 坐禅讃講話 大蔵出版
原田祖岳 一九八二 普勧坐禅儀講話 大蔵出版
平井富雄 一九七九 瞑想と人間学のすすめ 精神科医の解く『坐禅用心記』 日貿出版社
平井富雄 一九九〇 禅と精神医学 講談社学術文庫
鏡島元隆・佐藤達玄・小坂機融 一九七二 訳註 禅苑清規 曹洞宗宗務庁
鏡島元隆 一九九七 道元禅師 春秋社
カバットジン・J．（春木 豊訳） 二〇〇七 マインドフルネスストレス低減法 北大路書房
貝原益軒（伊藤友信訳） 一九八二 養生訓 講談社学術文庫
倉澤幸久 二〇〇〇 道元思想の展開 春秋社
南 直哉 二〇一九 仏教入門 私の考える仏教 講談社現代新書
宮川敬之 二〇一三 二つの『普勧坐禅儀』本 六二–六七 講談社
水野弥穂子（懐弉著） 一九九二 正法眼蔵随聞記 ちくま学芸文庫
水野弥穂子（道元著） 二〇一二 道元禅師 宝慶記 大法輪閣
中野孝次 二〇〇〇 道元断章『正法眼蔵』と現代 岩波書店
直木公彦 一九五五 白隠禅師 健康法と逸話 内観の秘法・軟酥の法・丹田呼吸法 日本教文社
西嶋和夫 一九八八 普勧坐禅儀講話 金沢文庫
大谷 彰 二〇一四 マインドフルネス入門講義 金剛出版
大谷 彰 二〇一六 アメリカにおけるマインドフルネスの現状とその実践 精神療法 四二巻四号 四九一–四九八．

沢木興道　二〇一七　坐禅の仕方と心得　大法輪閣

シーガル・Z.V.他（越川房子訳）　二〇〇七　マインドフルネス認知療法　うつを予防する新しいアプローチ　北大路書房

田上太秀　二〇〇一　道元の考えたこと　講談社学術文庫

高山　峻　一九四三　白隠禅師　夜船閑話　大法輪閣

地橋秀雄　二〇〇六　ブッダの瞑想法　ヴィパッサナー瞑想の理論と実践　春秋社

利根川秀佳　二〇一三　ゼロから始める写経　ＮＨＫテレビテキスト

十島空我　二〇一五　人生　ご破算で願いましては　ゼロと空の生き方　自費出版

内山興正　二〇〇三　坐禅の意味と実際　生命の実物を生きる　大法輪閣

内山興正　二〇〇五　普勧坐禅儀を読む　宗教としての道元禅　大法輪閣

横井覚道　一九六九・七〇　普勧坐禅儀御真筆本について　曹洞宗宗学研究紀要（一一）七五–九〇・（一二）一九–三〇

【ま行】

【や行】

【ら行】

索　引

著者紹介
十島空我（としま くうが）
本名　十島雍蔵（としま やすぞう）
社会福祉法人 吾子の里　理事長
鹿児島大学名誉教授／志學館大学名誉教授
九州大学大学院文学研究科博士課程単位取得修了（1965年）
臨床心理学／家族システム療法／福祉心理臨床学を専門とする
T 式カップル言語連想法：治療的会話の継続と展開のツールとして（2010年）
家族システム援助論（2001年）
心理サイバネティクス（1988年）
童話・昔話におけるダブル・バインド：思惟方式の東西比較（1992年）
いずれもナカニシヤ出版刊，などの主著がある。

サティ 気づけば変わる
釈迦の精神療法

2021年６月20日　初版第１刷発行　定価はカヴァーに表示してあります

著　者　十島空我
発行者　中西　良
発行所　株式会社ナカニシヤ出版
〒606-8161　京都市左京区一乗寺木ノ本町15番地
Telephone 075-723-0111
Facsimile 075-723-0095
Website http://www.nakanishiya.co.jp/
Email iihon-ippai@nakanishiya.co.jp
郵便振替　01030-0-13128

装幀＝白沢　正／印刷・製本＝創栄図書印刷株式会社
Copyright © 2021 by Kuuga TOSHIMA
Printed in Japan
ISBN978-4-7795-1523-1 C3014

本書のコピー，スキャン，デジタル化等の無断複製は著作権法上での例外を除き禁じられています。本書を代行業者等の第三者に依頼してスキャンやデジタル化することはたとえ個人や家庭内の利用であっても著作権法上認められておりません。